编委会

中小学教育智慧文库

ZHONGXIAOXUE JIAOYU ZHIHUI WENKU

养正—优长

天津市新华中学课程思政创新实践

胡泊 ◎ 主编

暨南大学出版社

JINAN UNIVERSITY PRESS

中国·广州

图书在版编目（CIP）数据

养正—优长：天津市新华中学课程思政创新实践 /
胡泊主编. -- 广州：暨南大学出版社，2024. 9.
（中小学教育智慧文库）. -- ISBN 978-7-5668-3993-0

Ⅰ. G633.202

中国国家版本馆 CIP 数据核字第 2024KX2146 号

养正—优长：天津市新华中学课程思政创新实践
YANGZHENG—YOUCHANG: TIANJIN SHI XINHUA ZHONGXUE KECHENG
SIZHENG CHUANGXIN SHIJIAN
主 编：胡 泊

出 版 人：阳 翼
统 筹：黄文科
责任编辑：高 婷
责任校对：刘舜怡 许碧雅 王雪琳
责任印制：周一丹 郑玉婷

出版发行：暨南大学出版社（511434）
电 话：总编室（8620）31105261
　　　　营销部（8620）37331682 37331689
传 真：（8620）31105289（办公室） 37331684（营销部）
网 址：http://www.jnupress.com
排 版：广州尚文数码科技有限公司
印 刷：佛山市浩文彩色印刷有限公司
开 本：787 mm × 1092 mm 1/16
印 张：15.25
字 数：300 千
版 次：2024 年 9 月第 1 版
印 次：2024 年 9 月第 1 次
定 价：69.80 元

前　言
PREFACE

党的二十大报告中指出，培养什么人、怎样培养人、为谁培养人是教育的根本问题。全面推进"大思政课"建设是贯彻党的教育方针、推进教育强国建设、落实立德树人根本任务的重要途径和战略举措。学校思政课程是培养担当民族复兴大任的社会主义建设者和接班人的重要保障，课程思政是将思政教育思想融入学科教学，实现学科教学与思政教育双向互动。思政课程与课程思政协同育人，构建全员、全过程、全课程的"三全育人"体系，形成全方位协同育人效应。

作为天津市中小学课程思政研究基地、天津市"三全育人"示范校、天津市文明学校、天津市品德教育示范校和天津市依法治校示范校，新华中学贯彻落实习近平总书记关于思政课程建设与课程思政的重要论述，传承百年养正文化，彰显"养正育才　发展优长"的育人特色，丰富思政教育路径，扩大思政教育价值，不断提高思政课程育人实效，逐步探索形成了具有"新华特色"的思政育人格局。强化顶层设计和制度保障，将课程思政建设融入学校战略发展规划中，构建"养正先行"的党建育人品牌，思政课程与课程思政相互协同的课程体系，大德育视域下的课程思政活动育人体系，"一体二翼，三维融合"的科研模式，在教育教学实践中推动课程思政工作有效实施；优化课程体系，率先提出"思政+"课程体系并纳入我校"养正—培优—扬长"课程体系，跨学科课程思政融合效果显著，形成30余门特色校本思政课程，并通过市级学科课程基地发挥引领示范作用；创新学科融合路径，坚持思政课程与课程思政两手抓，推进思政课改革创新，打破学科壁垒，促进学科融合，彰显学科育人价值；落实教师专业发展路径，以科研引领课程思政建设，提升教师课程思政科研素养；倡导教师成为思想政治引领者、专业知识传授者、学生发展指导者、课程资源开发者、专业发展研究者的"五者"教师。

基于以上的时代背景和学校教师多年探索实践，本书应运而生。本书整合了思政课程和课程思政的主要研究内容与实践成果，旨在充分发挥学校思政课的引领作用，逐步完善学校"思政+"课程体系，将课程思政作为突破学校思想政治教育局限的有力抓手和有效补充，着力实现价值塑造、能力培养、知识传授"三位一体"的育人功能，提升专业育人质量。本书内容设计坚持各类课程与思政课同向同行，不断探索学科融合新途径，把研究成果凝练升华，落实课程思政教育。各项成果依托课程载体，基于实践，立足学情，利用论文撰写、教案设计、作业创新等表现形式，巧妙设计课程思政的最佳"触点""融点""切入点"，使思政元素与学科学习有机融合，科学有效地将思想引领和价值塑造融入课程教学全过程，潜移默化、润物无声，从而实现课程思政育人体系、育人模式、育人路径的创新，达成育人目标，推动教育高质量发展。

新华中学在"三全育人"大思政背景下，将继续健全内容融通、上下贯通、内外联通的课程思政育人工作机制，充分调动各种积极因素，优化课程、教学、活动、文化各方面教育资源，将理论思政和实践思政有机结合、相互补充、协同促进，在知行合一中落实课程思政要求，使学生在潜移默化中增长见识、提升素养、塑造品格，身心健康全面发展。同时注重课程思政建设的新华路径与智慧的推广应用，深度推进课程思政的教学品质、资源供给、评价优化、途径创新，构建实操性强、可复制的课程思政教育经验成果与教学资源，为课程思政贡献新华力量。

编　者

2024 年 4 月

目 录
CONTENTS

第二编　教学设计

第三编　作业设计

第一编

理 论 研 究

习近平新时代中国特色社会主义思想在高中思政课教材中的内容特点

辛　莹

“思政课程是落实习近平新时代中国特色社会主义思想进课程进教材的主渠道。”①在统编版高中思政课教材中，一个鲜明的特点就是突出了习近平新时代中国特色社会主义思想，一方面整套教材都遵循了这一思想的指导，突出了育人导向；另一方面也系统全面地介绍了这一思想，在编写理念、内容安排、编写体例上都兼顾了政治要求和教学需要。

一、突出原著原文进入

对于中学生来说，学习习近平新时代中国特色社会主义思想，要让学生在学习中能够接触到习近平总书记原汁原味的经典表述。统编版高中思政课教材中就引入了大量的原著原文，如直接摘录了党的十九大报告中对于“八个明确”“十四个坚持”的原文表述，这样的方式保证了学生能够看到最权威、最标准的论述内容，从而更好地理解习近平新时代中国特色社会主义思想的精髓，更好地领略这一思想的真理力量和理论品格。

统编版高中思想政治必修一《中国特色社会主义》第四课中，专门设置了“习近平新时代中国特色社会主义思想”一框，内容上不仅包括习近平新时代中国特色社会主义思想的核心要义，也涵盖了这一思想产生的社会历史背景和对当前国家和社会发展的重要指导意义，同时也对“以人民为中心”的理念进行了阐述，充分彰显了这一思想的理论品格。在内容编写上，教材每个段落都采用权威的理论表述，每一句都力求严肃准确，让学生读起来有一种庄重的仪式感，有助于向学生传递权威、正确的理论观点和思想认识，避免和克服各种错误观点与思想倾向。

---

① 国家教材委员会. 国家教材委员会关于印发《习近平新时代中国特色社会主义思想进课程教材指南》的通知［EB/OL］.（2021-07-21）. http://www.moe.gov.cn/srcsite/A26/s8001/202107/t20210723_546307.html.

二、充分体现学科特点

习近平总书记在全国思想政治理论课教师座谈会上的讲话中，对讲好思政课提出了"八个统一"的要求，这是我们提高思政课教学质量和效果的科学方法与有效路径。统编版高中思政课教材在编写上高度契合"八个统一"的要求，有利于发挥思政课教师的教学智慧。

如必修一《中国特色社会主义》，依据历史唯物主义的基本观点，系统阐述了中国特色社会主义的形成和发展过程，用历史事实和实践检验有力论证了马克思主义为什么行，中国共产党为什么能，中国特色社会主义为什么好的问题。其中既有马克思主义基本原理的科学解释，又有发展成就的充分说明，让学生在感受真理的力量中真学真懂真信，不断坚定"四个自信"，体现了"坚持政治性和学理性相统一、坚持价值性和知识性相统一"①的要求。

再如必修二《经济与社会》，基于社会实践展开教学内容，根据学生能听到、能看到、能感受到的案例创设教学情境，引领学生开展学习活动。如第三课第一框"坚持新发展理念"中，以分享本地生态文明建设取得的成就并加以评价作为切入点，从现实的体验入手引起学生思考，进而提出如何理解经济发展和民生福祉之间关系的问题，这为学生更好地理解以人民为中心的发展思想和新发展理念构建了科学的学习路径，也为学生在自身生活实践中自觉践行新发展理念奠定了思想基础，体现了"坚持理论性和实践性相统一、坚持灌输性和启发性相统一"②的要求。

三、牢牢把握学段特征

对高中生而言，在思想认识方面初步具备了进行理性思考和理论学习的能力，也初步掌握了联系、发展、辩证看待和分析问题的科学方法，因而在学习习近平新时代中国特色社会主义思想的过程中，"重在实践体认和理论学习相结合"③，促进理性认同，提升政治素质。高中的学习是学生从感性认识到理性认识、从具象思维到抽象思维的重要中间环节，具有鲜明的过渡性特征。在教材的编写上，也充分体现了这一特点。

如必修一《中国特色社会主义》在第四课第一框"中国特色社会主义进入新时代"中，为了让学生更全面准确把握新时代的内涵，教材从党的十八大以来取

---

① 2021 年 3 月 18 日习近平总书记在全国思想政治理论课教师座谈会上的讲话。
② 2021 年 3 月 18 日习近平总书记在全国思想政治理论课教师座谈会上的讲话。
③ 国家教材委员会. 国家教材委员会关于印发《习近平新时代中国特色社会主义思想进课程教材指南》的通知［EB/OL］.（2021-07-21）http://www.moe.gov.cn/srcsite/A26/s8001/202107/t20210723_546307.html.

得的新成就入手，用文字加图片的方式激发学生的情感体验，再从理论的角度阐述新时代到底新在哪里，展开新时代中国社会主要矛盾变化的相关知识。这样的安排，一方面延续了初中阶段情感体验的做法，另一方面又有高中阶段进行理论学习的要求，符合高中学生的学习特点。

再如必修二《经济与社会》在第四课第一框"我国的个人收入分配"中，先用某村村民在集体经济中获得多种收入的案例激发学生对该村所反映出的我国个人收入方式的认同感和向往感，然后引导学生从提高效率、促进公平的角度思考这种收入分配方式的优点，使学生充分感受到我国基本经济制度的优越性，强化学生的制度自信。

四、注重教学体系转化

统编版高中思政课教材在编写上面临的最大挑战就是如何将习近平新时代中国特色社会主义思想的理论体系、话语体系转变成高中学生可认知、可理解的课程、教材和教学体系，进而指导学生将思想认识转化为实际行动。教学实践证明，现行统编版教材较好地处理了这个问题，得到了师生的高度认可。

一是坚持集中呈现与分散融入相结合。在必修一《中国特色社会主义》进行了集中专题讲述的同时，又分别在必修二《经济与社会》、必修三《政治与法治》、必修四《哲学与文化》中结合不同学科阐述了习近平总书记关于社会主义经济、政治、文化、社会和生态文明建设的重要论述以及习近平新时代中国特色社会主义思想的方法论特征。在单一模块中，坚持系统阐述与分专题展开相结合，如在必修二《经济与社会》中既全面介绍了习近平经济思想的基本内容，又分专题介绍了基本经济制度与市场经济体制思想，经济发展新思想与经济发展新理念，以及收入分配和社会保障体制建设思想。

二是坚持原文与案例相结合。在每个版块的编写上，坚持理论性和实践性相统一，以学科逻辑体系为框架，根据经济社会发展和高中生身心发展特点，注重选取与学生生活经验、经历密切相关的案例、材料等。在教材的具体编写体例上，在正文部分偏重于原著原文的直接摘录引用，确保表述的严谨规范和高度归纳，在探究与分享部分为学生提供了生动而有深度的材料和案例，引发学生的探究与思考。在相关链接部分提供了与正文相关的资料和案例，拓宽学生视野，深化学生理解。

三是坚持知识学习与实践活动相结合。统编版高中思政课教材在规划设计上就充分考虑了学生"知"与"行"的关系，按照从实践中来到实践中去的认识规律，从现实案例出发引出理论，在理论认知的基础上回到生活中进行实践。如在必修二《经济与社会》综合探究"践行社会责任 促进社会进步"当中，一方面在全书知识学习的基础上要求学生对劳动就业、绿色生产和消费等实际问题进行综合性探究，另一方面也对学生在现实生活中应用所学知识提出了要求。

参考文献

［1］孙子尧. 习近平新时代中国特色社会主义思想融入高中思想政治课教育研究［D］. 海口：海南师范大学，2019.

［2］国家教材委员会. 国家教材委员会关于印发《习近平新时代中国特色社会主义思想进课程教材指南》的通知［EB/OL］.（2021-07-21）. http://www.moe.gov.cn/srcsite/A26/s8001/202107/t20210723_546307.html.

弘扬主旋律 传播正能量
——在高中思想政治课堂中讲好中国故事

刘婕姝

2013 年，习近平总书记在全国宣传思想工作会议上提出"讲好中国故事，传播好中国声音"。思想政治课是落实立德树人根本任务的关键课程，在高中思想政治课堂中讲好中国故事，是新时代高中思政教师的使命与担当。

一、高中思想政治课堂讲好中国故事的理论和现实依据

《普通高中思想政治课程标准（2017 年版 2020 年修订）》中明确了高中思想政治课的课程性质，其中明确"以培育社会主义核心价值观为目的"。高中思想政治课要帮助学生筑牢理想信念，担当复兴重任。因此，要通过讲好中国故事，让有意义的理论更有趣，引导学生坚定"四个自信"。讲好中国故事既是高中思想政治课程教学的应有之义，又是一个重大的时代课题，更是高中思政教师的光荣使命。

在高中思想政治课堂中讲好中国故事，是巩固马克思主义意识形态阵地的要求。课堂就是"思想阵地"，我们要强化阵地意识，要用我们的课堂教学回答好"培养什么人、怎样培养人、为谁培养人"这个根本问题。

青少年阶段是人生的"拔节孕穗期"，高中阶段是青少年世界观、人生观、价值观形成的关键时期。同时，高中阶段的学生接受系统的思想政治理论有一定的难度，需要我们搭好"台阶"，才能迈开步子。讲好中国故事就是这个重要的"台阶"，助力学生掌握理论知识，并用科学理论武装头脑、指导实践。

二、高中思想政治课堂讲好什么样的中国故事

讲好中国故事，内容很重要。故事是重要载体，因此，我们在课堂教学中要精准选取中国故事，弘扬主旋律，传播正能量。举国上下团结一心抗击新冠疫情，完成脱贫攻坚，全面建成小康社会，高速铁路网、高速公路网等基础设施建设取得重大成就，探月探火、载人航天、超级计算机、深海深地探测、量子信息、卫星导航、新能源技术、核电技术、生物医药、大飞机制造等取得重大成

果……这些精彩的中国故事，值得我们认真讲、全面讲，引导学生坚定道路自信、理论自信、制度自信、文化自信。

三、高中思想政治课堂讲好中国故事的实现路径

习近平总书记在主持十九届中共中央政治局第三十次集体学习时再次强调："要加快构建中国话语和中国叙事体系……展现中国故事及其背后的思想力量和精神力量。"这为在高中思想政治课堂中如何讲好中国故事、传播好中国声音指明了前进的方向、提供了根本的遵循。

（一）在课堂教学中优选案例，讲好中国故事

要想在高中思想政治课上把中国故事讲好、讲得有趣又有意义，就需要思政教师下足功夫，利用优质资源，优选教学案例。比如，在高一年级第一学期学习必修一《中国特色社会主义》中"新民主主义革命的胜利"这部分内容时，为学生播放 1949 年 10 月 1 日毛主席在天安门城楼讲话的视频资料，带领学生"穿越"到中华人民共和国中央人民政府成立的伟大时刻；带领学生观看电影《建国大业》片段，使学生深刻理解"只有社会主义才能救中国"；带领学生线上参观中共一大会址，全面了解中国共产党诞生的历史背景与过程，感悟伟大建党精神。

在高一年级第一学期学习必修二《经济与社会》中"完善个人收入分配"这部分内容时，为学生讲述江苏省苏州市虎丘区通安镇树山村从太湖边的薄弱村、贫困村"蝶变"为民富村强的"样板村""明星村"的故事，让学生更加深刻理解和感悟我国的分配制度带给人民的满满的获得感、幸福感和安全感。

（二）在作业设计和教学评价中讲好中国故事

高中思想政治课的实施，要以发展学生思想政治学科核心素养为目标，要体现教学与评价的一致性。因此，在作业设计和教学评价中，我们可以讲好中国故事，创设情境让学生表达观点和见解，提升其辨析、判断和选择的能力。例如，我们在高一年级第一学期结束后的寒假，结合本学期所学必修一《中国特色社会主义》、必修二《经济与社会》以及《习近平新时代中国特色社会主义思想学生读本》的内容，为学生设计了如下的项目式作业。这些项目的内容能够服务于学科核心素养的培育，可操作性强，是综合性的教学评价，能够考查学生整合所学知识、理论联系实际、分析和解决问题的能力。

项目一

1. 在过去的十年间，你的家庭生活发生了哪些变化？收入、消费、就业、教育、医疗……选择一个你感兴趣的领域，通过向家人了解，或通过互联网搜集

资料，列举有哪些变化，并分析发生这些变化的原因。

2. 查阅《建国方略》，了解孙中山先生为振兴中华提出了怎样的建设计划，说说这个建设计划在当时为什么没能实现。

3. 今天的中国为什么能够实现孙中山当年提出的建设蓝图？从道路、理论、制度、文化等不同角度，讨论取得"中国成就"的原因。

请将以上问题的调研结果，以"为祖国点赞"为主题，形成一篇调研报告，或制作一张主题手抄报。

项目二

《敢教日月换新天》是为庆祝中国共产党成立100周年，由中央宣传部联合中央党史和文献研究院、国家发展改革委、国家广播电视总局、中国社科院、中央广播电视总台、中央档案馆、中央军委政治工作部摄制的24集文献专题片。

请同学们选择其中感兴趣的章节观看，并结合必修一《中国特色社会主义》和《习近平新时代中国特色社会主义思想学生读本》所学的内容，以"中国共产党为什么'能'"为主题，撰写一篇观后感，或者选取其中一集内容，制作一张主题手抄报。

项目三

2022年12月15日至16日，中央经济工作会议在北京举行。会议总结2022年经济工作，分析当前经济形势，部署2023年经济工作。

1. 关注并全面了解中央经济工作会议的内容。

2. 结合必修二《经济与社会》所学知识，列举会议中与所学知识相关联的内容。

3. 选择你感兴趣的角度，如"贯彻新发展理念""坚持和完善基本经济制度""推进高水平对外开放""积极的财政政策和稳健的货币政策""社会政策要兜牢民生底线""供给侧结构性改革""更好统筹国内循环和国际循环"等，谈谈你的认识。

请结合以上内容的调研结果，以"2023经济如何发力"为主题，形成一篇调研报告。

（三）在社会实践等育人活动中讲好中国故事

高中思想政治课程是活动型学科课程，我们鼓励学生走出教室，迈入社会实践活动的大课堂。我们带领学生撰写模拟政协提案，入选全国评审环节，使学生真切感受我国的全过程人民民主是最广泛、最真实、最管用的民主。鼓励学生参与资源环境行业创新知识网络大赛，并身体力行地践行人与自然和谐共生的绿色发展理念。组织学生参与甘肃省扶贫帮扶结对子活动，学生积极踊跃地奉献爱心，帮扶贫困地区的青少年小伙伴，也更加理解了使全体人民实现共同富裕是社会主义市场经济体制的根本目标。组织学生编排课本剧《红船》、微电影《战火中的大学生》、歌舞剧《一条大河》《我和我的祖国》《春天的故事》，一次次用艺术诠释红色精神。引导学生厚植爱党爱国情怀，在伟大的中华民族精神中汲取奋进力量。鼓励学生积极参与图书馆博物馆讲解、高考志愿服务、敬老爱老等社会实践活动，引导学生在对社会的奉献中实现人生价值。

电影《长津湖》热映后，学校组织了"冰雕连赤诚信仰"主题系列活动，还邀请到了《长津湖》影片中九兵团司令宋时轮将军的女儿宋百一老师参加活动，使学生更加理解习近平总书记所说的"无论时代如何发展，我们都要砥砺不畏强暴、反抗强权的民族风骨""要抓住历史机遇，增强忧患意识、始终居安思危，保持革命精神和革命斗志"的深刻内涵。我们引导学生将个人"小我"融入祖国"大我"，为实现中华民族伟大复兴贡献自己的青春力量。

中国特色社会主义进入新时代，久经磨难的中华民族迎来了从站起来、富起来到强起来的伟大飞跃，高中思想政治课要理直气壮地讲好中国故事，弘扬主旋律，传播正能量，这是时代赋予我们的光荣使命。

挖掘时政资源，提升思政课育人实效

张晓娟

2022 年五四青年节到来之际，习近平总书记来到中国人民大学考察调研时强调："思政课的本质是讲道理，要注重方式方法，把道理讲深、讲透、讲活。"为了更好落实立德树人根本任务，思政课要深入挖掘时政资源，在时政资源与政治课堂的深度融合下，共同培育担当民族复兴重任的时代新人。

一、以时政资源之高度，育学生之胸怀

从当前的高中思政课结构来看，思政课具有学科内容的综合性，要求在教学过程中既要体现内容的广泛性，又要关注问题的复杂性；既要多维度观察对象，又要多途径进行探究。而时政资源通常涉及国内、国际多方面宽领域的内容，《普通高中思想政治课程标准（2017 年版 2020 年修订）》提出思政课要与时事政治教育相互补充，共同承担思想政治教育立德树人的任务。对学生的问卷调查显示，关于问题"时政资源对自己学习知识、拓宽视野作用效果如何？"，98% 以上的学生认为时政资源在高中政治课中的优化运用对拓宽自己的视野是有重要作用的，不仅能使学生看到教材知识，还能够看到教材以外的社会知识，既立足于当前又能着眼于未来，引导学生关注现实、胸怀天下，做到"家事国事天下事，事事关心"。

比如在高中政治必修二《经济与社会》第二课第三框"更好发挥政府作用"中，教材重难点包括社会主义市场经济体制的基本特征和政府的经济职能，本部分知识在全书中处于核心地位，但内容对学生而言又略显抽象，于是我们利用"中国饭碗"这一时政资源搭桥，让知识既有骨骼又有血有肉，结尾时让学生再次聆听袁隆平的"禾下乘凉梦""杂交水稻覆盖全球梦"等，使学生由自己手里的"一碗饭"关注到大家手里的"天下饭"，心怀"国之大者"，于无形中激发了学生家国天下、兼济苍生的胸怀与担当。

二、以时政资源之速度，育学生之关切

时效性是时政资源的突出特点。要上好"热气腾腾"的思政课，教师一般会倾向于选择新近发生的，并且还处在较高讨论热度中的时政资源，使教学内容更接地气，使学生更感兴趣，也能使其更好地联系生活实际，产生场景、情感和认知上的共鸣，从关注书斋里的学问到关心社会上的热点，并尝试将课本上的知识迁移到实际场景中，提高解决问题的能力。

在这一过程中，要充分发挥思政课程与课程思政同向同行、协同育人的作用。例如，2023年12月18日甘肃临夏州积石山县发生6.2级地震时，学生密切关注灾情，不同学科教师都发挥专业优势进行了讲解，比如地理学科教师强调地质构造与运动规律；生物学科教师关注地震来临时自然界中动、植物的反应；历史学科教师从史实对比中看救援方案；思政学科教师侧重党和国家在第一时间组织救援，保卫人民生命财产安全，彰显中国之治的制度优势等。尽管有不同的切入点，但各科教师都在帮助学生形成正确的价值观，于无形中激发了学生尊重生命、尊重自然的意识，增强了学生对国家、政府政策的理解和政治认同，进一步坚定了其成长为社会主义事业建设者和接班人的信心。

三、以时政资源之温度，育学生之情怀

习近平总书记在中国人民大学考察调研时强调，思政课的本质是讲道理，要注重方式方法，把道理讲深、讲透、讲活，教师要用心教，学生要用心悟，以沟通心灵、启智润心、激扬斗志。处于高中阶段的学生，思想活动和行为方式具有多样性、可塑性，正处于"拔节孕穗期"和正确三观形成的关键期，通过合理使用生动形象的时政资源可以化抽象的逻辑为具体的情节，将宏观的理论内容变为可知可感的具体实例，与乏善可陈的传统说教相比更具有吸引力和感染力。

在讲授"端稳中国饭碗，一个都不能少"时，我们播放了时代楷模黄文秀在脱贫一线谱写青春之歌的视频资源。在扶贫日记里，黄文秀记录下工作的点点滴滴，并绘制了百坭村"民情地图"，逐一标明贫困户的信息。"很多人从农村走了出去就不想再回去了，但总是要有人回来的，我就是要回来的人，我要坚定地走好心中的长征。"听到视频中黄文秀质朴的话语，看到她踏实而坚定的步伐时，学生无不坚定了要拿好手中的接力棒；当听到习近平总书记掷地有声地说道："不获全胜，决不收兵，扶贫路上，不落一人！"时，大家更是热血沸腾，爱党爱国情油然而生，家国两相依的情怀厚植于心。

四、以时政资源之深度，育学生之理性

互联网时代，各种信息铺天盖地、鱼龙混杂，甚至不乏出现事件的"反转"。在知乎、微博等平台上一个新闻下面经常有各种各样的评论，有赞同的、有反对的、有质疑的、有批评的，应如何思辨分析，最终形成自己的观点？时政资源要引导学生关心时事，思考社会热点，养成独立思考的习惯，培养比较鉴别、批判质疑、勇于探究的品质，发展理性思维、辩证思维、逻辑思维。

在讲述"坚持党的领导是我国社会主义市场经济体制的一个重要特征"内容时，首先让学生领读了《习近平新时代中国特色社会主义思想学习问答》相关理论，接着针对网络上对不同政党制度的讨论，进行对比分析，看到西方的政党只是"一部分人的联欢"，经常上演"拳击赛"、一届"怼"着一届干的政治闹剧，广大普通百姓的需求却无人问津；认识到人民性是马克思主义政党区别于其他政党的根本标志，正是在中国共产党的领导下，我国创造了经济快速发展和社会长期保持稳定的两大奇迹。正是在这一直面争议、对比分析、透彻说理的过程中不断培养学生的理性精神。

五、以时政资源之力度，育学生之实践

《普通高中思想政治课程标准（2017年版2020年修订）》指出要培养具有公共参与素养的学生，时政素材作为一种教学资源，其内容本身就来源于社会生活的各个领域，它的丰富性、多样性、生活性、广泛性就是源于实践，因此与思政课同向同行、协同育人也是题中之意。

运用于政治课堂上的时政资源往往有深刻的说服力、强烈的感召力和现实的穿透力。比如在讲述"人民代表大会"的知识时，学生分组搜集了2024年3月5日召开的十四届全国人大二次会议的议程、网上热议的提案，采访了身边的人大代表、政协委员，并在教师指导下提交了模拟政协委员的提案。在切实的参与中，激发学生强烈的荣誉感和责任感，自觉坚定要投身于为人民服务的实践中去，成长为对世界、对人民有影响的人。

此外，为了更加贴近学生的认知和实践水平，可以选取发生在学生身边的时事新闻，比如，在提到实现共同富裕是社会主义市场经济体制的根本目标时，我们邀请刚刚从扶贫地区支教回来的本校教师王老师接受大家的"采访"，交流自身的经历，并组织学生和对口扶贫地区的小朋友写信、在校园开展跳蚤市场义卖活动为贫困地区募捐等。学生通过亲身体验，增强了参与实践的热情、信心与能力。

作为落实立德树人根本任务的关键课程，思政课必须在力求把道理讲深、讲透、讲活的过程中自觉融入时政资源，密切关注中国实际，提高思政课的思想性、理论性、亲和力、针对性，培养学生成长为胸怀天下、关切民生，具有家国情怀、理性精神、实践能力的时代新人。

立足核心素养，推广国家通用语言文字，促进语文课程育人
——以七年级下册部编本语文教学为例

林 源

《义务教育语文课程标准（2022 年版）》（以下简称《新课标》）明确提出："语文课程是一门学习国家通用语言文字运用的综合性、实践性课程。"在语文教学中，要充分把握教材，结合学情，统整主题学习材料，设定教学目标和学习任务，创设真实情境，开展多种教学实践活动；引导学生学会、用好国家通用语言文字，进而提升学生的核心素养，培育具有终身发展潜能的有理想、有本领、有担当的时代新人。

一、把握教材内容，根据学情特点，设定育人目标

在义务教育阶段，国家部编本教材是课堂教学内容的重要载体。初中部编本语文教材，以"人文主题"与"语文要素"为双线组织单元结构。

以七年级下册部编本语文（以下简称"七下"）为例，其中大多是记事写人的文章。课文涉及的人物形象，有杰出个人，有英雄模范群体，有小人物，还有流传至今的古代人物，再现不同时代背景下的各种人物形象。

七年级下学期学生身心快速成长，他们一方面更加注重自己的内心感受和需求，另一方面更多地关注他人和社会，开始思考人生的目标和意义，这是学生道德品质塑造的关键时期。教材选文的共性，为课程育人提供了潜移默化的契机。教师要坚持德育为先，统整主题材料，在教学中引领学生学习模范事迹，分析人物形象，感悟人物品格，厚植家国情怀，建立正确的人生观、价值观。

二、立足核心素养，依托学习任务群，引导学生在课堂中成长

"正确的价值观、必备品格和关键能力"是《新课标》对课程育人价值的集中表述。语文课程培养的核心素养，综合体现在"文化自信""语言运用""思维能力""审美创造"等方面，其内容组织与呈现方式是"学习任务群"。"学习任务群"分为"基础型""发展型""拓展型"三个层次，具体到各学段的实践活动

组织，则表现在"识字与写字""阅读与鉴赏""表达与交流""梳理与探究"等形式中。

（一）依托基础型学习任务群，开展"识字与写字"活动

随着信息技术发展，电子设备泛滥，学生读不准、说不清、写不好等问题越来越普遍。要想提升学生运用国家通用语言文字的能力，就必须在统整的人文主题下，加大读写教学的力度。

1. 规划积累

学期初下发"语言文字任务单"，分层设计，以字词抄写本、手抄报、板报、电子文件等形式，随堂布置作业，定期检测，及时评价反馈。

2. 引导梳理

在积累的过程中，有意识地引导学生梳理音、形、义相同和相近的字词，依据古文字形体的演变规律，借助偏旁，理清字义、词义。

任务设计整体化，落实日常化，作业成果化，引导学生养成良好的积累与梳理习惯，提升语言文字运用能力，为学生核心素养的发展打下坚实基础。

（二）依托发展型学习任务群，布置"表达与交流"活动

教学中，教师要重视引导学生朗读、阅读、鉴赏、思辨，进行口头交流和书面表达。

1. 重视朗读

语文教学要重视朗读，通过范读、个人朗读、集体朗读、分角色朗读、个性化朗读等形式，引导学生长期大量地读，读准、读熟，读出情感，建立语感，感受国家通用语言文字之美，建立文化自信。

2. 学会阅读

阅读是提升思维能力的过程，要引导学生运用特定方法进行阅读。本册教材主要介绍了精读和略读的方法，辅以圈点批注。

在教学中，要借助教读篇目，引导学生精读。如《说和做》一课，可以从题目入手，引导学生通读全文，抓住"说""做"这两个关键字，筛选信息，理清结构，分析人物，感悟品格。与精读相比，略读更讲求阅读速度，追求观其大略。略读一遍之后，再集中精力解决疑难。如《驿路梨花》一课，可以先略读全文，理清人物和事件，然后联系题目和文中反复出现的"梨花"，思考其象征意义。

学生在读的过程中，要边读边圈点、批注关键与疑难内容，为快速提取、整合信息做好准备。在教读的基础上，鼓励学生自读，并定期展示阅读鉴赏成果，为阅读整本书做好准备。

3. 梳理词语

词语的积累和梳理，是"语言积累与梳理"任务在"阅读与鉴赏"学习中的延伸，是学生提升国家通用语言文字运用能力的重要环节。

七下教材中的人物形象众多，在文本分析中，有大量描写人物的词语。要引导学生积累梳理，形成词语表，比如外貌词语表、神态词语表、语言词语表、动作词语表、心理词语表，或者英雄人物词语表、小人物词语表等。这可以促进学生从语感到语理的思维提升，为表达与交流夯实基础。

4. 能说会写

在积累梳理和阅读鉴赏的同时，要创设情境，引导学生"表达与交流"，为"内化"的语言和思维提供运用的实践机会。

第一，复述与转述。复述与转述的内容，可以是整篇课文，也可以是一个片段。如英雄故事"木兰从军""马玉祥火中救小孩"。鼓励学生多读书，分主题广泛阅读，组织英雄故事会，树立英雄榜样，弘扬英雄精神。也可以采取不同的人物视角和不同的顺序来进行复述与转述。如《阿长与〈山海经〉》可以采取童年鲁迅的角度、成年鲁迅的角度，或者阿长的角度；《驿路梨花》可以按照行文顺序，也可以按照时间顺序。

第二，改编作品，创设情境，扮演角色。人物形象是立体的、鲜活的。引导学生从文本出发，广泛查阅，通过角色扮演重现人物风采。还可以邀请家长走进课堂，与学生共同演绎；或者角色互换，让学生在角色中鉴赏人物，理解文本，丰富情感体验。

第三，设计板报、海报、手抄报。引导学生筛选信息，以规范汉字和浓缩文本的设计构思版面，这为学生展示阶段性阅读成果提供了机会。

第四，系统写作。在广泛阅读的基础上，引导学生由读入写，并布置系列写作任务：围绕中心，引导学生选取真实新颖的材料，让学生学会列提纲，从片段写起，从不同角度着手，运用各种人物描写方法，尤其注意运用细节描写和抒情，写出人物的外在特征和内在性格，写出身边人物鲜明的精神特点。如以"我身边的好人"为主题，记录身边人物的闪光点，在运用国家通用语言文字进行书面表达的过程中，塑造学生的人生观与价值观。

5. 提升思维

在熟悉教材人物的基础上，可以设定思路，引领思辨性阅读。要善于抓住契机、创设情境，引导学生从"文中人物"看到"我的人生"，让语文之光照进生活，运用语文智慧，解决现实问题。

如，从《阿长与〈山海经〉》引入大多数初中生都会经历的亲子关系问题，通过角色扮演、换演，引导学生多角度体验，学会共情、理解他人，全面思考问题。由七下教材中的不同人物，引导学生认识因时代、个人能力和际遇的差别，人们对家国的爱有着不同的表现形式；引导学生关注时代和社会，明辨是非善恶，联系自身，思考自己的人生价值和人生之路的选择。

（三）依托拓展型学习任务群，引导整本书阅读和跨学科学习

1. 整本书阅读

在教读和自读的基础上，要引导学生有计划地完成名著导读，培养学生建立长期阅读、自主思考的习惯。

如《骆驼祥子》，可从《济南的冬天》引入作者简介，引导学生查找关于老舍和"京味文学"的相关资料。从理顺祥子"三起三落"的人生悲剧情节，到比较祥子身边的人物，从人物性格到社会根源，逐步深入探究悲剧根源。鼓励学生以读后感、人物评论和书评等形式，呈现阅读成果，进行交流展示。

除了教材推荐的书目之外，还要鼓励学生开阔视野，扩展阅读范围，多读与生活紧密相关的文学作品，提倡同主题多文本阅读，在思辨、梳理中，不断提升思维水平和审美趣味。

2. 跨学科学习

语文是工具性和人文性相统一的学科，与其他学科有不少共通之处。抓住学科的交叉点、学生的兴趣点，跨学科设置项目式学习任务，激发学生学习热情，实现课程育人。

如《活版》一课，可与劳动课链接，让学生在读懂文言文的基础上，亲自动手设计一套活版印刷工具，体会我国古代文明光辉灿烂的历史，建立文化自信。又如《黄河颂》可与音乐课同步，一方面让学生感受《黄河大合唱》的磅礴气势，另一方面通过领颂、分声部朗诵和合唱式朗诵，来表现诗歌的情感。还可以请美术老师同步讲解黄河文化主题的美术作品和影视作品，从语言到视听，让学生切实感受黄河所代表的以爱国主义为核心的民族精神。在优美的文字、音乐与画面的融通中，提升学生的审美创造能力。

组织语文教学要以学生为中心，为学生正确、规范地运用国家通用语言文字创设真实的学习情境，并开展丰富的实践活动；结合语文要素与文化主题，对学生的学业表现，及时反馈、多元化评价、适时提醒调整，形成良性循环。从单篇课文开始，夯实语言文字基础，结合教材整体内容，引领学生分析人物形象、探究人的精神追求，提升学生的核心素养，切实做好课程育人。

课程思政视域下初中语文教学实践探索

冯艳荣

《义务教育语文课程标准（2022 年版）》提出："核心素养是学生通过课程学习逐步形成的正确价值观、必备品格和关键能力，是课程育人价值的集中体现。"课程思政从根本上来说是基于核心素养，指向育人的教育理念。文以载道，以文化人，是语文课程思政的重要功能。

一、教材是课程思政的重要载体，教师是连接教材和学生的情感纽带

党的二十大报告提出："坚持把立德树人作为培养德智体美劳全面发展的社会主义建设者和接班人的根本任务。"《义务教育语文课程标准（2020 年版）》明确指出："语文要重视提高学生的品德修养和审美情趣，使他们逐步形成良好的个性和健全的人格，促进德、智、体、美的和谐发展。"语文是在落实立德树人根本任务中起着不可替代作用的一门重要课程。

《文心雕龙·情采》中说："五性发而为辞章""诗人什篇，为情而造文；辞人赋颂，为文而造情。"帕尔默认为："教学是通达灵魂的镜子。"[1]

教材中课文的作者的爱恨情绪需教师转化为自己的情绪，再辅之以良好的讲授技巧和生动形象的语言表达，创设适当的情境，以情激情，使学生受到潜移默化的影响，更自觉地去发现真情、体验真情。

二、采用多种手段引领学生体验情感，立德树人

在教学过程中，教师要引导学生披文入情，为学生的成长奠定精神的基石。

（一）捕捉最佳的思想闪光点去感染学生，激发学生情感

教材中礼赞爱国主义及英雄人物的内容对激发学生爱国主义激情有很好的作用，如《人民解放军百万大军横渡长江》《说和做》等。学生从中感受到了先烈为粉碎旧社会，宁愿牺牲自己也誓要与敌人斗争到底的革命斗志和献身精神。教师及时引导学生理解这与祖国翻天覆地的变化和今天幸福的生活、学习环境的关

---

[1] 帕尔默. 教学勇气［M］. 吴国珍，等译. 上海：华东师范大学出版社，2005：3.

系，让学生深刻体会幸福是无数烈士以生命为代价换来的。学生在周记中这样写道："先烈们让我肃然起敬，我一定珍惜现在的幸福生活，继承革命先辈的遗志，发扬他们的精神，完成先烈们未竟的事业是我们义不容辞的责任。"可见学习与教育相结合深深地影响着学生，从而激发了他们为祖国而努力学习的信念。

（二）结合学生自身实际进行交流，动之以情，晓之以理

在教学中因势利导不断启发学生。教师在分析朱自清的《背影》的写作技巧时问："全文共七个自然段，到第六段才具体描写背影，是不是开头分量太重了？"问题提出后，学生一时不知如何回答，这时可抓住时机联系学生喜爱的体育运动来举例，如举重前的下蹲、射箭前的拉弓、跳高和跳远前的助跑等。生活中的这些事例，不仅大大加深了学生对文章笔法——铺垫、蓄势的理解，还使学生对"父亲"的形象有了更深层次的把握。借助这样的时机，学生不仅学到了语文知识，而且很好地接受了德育，对深沉的父爱有了进一步的了解，感受自己所拥有的亲情。苏联著名教育家苏霍姆林斯基曾说过："只有爱妈妈，才能爱祖国。"学生只有先学会爱自己的父母，才能成为一个品德完善、个性健全，对国家和社会以及他人有用的人。

（三）坚持"披文悟道"，陶冶学生情操，提升个人修养

美学家朱光潜在《谈美》指出："文学教育第一件要事是养成高尚纯正的趣味。"

教材中，有描写祖国壮丽山河的文章。《三峡》《济南的冬天》《春》等作品让学生领略到山水、草木、生灵、石霓、星月……这些景观无不是奇迹，无不是大自然赐给我们的珍贵礼物，无不值得我们去礼赞、去珍惜。让学生从小就知道保护大自然，让万物和谐、可持续发展是一种美德。

学生在充满诗情画意的"自然之旅"中，受到了审美教育、生态教育和爱的教育。在欣赏文章时，学生把自己曾游览过的景观介绍给大家，尤其是家乡的特色景观。这样，美育和热爱家乡、祖国的感情教育就紧密地结合起来了，提高了学生的民族自尊心、民族自信心以及民族自豪感。

情感培养是长期、系统的工程，需要家庭、学校和社会的大力配合，共同立德树人，让每一个学生都成为有情有爱的人，为党和国家培养出更高素质的人才。

高中语文"中华传统文化经典研习"任务群下的课程思政教学策略研究

解春秀

《普通高中语文课程标准（2017 年版）》在明确课程基本理念时强调"坚持立德树人，增强文化自信，充分发挥语文课程的育人功能"。课程思政强调要充分挖掘语文学科蕴含的思政元素，这与语文课程的基本理念一致。而"中华传统文化经典研习"任务群蕴含着责任担当、家国情怀等诸多思政元素。本文从任务群核心概念出发，以"中华传统文化经典作品"为依托，从三个方面进行高中语文课程思政教学策略研究。

一、整合资源，专题教学，融入思政元素

整合是学习任务群的基本特征。在进行本任务群教学时，教师可根据本任务群的思政任务，对任务群内的文章进行整合。

（一）在学科内进行整合

根据课程标准精神，在进行本任务群教学，落实课程思政时，可以打破单元限制，按照思政元素进行整合，组成一个新的学习任务单元。比如在讲《蜀相》时，挖掘出本诗具有"责任担当"这一思政元素，可以与必修下第八单元的四篇课文进行整合，魏征有感于守成之难，敢于犯颜直谏；王安石不避众议汹汹，坚持变法除弊；杜牧总结秦朝覆亡教训，意在针砭时弊；苏洵探究六国破灭缘由，旨在警示当朝，都体现了一代文人志士的责任担当。打破单元限制，打破必修选修限制，以思政元素为核心进行整合，可以使学生更系统地了解古代知识分子家国天下的情怀。

（二）在学科间进行整合

在打破单元限制进行整合的基础上，还可以进行学科间的整合，充分发挥历史、政治等学科对语文学科的辅助作用。仍以"责任担当"这一思政元素整合的四篇文章为例：讲《谏太宗十思疏》时，可以先带领学生了解唐王朝上升时期的历史；讲《答司马谏议书》时，可以给学生讲王安石变法及其影响；讲《阿房

宫赋》时，可以带领学生了解秦王朝兴亡的历史；讲《六国论》时，可以给学生讲大宋重文轻武积贫积弱的历史。还可以与政治学科进行整合，给学生讲思政故事，比如青年李大钊的故事、"氢弹之父"于敏的故事，这样可以让学生更好地了解无论是古代还是当下，胸怀天下、勇于担当都是爱国志士的追求，从而达到对学生进行思政教育的目的。

（三）在学科外进行整合

首先可以将课内所学知识和课外资源进行整合，从而达到对学生进行思政教育的目的。在本任务群内有很多爱国诗文，比如《无衣》中"岂曰无衣，与子同袍"所传达的那种勇赴战场、同仇敌忾的卫国豪情，与抗疫中白衣战士的顾全大局、勇敢逆行的精神相映照。其次还可以与信息技术相整合。讲《与妻书》时，很多学生不理解文中字字泣血、大气凛然的革命热情，若利用现代信息技术，让学生观看《黄花岗起义》的视频，可使学生更直观地了解这次起义，了解起义中的枪林弹雨，更加深入地理解牺牲小我成就大我的革命豪情。

二、立足文本，结合情境，设计思政任务

语文学习任务群以任务为导向，依据任务群的特点设计学习任务。根据这一特点可以立足文本，联系生活，设计课程思政任务情境。

（一）立足文本，设计课程思政任务情境

课程思政和思政课程最大的不同之处是，思政课程是一个显性的教育过程，而课程思政是将思政元素融入课程，是一个隐性的教育过程。所以在进行本任务群课程思政教学时，切忌将语文课上成思政课，一定要立足文本，设计课程思政任务情境。

比如，在"中国古典诗歌"这一任务群中，学生对杜甫的"忧国忧民"情怀，大多数还停留在印象层面，如何将"印象"变为"理解"，需要教师设计好相应的课程思政任务情境。技巧之一就是要立足文本，可以从杜甫诗歌中写景的句子入手，让学生思考诗句中景物的特点。学生通过分析会发现，诗中景物有一种"生命的衰颓无边无际、韶华的易逝不可遏制"之意，有一种"开阔博大之中的分裂动荡"之感。然后让学生联系背景知识去思考：在杜甫生命的最后十年中，即使是处于国家动荡、老病交加、无人赏识的境遇，他仍不忘国家人民，这是一种什么境界？学生在对文本的深入挖掘中自然就容易理解其精神情怀。

（二）联系生活，设计课程思政任务情境

在任务群教学中设计课程思政任务，要与现实生活相联系，与学生现有的知识相符合，营造真实的学习情境。比如，讲《屈原列传》和《苏武传》这两篇富

有爱国精神的传记作品时，可以结合单元研习任务和现实生活情境，设计如下课程思政任务情境：

课程思政任务：仿照《典籍里的中国》栏目，组织开展一次"我想对__说"的专题讨论会，谈谈你从他们身上汲取的精神力量。

活动1：请为屈原和苏武分别整理一份简略的人物年表。（旨在让学生深入阅读文本，把握人物生平，理解两位人物的人生遭遇）

活动2：假如屈原、苏武相遇，他们会如何对话？（旨在让学生了解屈原和苏武在困境中的不同抉择）

活动3：假如你是书写者，你会像作者一样书写他们的故事吗？（旨在让学生搜集更多的资料，从而更全面地探讨作者的写作目的，从作者的取舍中读出作者的价值观）

三、重视过程，主体多元，进行教学评价

教学评价是教学过程中不可或缺的一部分，是对教师教学过程和学生学习过程的有效评价。在进行"中华传统文化经典研习"这一任务群的课程思政教学时，需要高度重视以下两点：

（一）重视过程性评价

《普通高中语文课程标准（2017年版）解读》中强调，"学习评价其实就是对学习本身作出的一系列价值判断"。学习评价不仅包括对学习结果的诊断，也包括对学习过程的诊断。由于课程思政教学不同于其他形式的教学，单一的终结性评价（即测验或考试结果）不能充分发挥鉴别学生思想政治素养的作用，所以在设计教学评价时更要侧重对学生学习过程的诊断。如《氓》和《孔雀东南飞》都讲述了古代婚姻的悲剧，在设计教学评价时，可以让学生对两位女主人公婚姻悲剧成因进行讨论，并联系现实生活，进行当代青年婚恋观的调查并完成一篇调查报告。

（二）重视评价主体的多元化

《普通高中语文课程标准（2017年版）》中"倡导评价主体的多元化""鼓励学生、家长、教师、教学管理人员等参与课程评价"。语文的课堂可以延伸到生活中，评价也可以延伸到生活的方方面面，比如学完《芣苢》后，家长可以组织学生参加社区劳动，体会劳动的价值和意义，并要求学生将劳动感悟以诗歌的形式在社区展览，这时任务完成的效果就可以由家长或者社区工作人员来评价。值得注意的是在落实任务群的课程思政任务时，不管哪种形式的评价都要面向全体学生，充分尊重学生的主体地位。

课程思政视角下高中数学教学实践探究

周瑜君

一、问题提出

2019 年 3 月，习近平总书记在学校思想政治理论课教师座谈会上发表讲话，阐明了新时期下学校的思政课程的重要意义。当下的中国正迈向高质量发展时期，同时也是各种矛盾、问题错综复杂的历史时期。加强学生的思想政治教育也成为民族复兴、社会建设的必然途径。而学生思政教育的工作开展不能仅仅依靠有限的思政课程，而是要充分利用好其他课堂的教学过程，把思想政治教育贯穿于教育教学的整个过程中。

作为新时代下的高中数学教师，我们在做好教授数学知识和培养学生逻辑思维的同时，仍然需要整合、挖掘、创新和充实数学课程的内在思政资源，通过课程思政化的推进提升学生的思想政治素养，培养能够为社会主义事业发展奋斗终身的有用人才。课程思政是指把思想政治教育的教学目标灌输于学科教学中，使得每门学科都参与学校的全员、全方位育人过程，形成完整的课程育人体系。[①]

数学课程思政是挖掘数学课程育人功能、丰富数学课程内涵的重要途径，是将马克思主义的辩证思维、科学方法应用于课程教学的必然选择，是实现学生在知识、能力、情感、态度、价值观等方面全面进步的客观要求。

围绕高中数学课程，深度发掘数学课程中的思政教育资源，归纳、总结课程思政与高中数学课程的有效衔接点，在教学中融入爱国爱社会主义的精神教育、科学人文素质培养教育，强化高中数学课程的育人功能；课程思政重在建构，授课教师是核心，手中的教材是基本，充分挖掘现有学科知识所蕴含的深度内涵是前提条件。因此教师在开展教学过程中，要坚持围绕教材，多渠道挖掘和总结课程思政资源。

本文结合新课改下 2019 年人教版普通高中数学教科书中的部分知识点做课程思政视角下的深度分析。

---

① 谭晓爽. 课程思政的价值内涵与实践路径探析 [J]. 思想政治工作研究，2018（4）：44-45.

二、案例分析

（一）必修一课本第 39 页探究题

2002 年，第 24 届国际数学家大会在中国北京召开。大会会标是依据古代数学家赵爽的弦图而进行设计的，引导学生观察思考，是否能从图中找出相等关系和不等关系。

1. 分析

利用赵爽弦图的特征，可以发现会标是由 4 个大小、形状相同的直角三角形围成了一个较大的正方形，这个大的正方形的中空部分是一个小的正方形。因此，由图形可知，大的正方形面积明显大于 4 个小的直角三角形的面积和，即 $a^2 + b^2 > 2ab$（设直角三角形的两条直角边的长为 a，b）。

2. 设计意图

学生借助自己的独立思考和小组间的共同讨论，探究得到问题的答案。过程中，教师启发学生思考弦图的数学意义，引出对于勾股定理证明的一种新的思考。教师同时介绍国际数学家大会的重要意义。

3. 课程思政资源深度挖掘

这是历史上第一次在发展中国家召开国际数学家大会，体现了中国在国际数学界的地位。在这次盛会中，选用古代数学家赵爽的弦图作为会标，是对我国古代数学成就的高度认可。

4. 思政育人切入点

通过融入多元的数学史，让学生了解这些教学内容的发展历程，感悟它们在社会科学技术中的作用，体会数学家所做的卓越贡献。激发学生的民族自豪感。

5. 课程延展思考

高中数学教师要从数学的角度，通过数学知识与数学活动去促进学生思想上的发展。这就要求一线教师不能局限于教材中所涉及的数学专业知识，还要努力拓宽对数学知识掌握的深度和宽度，从大方向着手思考，从小细节逐渐积累，进行更加深入、多角度的学习，养成终身学习的好习惯，拓宽自己的专业知识领域。

教师在深度挖掘数学课程中的思政素材的同时，也应该意识到数学作为一门古老的学科，其本身包括了丰富的人生观、价值观以及中国传统文化等内容。从数学家的名人轶事、数学公式定理的发现等切入思政点，能够培养学生对待科学的严谨态度、思考问题的发展性观点，以及坚定、自豪的家国情怀。

（二）选择性必修一课本第 142 页"文献阅读与数学写作"

解析几何是由发展的需要而促生的，同时也为微积分的创建提供了重要支撑。教师提示学生根据个人兴趣，采取小组合作的形式，围绕所给主题，通过资料搜集、素材汇总等形式来完成一篇数学小论文。

1. 分析

学生根据自己的兴趣来选题，再根据个人情况来分配任务。教师在活动过程中加以指导，力图在学生搜集资料、汇总素材的过程中能达到学科资源育人的效果。最后通过分享会的形式，达到全员育人的效果。

2. 课程思政资源深度挖掘

解析几何充分体现了辩证唯物主义的思想。另外，在研究解析几何对人类文明进步的贡献的时候，可以引导学生探究近几年我们国家的科技成果。比如北斗卫星定位导航系统，是全球四大卫星导航系统之一。这样一项重要的科技成果依赖于解析几何的思想。该成果为社会发展提供了时空信息的保障，也体现了我们国家改革开放 40 余年来的重要成就。同样，也可通过课本第 124 页例 4 的双曲线型冷却塔，让学生了解解析几何知识对生产生活的强大指导作用。

3. 思政育人切入点

中国能够取得如此多科技成果的根本原因是中国共产党的领导，要使学生明白这一点，进而坚定制度自信、文化自信，树立努力向上、积极进取的决心，担负起伟大事业的建设者和接班人的重担。

4. 课程延展思考

要恰当选择合适的教学手段和评价方式，创新教学方法，达到循序渐进的思政育人效果。在课程思政的过程中，改变传统的教学手段和评价方式，将学生由课堂的被动接受者转化为主动参与者。要根据学科知识点及所挖掘的课程思政切入点，按需选择教学方式及评价手段。比如以信息化引领课程思政的模式，通过体验式、参与式的思考来实现情感共情和行为认同。过程中，教师既要关注育人切入点，还要关注价值观与情感态度的正面引导。要充分发挥教师的聪明才智，才能在数学教学的课堂形式、内容、实践等各个方面发挥教师对于学生思想价值观念的引领作用。

三、结语

数学学科的课程思政是一个系统和复杂的工程。在课程内容、资源渗透、实施方式等处恰当地融入思政元素，将使思想价值的风向引领贯穿于教育教学的整个过程，更好地发挥数学课程的育人功能，这也是新时代赋予数学教师的时代使命。总而言之，教师要培养终身学习的意识，要更新教学理念，深度挖掘思政元素，灵活应用教学手段及评价方式，力求达到知识的传授和价值的引领紧密结合，精神品质教育与科学人文素质培养密切融合，以贯彻党的基本教育方针、落实立德树人的根本性任务，推进课程思政与思政课程双轨同进。

融合课程思政的高中数学学科核心素养培育探究

及晓晨

一、相关背景和概念界定

（一）课程思政的背景

课程思政于 2014 年由上海市教委率先提出，2016 年全国高校思想政治工作会议召开，习近平总书记强调："要坚持把立德树人作为中心环节，把思想政治工作贯穿教育教学全过程。"

2017 年中共教育部党组发布《高校思想政治工作质量提升工程实施纲要》，文件要求大力推动以课程思政为目标的课堂教学改革。

2020 年教育部印发《高等学校课程思政建设指导纲要》，明确指出："要切实把教育教学作为最基础最根本的工作，深入挖掘各类课程和教学方式中蕴含的思想政治教育资源。"

2022 年教育部发布《关于进一步加强新时代中小学思政课建设的意见》，要求提高课程思政水平，准确把握各门学科育人目标，将课程思政有机融入各类课程教学，深入实施跨学科综合育人。

（二）数学学科核心素养的概念界定

《普通高中数学课程标准（2017 年版 2020 年修订）》指出，"数学学科核心素养是数学课程目标的集中体现，是具有数学基本特征的思维品质、关键能力以及情感、态度与价值观的综合体现，是在数学学习和应用的过程中逐步形成和发展的。数学学科核心素养包括：数学抽象、逻辑推理、数学建模、直观想象、数学运算和数据分析。这些数学学科核心素养既相对独立，又相互交融，是一个有机的整体"。

二、函数的奇偶性教学设计

本文以人教版 A 版数学必修一"函数的奇偶性"为例设计了一节课，在此，我们将重点介绍教学过程，旨在充分挖掘数学课程中的思政元素，发挥数学课程思政的育人功能。

（一）创设情境

教师展示火神山医院和雷神山医院标志并提出问题：①大家知道这是什么标志吗？（教师解释标志寓意）②这个标志有什么特征呢？

学生思考并回答：①这是火神山医院和雷神山医院的标志。②它们都是轴对称图形。

思政融合点：通过观察火神山医院和雷神山医院的标志特征，可以直观发现此标志为轴对称图形，从而让学生思考，函数图像是否也有这样的轴对称性质，由此引出本节课内容。

通过介绍火神山、雷神山医院的建立背景以及所展现出的抗疫精神，使学生感受到民族伟力，增强学生的民族自豪感和认同感，培养学生的爱国主义情怀。

通过介绍火神山、雷神山医院的标志寓意，为学生展现来自全国各地的医务人员、志愿者和专家为抗击疫情做出的巨大贡献，使学生感受到人民群众的团结和奉献以及医务人员的伟大和神圣。

（二）新知探究

（1）画图。一种陶瓷杯的曲面与轴截面的交线为抛物线。已知杯口半径为 2 cm，杯高为 4 cm。试在曲面的轴截面建立直角坐标系，使该曲面顶点（即抛物线顶点）与原点重合，画出并观察该抛物线的图像特征。

学生画图并回答：这个函数的图像关于 y 轴对称。

（2）验证。为了验证对称性，不妨取自变量的一些特殊值，观察并列表记录相应函数值的情况，可以发现，当自变量取一对相反数时，相应的两个函数值相等，有：$f(-3)=9=f(3)$、$f(-2)=4=f(2)$、$f(-1)=1=f(1)$。

（3）概念形成。

偶函数：一般地，设函数 $f(x)$ 的定义域为 I，如果 $\forall x \in I$，都有 $-x \in I$ 且 $f(-x)=f(x)$，那么函数 $f(x)$ 就叫作偶函数。

注意：函数的奇偶性是整体性质；定义域关于原点对称；$f(-x)=f(x)$；图像关于 y 轴对称。

（4）概念巩固。请学生仿照这个过程，说明函数 $g(x)=2-|x|$ 也是偶函数。

（5）概念形成。请学生分小组讨论，类比探究偶函数的方法来完成奇函数的探究并展示探究过程。

学生通过投影仪展示探究过程，然后回答奇函数的定义。一般地，设函数 $f(x)$ 的定义域为 I，如果 $\forall x \in I$，都有 $-x \in I$ 且 $f(-x)=-f(x)$，那么函数 $f(x)$ 就叫作奇函数。

（6）思政融合点。鼓励学生积极探索，合作学习，既可以巩固研究思路，也可以进一步加深学生对于奇偶性的理解，培养学生的独立思考能力和团结合作精神。

（三）概念应用

判定函数奇偶性的方法有两种，即定义法和图像法。

1. 定义法

（1）求出定义域。

（2）判断定义域是否关于原点对称。

（3）$\forall x \in I$ 计算 $f(-x)$。

教师引导学生归纳出定义法的步骤，并补充非奇非偶函数和既奇又偶函数。

2. 图像法

（1）若 $f(x)$ 是奇函数则 $f(x)$ 的图像关于_____对称。

（2）若 $f(x)$ 是偶函数则 $f(x)$ 的图像关于_____对称。

3. 思政融合点

通过引导学生探究奇偶性在生活中的应用，培养他们的道德品质和人文素养，让他们学会用数学的眼光观察世界，用数学的思维思考世界，感受数学之美。

（四）归纳小结

教师从知识、方法两个方面对本节课的内容进行归纳总结，并提出课后思考问题：在生活中哪些物体具有对称性？

思政融合点：引导学生在课后观察和思考生活中物体的对称性，帮助学生理解数学概念，同时也能让学生认识数学与现实生活紧密相连，认识数学的重要性，体会数学来源于生活又服务于生活。

三、总结

教师在数学教学中，可以深入挖掘数学知识中的思政元素，培养学生的爱国情怀和民族自豪感。同时，教师可以创设实际情境，引导学生运用数学知识解决问题，提高数学应用能力。教师还可以创新教学方式，如小组讨论、互动问答、动画演示等，引导学生自主探究问题，培养学生求真探索的科学精神。

融合课程思政的高中数学学科核心素养培育是一项重要的教育任务，通过充分挖掘思政元素、创设情境、创新教学方式等策略，可以实现数学知识和思政元素有机结合，提高学生的数学学科核心素养和综合能力。未来，我们需要进一步深化课程思政理念在高中数学教学中的应用，为培养德智体美劳全面发展的社会主义建设者和接班人做出更大的贡献。

参考文献

［1］刘增辉．从思政课程到课程思政：高校思想政治工作的重大创新［J］．在线学习，2022（4）：5.

［2］中华人民共和国教育部．普通高中数学课程标准（2017年版2020年修订）［S］．北京：人民教育出版社，2020：4-8.

［3］赵金凤．课程思政视域下高中数学教学研究［J］．中学数学（高中版），2022（15）：3-5.

［4］赵雪艳．新课改背景下高中数学课程思政的探索［J］．教学管理与教育研究，2022，7（12）：72-74.

"双新"背景下培养初中英语学科素养的探索

王 婧

课程改革给学校教育提出了更高的要求。作为教师，我们也面临着很大的挑战。英语课程学习不再只是简单地让学生掌握一门语言工具，还承担着提高学生综合人文素养的任务。学生通过英语的学习，不仅可以提升自己的综合语言运用能力和与人沟通的能力，还能够借助这一语言工具开阔视野，丰富阅历，增强爱国热情和民族自豪感，形成良好的品格和正确的价值观。

一、初中英语学科核心素养内涵

《义务教育英语课程标准（2022年版）》明确指出"核心素养是课程育人价值的集中体现，是学生通过课程学习逐步形成的适应个人终身发展和社会发展需要的正确价值观、必备品格和关键能力。英语课程要培养的核心素养包括语言能力、思维品质、文化意识和学习能力等方面"。

二、初中英语学科核心素养教学现状

在新课程和新教材的"双新"背景下，业界对教师的课堂教学提出了更高的要求。我们培养出来的学生不仅要具备扎实的专业知识，而且还要拥有较强的综合素养。受传统教学模式的影响，很多课堂还是以教师为主体，以语言知识的讲授和练习为主要教学内容，而忽视了对学生能动性的调动和学科核心素养的整体提升。同时，由于班内学生在学科基础、学习习惯和学习能力等方面存在较大差异，很多教师虽然在教学中关注了学科素养的培养，但在教学过程中没有同时兼顾好学生的共性学习需求和个体差异，造成学科素养的培养缺乏针对性，从而导致实际效果并不理想。

三、"双新"背景下培养初中英语核心素养的探索

（一）因材施教，设置"渐进型"任务，搭建学生进步阶梯

在实际教学中，由于班内学生在学科基础、学习能力、行为习惯和意志水平等方面都存在较大差异，教师的教学面临很大的挑战。如果仍然采用以往的统一

教学模式，就会造成基础好的学生"吃不饱"，基础薄弱的学生"够不着"的情况。这样不利于充分激发学生的学习积极性，也限制了很多学生的增值发展。

因此，教师可以针对学生特点，因材施教，将"分层"这一理念贯穿于教学过程，设立分层目标，设置分层任务，进行多元评价。这样不仅可以激发学生的学习热情和积极性，还可以使不同层次的学生都能有所收获，提升语言能力。

例如，在讲解八上 Module 9 时，需要学生掌握询问天气的句型。教师可以为学生设置不同难度的任务，由易到难，循序渐进，为学生搭建语言学习进步的阶梯。在一层任务中，可以设置简单的替换练习，只需将画横线的部分（即地名和形容天气的形容词）替换即可。二层任务的难度有所增加，学生需要用所学句型描述图片内容。三层任务就更加灵活了，即体验天气预报员的工作，用所学句型描述表格中各个地方的天气状况。这三层任务的难度层层递进，学生在完成阶梯任务的过程中实现了语言能力的提升。

在作业环节，教师也可以为学生设置分层作业，鼓励小组合作。例如，学生可以通过复习上课所讲的知识，两人一组根据图片完成天气的问答。也可以选择比较有挑战性的作业——小组合作完成天气播报，即小组成员分工合作，收听当晚的天气预报，制作天气表格，然后用英语进行前一天的天气播报。通过分层和小组合作，可以充分发挥学生的能动性，让每个层次的学生都能各展所长，参与到课堂活动中，增强学生的自信和学习积极性，鼓励他们向更高层台阶迈进。

（二）依托教材，展现学科魅力，实施文化熏陶

"双新"背景下，英语课程学习不再只是让学生简单地掌握一门语言工具。学生通过英语的学习，不仅培养了综合语言运用能力，还能够借助这一语言工具涵养品格，提升文明素养和社会责任感。

初中英语教材中每一个模块的话题都是与我们的生活密切相关的，课堂是学生增强文化意识的重要阵地。例如，在学习八上 Module 6 Choosing birthday presents 时，教师可以由挑选生日礼物的话题引出生日这一话题。通过让学生回忆每年过生日时家人都是如何帮自己庆祝生日的，进而思考自己又是如何帮家人庆祝生日的，从而让学生理解父母和家人对自己的关爱，教育学生也要学会爱家人、关心他人。然后由生日引申到校庆，再提升到国庆，引导学生爱学校，学会感恩；爱祖国，树立远大理想报效祖国。最后，还可以为当天过生日的同学送出集体祝福，整节课在温馨的生日歌中结束。学生在一个融洽温暖的氛围中，学会了新的知识，收获了新的人生感悟。

（三）创设情境，开展合作探究学习活动，提升学生思维能力

初中生由于其年龄特点，对于事物的认知容易出现偏差，需要教师的及时引导。因此，在英语教学中，教师应该结合初中学生的思维特征，组织学生开展形

式、内容丰富的学习探究活动，引导学生在学习探究中发现问题、分析问题和解决问题，从而锻炼思维能力，提升思维品质。

例如，九上 Module 6 Unit2 If you tell him the truth now, you will show that you are honest 以报刊中读者来信寻求建议及回复给出建议的形式出现。在求助信中，Steve 描述了自己不听爸爸劝告，弄坏爸爸的电脑，不敢承认错误的经过。而在回信中，Diana 明确指出了 Steve 的错误并给予了解决这一困扰的建议。课文内容与学生的日常生活密切相关，学生对于这一话题比较熟悉也较感兴趣。通过本课的学习，学生能够熟练掌握寻求建议和给予建议的句型，同时领悟到诚实守信这一品格的重要性，当自己在生活中犯了错误或遇到烦恼时，要勇于担当，乐观面对，积极寻找解决问题的途径，从而体现英语课堂的德育功能。

在课堂教学中，教师可以设置一些探究学习活动，创设情境，给学生提供机会实践所学内容，提升思维能力。如：通过小组合作的方式，进行班级建议栏的设计。大家各展所长，分工合作，有的负责美术设计，有的负责提出困扰，有的负责给予建议。在活动过程中，学生学会了合作和互相帮助，用英语充分练习了给出建议的句型，提高了语言表达能力。在理解别人提出的困扰、帮助别人解决烦恼以及共同分享成果的过程中，学生还提升了分析辨别能力，培养了乐观向上、诚实守信的优秀品质。

（四）抓住契机，依托项目式学习，提升学生综合学习能力

学习能力是学生学习任何学科都要具备的一种能力。因此，在平日的教育教学中，教师要及时抓住契机，依托项目式学习，延伸课后实践，并进行成果展示，激发学生的学习热情，引导学生乐学、爱学、善学、优学，促进学生的全面成长。

如：在学习八上 Module 2 My hometown 后，可以组织学生开展英语演讲，用英语表达自己对家乡的热爱。在学习八下 Module 5 Cartoon 后，可以组织学生开展调查研究，了解家庭不同成员在学生时代最喜爱的卡通形象，呈现不同时代青年人的不同喜好，并以手抄报的形式展示给全班同学。在学习八上 Module 7 A famous story 后，组织学生开展英语童话剧展演。从编写剧本、准备道具到主持、排练、展演，都是以学生为主体进行的。学生以大家非常熟悉的童话剧《白雪公主》《小红帽》等为蓝本，进行改编，为大家呈现文明有礼、诚实守信等良好品质。学生在利用所学知识和所掌握的技能完成项目的过程中，不仅提升了英语语言能力，而且培养并发展了学习能力，将学生传统被动接受知识的学习方式，转变为在问题解决过程中主动运用知识、提升核心素养的学习方式。

培养学生的学科核心素养，是时代社会发展的需要。在"双新"背景下的初中英语教学中，学生英语学科核心素养的培养已成为关键的教学目标。在教学中

需要教师和学生的共同努力，探索有效的途径，才能达成培养目标。因此，教师应紧密围绕英语学科核心素养制定教学目标，进一步优化英语课堂教学模式，依托实践活动，促进学生英语学科核心素养的全面培养与提升，促进学生更大的增值发展。

参考文献

［1］中华人民共和国教育部．义务教育英语课程标准（2022年版）［S］．北京：北京师范大学出版社，2022.

［2］王天骄．核心素养下的初中英语课程教学［J］．校园英语，2022（44）：172-174.

［3］谢晓．基于英语学科核心素养的初中英语课程教学研究［J］．校园英语，2022（6）：43-45.

［4］李霞．关于初中英语学科教学中学生核心素养的培养［J］．学周刊，2023（17）：94-96.

［5］王克倩．培养初中英语学科核心素养的教学策略［J］．教海探航，2023（22）：63-65.

［6］张秀．"双减"背景下的初中英语学科核心素养提升策略［J］．校园英语，2022（27）：178-180.

数字化引导下的英语课程思政融合探究
——以外研版七年级下册 M12 U2 为例

刘 畅

一、教学设计

（一）教学内容分析

外研社七年级下册第 12 模块第二单元（M12 U2）Vienna is the center of European classical music 以音乐为话题，让学生了解中西方音乐以及著名音乐家，培养学生对于音乐、对于生活之美的体验，对于中国传统文化的认同。

（二）学情分析

在学习本课之前，学生都已经学习过本模块第一单元，使学生对于本模块话题有一定的了解。在对话中，也出现了本模块的语法重点，比如选择疑问句"Is this by Strauss or Mozart?"，感叹句"What a beautiful city!"，这些句子在对话交流中自然产生，学生对这些语法结构有了一个感性的认知，后面可以通过归纳法，引导学生总结这两个语法现象的使用规则，从而学习到理性的知识。

（三）教学目标

（1）在课前诊断测试中，学生通过自主练习与学习，获取本模块重点词汇的主要含义。

（2）通过课文学习，学生能够读懂人物生平，了解人物生平的写作逻辑，学会按时间的顺序来描写人物。

（3）通过本课的学习，学生能够培养对于音乐的热爱，同时产生对于艺术、生活的热爱。

（四）教学重难点

（1）重点单词的理解与应用。

（2）阅读方法的学习以及文章逻辑的梳理。

（3）选择疑问句以及感叹句的学习。

二、课前诊断测试

教师通过设计诊断测试，可以收集学生对每个细分的知识点的掌握程度，形成数字化的档案，有助于学生"元认知"的发展，让学生能够意识到自己掌握知识的情况，专注薄弱环节，更高效地指导自己的学习，为以后学习策略的选择、学习重点以及学习状态的改变提供依据。

在设置诊断测试的时候，设计了课前和课后两种。课前的诊断测试，可以对学生的学情进行了解，使教师在课上更有针对性、更高效地进行授课。课后的问卷测试，可以了解学生的知识吸收率以及存在的问题。

本案例围绕外研社七年级下册 M12 U2 Vienna is the center of European classic music 来进行设计，具体过程如下。

第一步：根据教学目标，设计诊断任务。

在学习本课前，通过设计在线诊断测试，从词汇、语法、语篇三个方面来测试学生相关知识的储备情况。

（一）词汇测试，根据句意，请选择画线单词的含义

1. Lively is an adjective derived from the noun "life", and it basically means "full of life". For example, it's hard work teaching a class of lively children.

A. 活着的

B. 直播的

C. 生活的

D. 活泼的

2. A composer is a person who writes music.

A. 歌手

B. 作曲家

C. 音乐家

D. 艺术家

3. 单词释义匹配。

（1）lively

（2）modern

（3）noisy

（4）perfect

（5）another

（6）elder

A. full of life and energy

B. some other

C. entirely without disadvantages or shortcomings

D. full of loud and nonmusical sounds

E. of earlier birth or greater age

4. 听音频，填词。

（1）Tony's dad likes _____.

（2）Tony likes _____. He loves _____.

（3）Tony's mother likes rock music, too. Because she thinks it's _____.

【设计意图】通过不同练习的设计，构建词汇的分层次练习：从最初的单词中文含义识别，到英英释义匹配，再到听写练习。综合练习词汇，让词汇的学习更加丰富。

（二）语法测试

1. 选择题。

—Do you like traditional music or pop music?

—_____.

　　A. Yes, I like.

　　B. Yes, I do.

　　C. Pop music.

　　D. No, I don't like it.

2. 用 What 作为引导词将下列句子改写成感叹句。

（1）It is a successful concert.

（2）Tianjin is a beautiful city.

（3）Mozart is a famous composer.

【设计意图】本篇文章的两个重要语法点：选择疑问句和感叹句，需要设计一些题目来了解学生对它们的掌握情况。同时通过提供丰富的语言环境，让学生利用归纳法，自己总结出语法结构。

（三）篇章理解

Read and think about the structure of this passage and then choose the correct picture.

A.

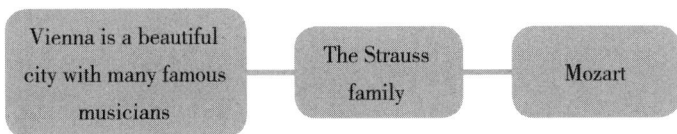

B.

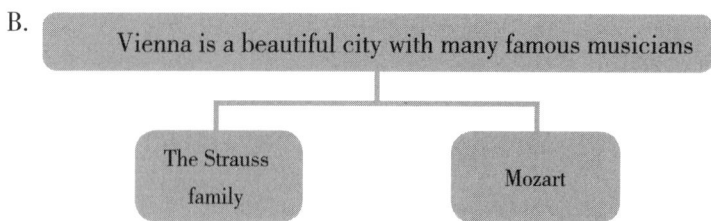

【设计意图】通过逻辑图的方式，引导学生思考文章的逻辑结构，从而感知文章总分结构的写作手法。

第二步：组织学生完成作答。

将题目输入到问卷星以后，通过发送二维码的方式，让学生完成问卷，并回收数据。

第三步：反馈。

将学生回答的问题汇总，并分析学生对于词汇、语法、语篇的掌握情况，教师可以更有针对性地设计课程。通过诊断测试的方式，让学生在家提前了解文章脉络，为课中讨论做好铺垫与准备。

三、课中教学实施

根据布鲁姆的认知学习目标分类，学生在课前已经基本完成了识记层次，对课文里的重要词汇以及文章结构有了一定的了解，并且能够把握知识材料意义，部分完成了领会层次的认知。在课上的授课重点就转变成了运用、分析、综合和评价的认知目标。因此，需要设计以学生活动、运用语言为主的课堂，创设情境，让学生更多地参与课堂。

任务一：两人一组，讨论最喜欢的音乐类型以及原因。

the kind of music	Western music, classical music, pop music, Beijing opera, rock music…
the adjective	lively, modern, noisy, fantastic, traditional, popular, perfect…

Student A: Do you like _____ or _____?

Student B: I like _____ because _____.

【设计意图】给学生提供框架和基本句型，并列出一些可能需要的词汇，让学生的口语输出有所依托，灵活运用所学词汇。

任务二：猜猜"我"是谁？

让部分学生扮演音乐家，为其他学生提供关键词或者关键句，大家通过所给信息，猜测他们扮演的是谁。

【设计意图】本次任务设计的目的是让学生更进一步地输出语言。通过提供关键词或者关键句，减轻学生的心理负担，让学生能够积极参与到活动中，提高学习的兴趣。

任务三：用所给信息，选择一位自己喜欢的音乐家，并写一篇介绍音乐家的文章。

音乐家一　冼星海

· Xian Xinghai

· famous for the song *The Yellow River*

· born in Macao, China, 1905

· died young, 1945

· called the "People's Musician"

· songs are still popular today

音乐家二　贝多芬

· Ludwig van Beethoven

· born in Bonn, Germany

· died at the age of 57

· acknowledged as one of the giants of classical music

【设计意图】通过写作的方式，让学生做有效输出练习。本活动为控制性写作活动，要求学生根据信息介绍自己喜爱的音乐家生平，提高学生学习兴趣的同时，增强学生的民族意识以及跨文化交际能力。

四、案例总结与分析

在数字化信息技术的支持下，所学内容被分成了两大部分：课前知识性内容自学，课上以活动为主的互动练习，将英语教学进行了线上与线下的融合。

通过前期的准备，学生已经储备了语言输出的内容，在课上的时候，教师的教学重点就从单纯的知识性内容输入，转为以学生为中心、以活动为主线的语言活动。学生可以在教师创设的情境下，运用所学语言。

本课运用各种数字化工具和平台，将思政教育内容和形式更好地进行整合与传播，以更加生动、丰富、具有参与性的方式呈现给学生，让学生在学习、探索、体验、分享时，提升思想高度和知识水平。

浅谈课程思政在高中英语阅读课的应用

宋博涵

党的二十大报告明确指出："教育是国之大计、党之大计。培养什么人、怎样培养人、为谁培养人是教育的根本问题。育人的根本在于立德。全面贯彻党的教育方针，落实立德树人根本任务，培养德智体美劳全面发展的社会主义建设者和接班人。"与高校课程思政的实施方式不同，高中课程思政突出德育问题，旨在将德育贯穿到每一门高中学科中，从而培养学生正确的价值观。①

在高中英语课程中融入思政内容是必要的，可以培养全面发展的人才，提升学生的价值立场和文化自信，实现学科育人。①培养全面发展的人才：高中英语课程的教学目标是培养具有英语语言学习能力和跨文化交际能力，以及具有人文素养、科学精神、创新能力和批判性思维的高素质人才；而思政教育则是培养学生正确价值观和人生观的重要手段，两者结合可以更好地培养全面发展的学生。②提升学生的价值立场和文化自信：在英语课程中，将中华文化和西方文化进行对比，可以让学生坚定自己的文化立场和价值立场，提升他们的文化自信。③实现学科育人：英语作为一门工具性和人文性交融的学科，其课程内容本身就具有育人的功能。通过融入思政元素，可以更好地实现学科育人。

一、文献综述

学界关于英语课程思政的研究始于 2018 年，以实证研究为主，主要从以下几个方面展开：英语课程思政的内涵与价值、英语课程思政的实现路径、基于课程思政理念进行教材分析、英语课程思政建设、以英语课程思政理念开展教学实践。笔者通过梳理以往的文献研究发现，目前关于英语课程思政的研究大多集中于大学英语课程，例如学者夏文红、何芳提出"应认识大学英语'课程思政'在立德树人方面的时代价值，结合大学英语教学实际，引导青年学子以批判的眼光学习西方文化，取其所长，为我所用；应培养青年学子对民族文化的自信，更好构筑中国精神、中国价值、中国力量，向世界'讲好中国故事，传播好中国声

---

① 李文钰，于秀丽. 高中课程思政研究浅谈［J］. 经济师，2021（2）：198–199.

音，阐释好中国特色'"①。关于中小学阶段的英语课程思政研究较少，并且结合现有教材思考如何将思政元素融入英语教学方面的实践方案也较少。而中学阶段是学生世界观、人生观和价值观形成的重要时期，在此阶段的英语课程中融入思政教育元素，对于培养心智健全的学生具有重要意义。

二、高中英语课程思政的实施意义

高中英语课程融入课程思政，对于落实立德树人的根本任务具有十分重要的意义。一方面可以提升学生的思想政治素质：通过英语课程的思政教学，可以帮助学生树立正确的世界观、人生观、价值观，培养他们的爱国主义情怀，坚定理想信念，厚植爱国主义情感，树立共产主义远大理想，并坚定"四个自信"；另一方面可以培养全面发展的社会人才：高中英语课程的课程思政教育，不仅可以提升学生的英语语言能力，还可以通过思政教育，培养学生的社会主义核心价值观，使其成为德智体美劳全面发展的社会建设者和接班人。

英语课程在学科育人方面具有其独特优势。作为一门工具型学科，英语课程可以将思政教育与课程教学有机地结合在一起，这符合素质教育的课程要求，同时在全面提高学生语言能力和保障学生自我发展方面也发挥着重要作用。

三、课程思政在高中英语阅读课的应用

阅读课是高中英语教学中很重要的一个环节，教师在带领学生进行语篇分析和文本解读的过程中，学生不仅能提高语言能力和学习能力，还同时培养了文化意识和思维品质。因此，将思政概念融入阅读教学是十分必要的。本文以外研社版 2019 年版高中英语教材必修二第一单元 Food for Thought 的 Understanding ideas 部分中的 *A child of two cuisines* 为例，浅谈如何将思政元素融入高中英语阅读教学中。

（一）教学内容

必修二第一单元的主题语境是"人与社会"，涉及的主题语境内容是多元饮食文化和健康的饮食习惯。*A child of two cuisines* 讲述了一个中英跨国家庭的饮食故事。课文以跨国家庭中孩子的口吻介绍了中英两国的代表食物，以及一家人在饮食习惯的碰撞与融合中发生的一些有趣的故事。读前的导入活动介绍了不同国家和地区的"黑暗料理"，帮助学生提前熟悉话题，为课文学习做铺垫。读中活动考查学生对课文标题的理解。读后活动则通过探讨主旨大意、细节理解和开放性问答等活动，启发学生深入思考，探究单元主题意义。

---

① 夏文红，何芳. 大学英语"课程思政"的使命担当［J］. 人民论坛，2019（30）：108-109.

（二）教学目标

为了实现课程思政与英语教学相融合的目标，教师首先需要充分研读文章，挖掘其中的思政元素，使其在具体的教学活动中更加自然和流畅。本课时的语言能力目标是使学生掌握并应用四种情态动词：dare not, have to, needn't 和 had better；学习能力目标是通过带领学生略读，获取课文大意，使学生能够准确理解和阐述标题的含义，并且通过带领学生精读，快速找出文中表达人物对食物的观点的句子，梳理细节；思维品质目标是通过阅读文本以及完成课后作业，培养学生的分析概括能力以及知识迁移能力；文化意识目标是使学生认识一些著名的英国食物，引导学生了解中英饮食差异，增强跨文化意识，达成对多元饮食文化的理解和包容。

（三）阅读前活动

课堂开始之前，教师播放一首以食物为主题的英文歌曲，并且展示课文中提到的一些著名的英国"黑暗料理"，让学生表达自己愿意尝试的食物并给出原因，以此来激发学生已有的语言和背景知识，为下面的学习活动做铺垫和预热。之后让学生阅读课文标题，并猜测标题的含义，从而引入课文学习。

（四）阅读中活动

首先，教师引导学生略读文章，关注首尾两段，根据对课文的理解选出课文大意，从而对课文主题"中英饮食文化融合"有所把握。接下来，引导学生细读第 2 段到第 5 段内容，从课文中找到相应信息并完成表格，重点关注课文中一家三口对不同食物的情感态度，考查学生对文章细节的理解和对信息的整合，让学生深入了解中英饮食文化的差异。在第 3 个活动中，教师引导学生找出并分析文章中使用情态动词来表达情感态度的句子，并且进一步总结文章涉及的 4 种情态动词的用法，为阅读后活动做准备。

（五）阅读后活动

在阅读环节中，通过对文章的略读和精读，学生已经对文章内容和结构十分熟悉，并且了解了四种情态动词的使用原则，阅读后活动主要以口语练习形式进行。此环节，教师引导学生进行角色扮演，模拟外国游客在中国餐厅点餐的场景。一名学生扮演外国游客，因对菜单上的菜品和餐具不了解，需要服务生的帮助；另一名学生扮演服务生，为外国游客提供帮助，在描述菜品的同时，传播中国饮食文化。通过此环节，学生不仅能够练习阅读中学到的词汇、语法和相关表达，还潜移默化地加深了对中西方饮食文化差异的理解，实现了对多元饮食文化的包容；与此同时，通过讲解中华美食，学生可以体会到中华饮食文化的历史悠久和包罗万象，增强民族自豪感和自信心。

（六）作业布置

本节阅读课的作业为写一篇文章，主题是"介绍一种你最喜欢的中华美食"。具体来说，要求学生首先上网搜集相关资料，其次运用课上学到的词汇和表达，并按照教师给出的具体要求，写一篇文章介绍一种自己最喜欢的中华美食并简述喜欢的原因。为了帮助学生更好地完成课后任务，教师会给出一个关于宫保鸡丁的范例。课后作业在培养学生信息搜集能力的同时，使其对中华饮食文化有了更深的了解，对多元饮食文化也更加包容，强化了阅读课后的思政教育效果。

综上所述，基于课程思政理念设计高中英语阅读课程，是将思政元素融入教学设计的各个环节。在英语阅读课程思政教学中，教师通过挖掘教学内容中的思政元素，引导学生一步步在学习活动中深入分析文章中潜藏的精神内涵，将思政元素与英语阅读教学相融合，帮助学生在高中这一至关重要的人生阶段树立正确的世界观、人生观和价值观。要做到以上几点，高中英语教师需要不断提高对课程育人价值的认识、对教学内容中思政元素挖掘分析的能力、进行课程思政实践的教学能力。如此才能真正在平时的教学中践行课程思政理念，落实立德树人，为国家培养德智体美劳全面发展的社会主义建设者和接班人。

小探趣味实验的开发与课程思政

冯春雨　宁　敏

一、开发趣味实验，促进全面发展

现行的《普通高中物理课程标准（2017 年版 2020 年修订）》中提出的核心素养由物理观念、科学思维、科学探究、科学态度与责任四个要素组成。其中，科学态度与责任主要包括科学本质、科学态度与社会责任等要素，是指在认识科学本质，认识科学·技术·社会·环境关系的基础上，逐渐形成严谨认真、实事求是和持之以恒的科学态度，以及遵守道德规范，保护环境并推动可持续发展的责任感。因此，可以将课程思政作为物理教学的延展和提升。

随着教育水平的提高以及思维能力的提升，传统的物理教学模式已经无法满足学生对于新知识的探索欲望，因此在教学过程中如何将更多的趣味性、创造性实验引入课题，提升学生学习的兴趣，培养学生的探索欲望，成为一个可以探究的角度。进行物理实验，不仅能够培养学生的思维能力、创造能力、动手能力，还能培养学生的劳动意识、实践精神，在实际操作中培养学生严谨的科学探究精神。

二、结合相关知识，开发实验方案

由于物理实验具有综合特性，因此，我们将趣味物理实验按照两个维度进行梳理和汇总，即专项物理实验和综合物理实验。专项物理实验针对某一个章节的知识点，简单易行，现象明显。综合物理实验综合更多的知识，更利于培养学生的综合分析及动手能力。

在本次实验开发过程中，我们不仅提供了实验应用环境，还对实验的器材、过程、原理及注意事项等进行了相关梳理，不仅便于在教学过程进行年级间的交流与完善，更有利于教师在教学中提前了解实验的相关注意事项，更好地指导学生实践与运用。

（一）电磁中的趣味实验开发

1. 行走的易拉罐

行走的易拉罐	课程章节	静电现象的应用、静电平衡状态
	实验器材	空易拉罐一个、PVC管一根、毛布一块
	实验过程	用布沿同一方向摩擦PVC管，使PVC管带静电。将易拉罐横置于光滑绝缘桌面上，使PVC管靠近易拉罐，便会发现易拉罐被静电吸引而靠近PVC管。
	实验原理	带有静电的PVC管靠近易拉罐，使易拉罐达到静电平衡状态。易拉罐两侧感应出等量异种电荷。易拉罐由于受到感应电荷与PVC管上静电的相互吸引力作用，进而发生滚动。
	实验延伸	本实验用比较大的物体演示了感应电荷与带电体之间的作用力，效果明显。在后期的实验开发中，也可以延伸为PVC管对于玻璃板上肥皂泡的吸引、PVC管对于竖直方向上细水柱的吸引等。可以再让学生进行更加广泛的探讨，提升学生参与度与学习热情。

2. 闪光戒指

闪光戒指	课程章节	电磁感应现象、感应电流的产生、涡流
	实验器材	红色发光二极管、漆包线、电磁炉
	实验过程	1. 将漆包线缠绕成戒指大小，匝数约30匝。 2. 将红色发光二极管正负极与漆包线的两端相连。 3. 打开电磁炉，将线圈靠近电磁炉，观察二极管的发光现象。
	实验原理	电磁炉提供周期性变化的磁场，线圈靠近电磁炉过程中，其磁通量发生周期性的变化，整个回路产生感应电流引起二极管发光。
	实验延伸	本实验取材于生活中的小电器，能够形象地展示感应电流的产生，也能够让更多的学生亲手制作相应的器材。此实验既提高了学生的动手能力，又能让学生更好地理解磁通量、感应电流的产生条件、感生电源等概念。
	注意事项	1. 线圈产生的电动势比较小，故只能用发光二极管代替小灯泡。 2. 由于电磁炉的自我保护设定，要在电磁炉上放上锅、盆等方能工作。 3. 此实验水温较高，请在成人指导下进行，小心烫伤。

3. 疯狂电击

疯狂电击	课程章节	电容、电容器
	实验器材	500 mL 可乐瓶、锡箔纸、铁钉、感应起电机、导线、食盐水
	实验过程	1. 用锡箔纸包裹瓶身及瓶底并固定。 2. 将铁钉穿入瓶盖，并与去掉绝缘皮的导线相连。 3. 瓶中装适量食盐水，导线放入瓶中并盖好瓶盖。 4. 将铁钉、锡箔纸分别与起电机两个电极相连，转动感应起电机为可乐瓶充电。 5. 将电容器与电机脱离，用手触碰铁钉，感受静电的存在。
	实验原理	彼此靠近的金属板带有不同种电荷，构成容纳电荷的器材——电容器。金属板的面积、板间距离、中间材料决定了容纳电荷的能力——电容。
	注意事项	1. 避免操作过程意外放电。 2. 严禁使用交流电（如 220 V 生活用电）为电容器充电。

（二）力学中的趣味实验开发

1. 神奇的自锁

神奇的自锁	课程章节	弹力、摩擦力
	实验器材	硬钢丝、硬木杆、重物、塑料皮套
	实验过程	将大小合适的塑料皮套套在硬钢丝外面，将硬钢丝按照硬木杆的形状弯曲，且钢丝略大于硬木杆直径，在不悬挂重物的情况下，硬钢丝圈会沿着木杆脱落，在钢丝圈某一侧悬挂重物，其可以牢牢地套在木杆上，调整重物质量，丝毫不会改变钢丝圈静止的状态。
	实验原理	在未悬挂重物的状态，钢丝圈与木杆之间的弹力极小，因此摩擦力很小，容易脱落。在某一侧悬挂重物，重物的重力增大的同时也使弹力、摩擦力增大，且不论所挂物体质量为多少，其最大静摩擦力永远大于所挂重物的重力，称为自锁装置。本实验重点在于让学生理解摩擦力的表达式中支持力很可能随时发生变化，造成摩擦力的随时变动。
	注意事项	1.应选用带有塑料皮的硬钢丝。 2.调整过程若物体经常掉落，可适当减小钢丝间的宽度，以增大弹力及摩擦力。 3.若重物质量过大，可选用硬度更大的钢丝进行实验。

2. 张拉整体

张拉整体	课程章节	重力、弹力
	实验器材	细绳子、胶水、轻木条或者其他杆类物品
	实验过程	设计两个对称的形状,在上下两个整体的正中间用一根根绳子相连,调整其他方向的绳子长度,使上方整体悬空,分析上方整体的受力情况,讨论在所有绳子中,哪根绳子最为关键,并且尝试分析上方整体的受力情况。展开想象的翅膀,设计自己心中的神奇张拉整体。
	实验原理	对于所挂整体,重力、四周绳子的拉力均竖直向下,因此,为了使整体能够平衡静止,最中间的绳子一定要对整体有向上的拉力。因此,中间的绳子成为张拉整体的关键。具体过程可参看下图。
	注意事项	在张拉整体中,最中间的部分设计好之后,其他方向的绳子可以随意调整,这些绳子仅仅起到维持上方左右平衡的作用。

三、实验开发的效果与后期展望

通过上述趣味物理实验,我们发现,在教育教学过程中合理安排相应的小实验,不仅能引发学生思考、提升他们学习物理的兴趣,也能培养学生的动手能力,帮助他们进一步加深对物理规律的理解。某些设计类的实验更可以激发学生的创造力,为学生的终身发展提供更好的教育契机。物理实验千变万化,而各种想法在教学过程中也会不断地涌现出来。本文只是列举了一些实验,希望起到抛砖引玉的作用,引起大家的思考,即如何能够不断地完善、拓展物理实验在物理教学中的作用,将教与学、学与玩相融合。基于立德树人的根本目标,如何在中学物理教学中融入课程思政,在实验教学中不断促进学生的全面、健康成长,这将是一个长久的课题。

课程思政背景下培育化学学科核心素养的教学实践
——以"碳中和"主题背景下再探究二氧化碳为例

张诗晴

一、教学背景

《义务教育化学课程标准（2022 年版）》指出，要"重视开展核心素养导向的化学教学，基于大概念的建构，整体设计和合理实施单元教学，创设真实问题情境，开展项目式学习，重视跨学科实践活动"，在目标要求中提及，"能积极参加与化学有关的社会热点问题的讨论并做出合理的价值判断，初步形成主动参与社会决策的意识"。因此，在以 CO_2 为核心的大单元复习课中，选取时事热点"碳中和"为主题大背景贯穿全程，使学生置身于真实情境中，综合运用各学科知识完成指定的层级任务，将零散、碎片化的知识整合为系统、结构化的知识框架，发展多角度分析和解决问题的高阶思维能力，增强学生社会责任，落实立德树人的学科育人价值。

二、思路架构

基于目标分析，逆向设计本节课的课堂思路，核心任务是在"碳中和"这一主题大背景下，通过以物质的性质和转化为核心的研究视角，形成真实情境下解决问题的思维模型。将核心任务拆解为 3 个核心问题：在碳享和谐自然情境下，思考为什么要提出"碳中和"；在碳"寻"转化关系的过程中，揭秘"碳中和"的原理；在碳"索"绿色未来的畅想中，讨论如何助力双碳目标达成。

三、教学设计

（一）环节一：碳享和谐自然

创设情境：播放视频资料《自然界的碳循环》《CO_2 的自白》。

提供信息：我国在 2020 年联合国大会上向世界宣布我国的碳治理目标，在 2021 年两会上首次将"碳达峰、碳中和"写入政府工作报告，力争 2030 年前实现碳达峰，2060 年前实现"碳中和"。

设计意图：通过视频《自然界的碳循环》，从碳元素在大气圈、生物圈、岩石圈、水圈、化石燃料圈的循环入手，融合生物、地理、思想政治等学科内容，带入化学的视角再认识自然界的碳循环，以 CO_2 为核心认识碳及其化合物之间的转化，从而认识物质在自然界中能够相互转化及其对维持人类生活和生态平衡的重大意义。通过视频《CO_2 的自白》，认识到现实环境问题的严重性及"碳中和"目标提出的必要性。

（二）环节二：碳"寻"转化关系

问："碳中和"蕴含的化学原理是什么？

答：CO_2 的产生和消耗达到平衡，实现净零排放。

思考：从化学视角构建解决实际问题的认识模型，聚焦核心物质 CO_2，分别从源头和终端两个方向思考 CO_2 的排放与吸收问题。

任务 1：CO_2 从哪里来？

小组合作：寻找 CO_2 的产生途径，梳理转化过程并归类，写出对应用途。

知识建构：寻找 CO_2 的产生途径、构建含碳物的价类二维图。

设计意图：通过寻找 CO_2 的产生途径，促进学生理解含碳物质与 CO_2 的转化，发展元素观、守恒观，通过建构含碳物质的价类二维图，建立物质类别、化合价变化、反应原理等多种认识物质及其转化的视角，整合知识框架，帮助学生对物质及其转化的认识达到更为结构化、系统化的水平。

深化认知：以碳单质燃烧的两个反应方程式为例，可见含碳可燃物在不充分燃烧时会产生什么物质？对此你有什么发现？

答：燃烧不充分会产生一氧化碳，反应物用量不同，产物可能不同。

深化认知：针对碳单质在常温下和升温后活泼性的变化，有什么发现？

答：化学反应的条件不同，物质可能会表现出不同的性质，发生不同反应。

设计意图：聚焦同一物质在不同用量、不同条件下所发生的不同反应，引导学生认识反应物用量、反应条件对化学反应的影响，促进学生学会利用质量关系定量认识化学反应，发展合理调控化学反应和应用物质性质的意识，发展变化观。

任务 2：CO_2 到哪里去？

小组合作：寻找 CO_2 的消耗途径，梳理转化过程并归类，写出对应用途。

知识建构：寻找 CO_2 的消耗途径、完善含碳物的价类二维图。

设计意图：在任务 1 的基础上，学生已具备研究物质及其转化的一般思路与方法，在此处能轻松找到入手点，即多角度认识 CO_2 的性质，基于元素守恒、物质分类及对应用途的视角，完成转化关系图。

（三）环节三：碳"索"绿色未来

任务 3：基于物质转化模型的构建，学生结合生活实际以及学案资料，充分讨论助力双碳目标达成的可行性方案。

小组合作：从减排和促吸收两方面入手，分别从个人层面、国家层面、国际层面提出方案。组内合作，组间补充。

表1　实验活动设计

实验操作	实验现象	分析讨论	深入追问	知识建构
1．用带导管的注射器向盛有一定量澄清石灰水的试管中缓慢推入 CO_2 气体	澄清石灰水变浑浊	CO_2 与 $Ca(OH)_2$ 反应生成难溶于水的 $CaCO_3$	实验1和实验2中的反应物相同，是什么导致了现象的不同？你有什么发现？	反应物的用量不同，产物可能不同
2．继续推入全部的 CO_2	液体重新变澄清	$CaCO_3$ 与 H_2O、CO_2 反应生成 $Ca(HCO_3)_2$，溶于水中		
3．将上述所得澄清溶液取出并分装于2支试管，加热其中一支，与另一支对照观察	受热的试管中液体再次变浑浊，另一支无变化	$Ca(HCO_3)_2$ 受热分解为 $CaCO_3$、H_2O、CO_2	对比实验3和实验2发生的化学反应方程式，你有什么发现？	可以通过改变反应条件，调控化学反应进行的方向

设计意图：通过精心设计的实验活动，学生亲身经历了 CO_2 的捕捉和储存，又通过调控化学反应，学生强化了对"碳中和"的认识。最终实现升华主题，达成核心知识的大概念化、功能化、素养化。

四、教学反思

（一）聚焦素养目标，贯穿主题情境

本节课以"碳中和"创设主题背景，贯穿始终，依托真实情境设定逐级推进的活动任务，每个活动任务都承载着素养发展功能。从自然界的碳循环切入，用化学视角审视实际问题，通过建构 CO_2 转化的认知模型，将思政的价值引导与思维能力的培养有机融合，达到提升核心素养的目标。

（二）建构认知模型，发展科学思维

通过寻找 CO_2 从哪里来，引导学生建构物质转化的认知模型，再通过 CO_2 到哪里去的讨论，促使学生运用该认知模型分析问题，从 CO_2 的性质、应用、分类、化合价等视角归纳消耗 CO_2 的途径，不但使认知模型得以完善，还对学生运用比较、分类、归纳等科学方法解决实际问题起到促进作用。最后还应用以 CO_2 为核心的转化模型解决"碳中和"的实际问题，引导学生辩证看待温室效应以及

碳汇等技术手段，认识合理利用物质性质、科学调控化学反应的重要价值，促进学生形成勇于创新的科学精神。

（三）融入思政引领，彰显学科价值

本课例中，充分利用课程资源，如实验探究、视频动画、资料卡片等，让学生感受 CO_2 的含量过高对生态环境的严重影响，深刻体会到"碳中和"目标的必要性。课后布置了实践性作业，学生设计助力双碳的海报、短视频等宣传作品，并在家庭、社区中调查低碳行动的实践情况，促使学生关注社会热点问题，逐步树立爱护环境、节约资源的可持续发展观念。任务 3 多次展示我国前沿的科技手段，尤其是世界首个人工合成淀粉技术源自天津工业研究所，更是激发了学生的爱国情怀，使学生感受到祖国、家乡的科技成就，加深了民族自豪感。

参考文献

［1］中华人民共和国教育部.义务教育化学课程标准（2022 年版）［S］.北京：北京师范大学出版社，2022.

［2］王磊.《义务教育化学课程标准（2022 年版）》解读：物质的化学变化［J］.化学教育（中英文），2022，43（19）：1–6.

［3］王晶.《义务教育化学课程标准（2022 年版）》解读：物质的性质与应用［J］.化学教育（中英文），2022，43（17）：19–23.

［4］林波，杨洁，陈向阳.基于项目式学习的高三化学反应原理专题复习：以"二氧化碳催化加氢生产甲醇"为例［J］.化学教学，2021（12）：58–64.

基于提升学生核心素养的项目式学习研究
——以基因工程的基本操作程序一节为例

杜　骁

传统的高中生物教学中，教师往往采取单一讲授式的教学手段，学生被动接受知识，师生互动极少，效率低下。随着新课改的推进，高中生物的课程理念也发生了变化。《普通高中生物学课程标准（2017 年版 2020 年修订）》明确指出，从生命观念、科学思维、科学探究和社会责任等方面发展学生的学科核心素养，以适应学生未来社会发展和个人生活的需要。与传统教学相比，项目式学习强调以学生为中心，以教师为主导，促进学生核心素养的提升和个人发展，与新课程标准相吻合。

一、项目式学习的概念和特点

项目式学习是指以建构主义学习理论为基础，从生活中的真实情境、社会中的热点问题出发，确定研究题目，设置驱动性学习任务，学生通过自主学习、自主合作探究，将最终结果以项目作品的形式呈现出来。

项目式学习具有开放性，这种开放性体现在：内容上，不拘束于教材，只要是与生活实际相结合、具有学科价值的内容都可以作为研究课题；任务上，学生可以根据自身的优势自主选择驱动性任务，在小组合作探究中找到属于自己的舞台；学习时空上，教室、实验室、图书馆、互联网，全时段都可以用于开展项目式学习。①项目式学习具有互动性，教师和学生并不是机械地完成规定任务，而是共同构建学习内容。教师引导学生主动探究，学生提出的一些创新性话题也反过来促进了教师的专业成长。项目式学习具有适切性，高中生头脑活跃，思维发散性强，期待在团队中展示个人能力，这些都为项目式学习的开展提供了有利条件。

---

① 周业虹. 实施项目式学习　发展学科核心素养 [J]. 中小学教师培训，2018（8）：33-37.

二、"基因工程的基本操作程序"项目式学习的实施

"基因工程的基本操作程序"是基因工程这一章的核心内容，对于学生整体把握基因工程至关重要。该节内容概念性强、难度大，需要较高层次的抽象思维。此时学生已完成高中生物绝大部分内容的学习，具备一定的生物学基础。如何利用现有所学，引导学生自主构建新的知识体系？项目式学习为我们提供了思路。

（一）基于兴趣，巧设项目

本章以我国拥有自主知识产权的转基因抗虫棉为例，这本身就拉近了学生与基因工程的距离。学生课前也能试着举出自己身边可能的基因工程，比如超市里摆放的转基因大豆油、糖尿病患者使用的转基因胰岛素、餐桌上的转基因三文鱼。这些生产生活中的实例引起学生的好奇，使他们提出了一些自己关心的问题，如转基因食品是否安全，转基因药品疗效是否达标等，有的学生甚至提出了大胆设想：种植转基因荧光树可以大大节约能源。这些问题都是项目式学习的丰富素材，要解决上述问题或设想，首先要了解转基因产品是如何产生的。鉴于之前学生已经完成了微生物培养技术的学习和实践，结合本校实验室现有条件，我们从培养转基因荧光细菌开始，在过程中体会基因工程的操作流程，因此我们确定的题目是"用转基因荧光细菌画出我的未来"。

（二）小组合作，制订方案

题目确定后，学生开始从项目全局出发，思考如何实现让细菌发光。他们搜集有关资料，查出绿色荧光蛋白（GFP）是一种肉眼可见的发光蛋白，如果能在细菌中表达，问题迎刃而解。既然是蛋白，如何获得相关的基因？直接将目的基因导入受体细胞可以吗？具体如何导入？导入之后就大功告成了吗？新的问题又接连浮出水面，而这些问题的背后对应的正是基因工程的基本操作流程。带着这些疑问，学生进行第二轮资料搜集。此轮搜集任务量大，涉及许多核心知识，教师可以为学生提供一些更加专业化的互联网资源，如生物谷、小木虫等生命科学论坛，或是生物铭师堂、生命科学教育等公众号，避免学生走太多的弯路。资料搜集完毕后，学生将资料带回小组分享，通过交流讨论，逻辑推理，确定最终方案。在思考讨论的过程中，密码子的通用性、生命的信息观等生物概念得到了巩固，学生的分析概括、基于证据合理推断等科学思维也得到了训练。

（三）实验探究，成果展示

生物学是一门以实验为基础的学科，教师讲授得再多，都不如学生实践一次重要。项目方案确立后，学生走进实验室，以现有质粒 pEGFP-C2 为模板，利用 PCR 仪设定循环程序，扩增目的基因——GFP 基因。教师可以利用扩增时间

间隔，引导学生再次理解 PCR 的具体过程、所需条件等，实现教学难点的突破。对 PCR 产物进行琼脂糖凝胶电泳检测，胶回收 GFP 基因，再和载体 pET-28a 同时进行双酶切，将上述酶切产物再次进行电泳及胶回收。使用 T4 DNA 连接酶进行连接处理，在等待连接产物形成的时间间隔中，可以用 CaCl$_2$ 制备大肠杆菌 BL21 感受态细胞。将连接产物转化进感受态细胞，涂布于含有卡那霉素抗性的固体培养基上 ①，并在 37 ℃培养箱中培养 24 小时。由于 GFP 本身可以发出绿色荧光，成功表达 GFP 的菌落表现为绿色，所以凭借肉眼观察即可完成目的基因的检测步骤，挑取阳性菌落进行液体扩大培养，然后在平板上用接种环蘸取菌液"绘画"自己的未来。这也激发了他们的想象力和创新意识。实验过程中如遇到问题先借助团队力量解决，增强小组凝聚力，教师实时了解实验进度，在旁辅助，真正把课堂主动权交给学生，让学生充分发挥自己的科学探究能力。学生在拿到项目成果的那一刻，既获得了成就感，也能发觉生物学的乐趣。

（四）归纳分析，进阶学习

教师在学生公开展示成果后，引导学生对项目进行复盘，归纳整个技术路线，剖析背后的生物学原理，撰写实验报告，从而进行有意义的知识建构。教师也可以鼓励学生学以致用，科学地向家人宣传转基因技术，落实社会责任。

在复盘的过程中，有的学生又会提出新的疑问：能否创造出更多的颜料？黄金大米是不是把荧光蛋白导入大米中形成的？这些问题是对现有知识的延展，是一种进阶层次的学习，这些新的兴趣点也是下一次项目式学习的开端。

三、教学总结与反思

在"基因工程的基本操作程序"项目式学习中，我们充分挖掘学生的主观能动性，引导学生自主学习，分工合作，通过情境创设、活动任务去建构知识经验，从推理能力、动手操作、合作精神、创新思维等方面全方位地培养学生，落实了生物学科核心素养。与此同时，教师应充分考虑项目的普适性，要让大部分学生参与其中；在小组成员选择上，应将性格特点、能力水平、学科背景不同的学生组为一队，培养团队意识的同时发挥他们的个性特长。在未来的教育中，项目式学习必有一席之地，将为社会培养更多的创新型、实用型人才！

---

① 汪勇. 利用基因工程技术在大肠杆菌中表达增强型绿色荧光蛋白［J］. 生物学教学，2015，40（8）：45-47.

任务驱动下的主线式情境教学在生物学课程思政中的应用——以"免疫学在新冠疫情保卫战中的应用"为例

臧 璐

一、课程开发背景分析

（一）主线式情境教学融入生物学课程思政的意义

为社会主义事业培养建设者和接班人，是学校教育的首要目的。与多采用显性教育手段的思政课程相比，课程思政多采用隐性教育手段，在潜移默化中引导学生树立正确三观。创设适宜学习情境，将生物学知识与思政元素有机结合，减少思想道德教育的生搬硬套，防止刻意说教带来的疏离感。

以情境主线串联整节教学内容，不仅能将碎片化知识加以整合，还能避免学习情境频繁更换造成学生思想认知上的"浅尝辄止"。

思想态度升华离不开前期铺垫和中期积蓄，主线式情境教学有利于理论认知和情感体验交互促进、螺旋上升，最终形成全面稳定的认知，并内化为思想态度。

（二）任务驱动型学习为高效课堂赋能

新型课堂以学生为主体，有利于发展核心素养、提升综合能力，但学习效率低于传统课堂。任务驱动型学习能扬长避短，使"有限教学时间内高质量完成教学内容"成为可能。

教师打磨资料、设置任务，学生预习阅读、完成任务，课上聚焦小组讨论、交流展示、重难点突破，兼顾学生主体性和教学任务完成度。

二、教材分析及学情分析

（一）教材分析

"免疫学的应用"是人教版选择性必修一第四章第四节，几乎没有全新知识，重在科学知识在生产生活中的转化应用。

传统教学常选用牛痘、骨髓移植等素材，虽能满足教学需要，但情境之间关联性弱、跨度较大。笔者所选素材皆与新冠疫情息息相关，贴近生活，激发学生兴趣，从不同角度展现疫情防控任务的复杂艰巨，使学生深切体会"全国一盘棋"的制度优越性，自觉自愿为抗疫贡献力量。

（二）学情分析

学生都注射过疫苗，且在初中学习过"抗原抗体特异性结合"相关知识，在新闻中接触过"骨髓配型""三药三方"等词汇，有较好知识储备。但对于胶体金试剂盒等知识缺乏了解，需教师补充资料、提示线索进行深入学习。

三、教学目标

（一）生命观念

（1）理解免疫系统过弱或过强都不利于维持机体健康，丰富"稳态与平衡观"。

（2）充分认识新冠病毒对人体健康的危害。认识到人体免疫调节能力是有限的，注重保护免疫防线，关注健康，珍爱生命。

（二）科学思维

思考并讨论新冠疫苗研发靶点的选择，在"变异"的新冠病毒中寻找"不变"的抗原，发展解决实际问题的思维。

（三）科学探究

在小黑板上设计构造胶体金试剂盒检测线，借助磁吸教具模拟显色原理。

（四）社会责任

（1）认同器官捐献。

（2）主动宣传防疫知识，自觉配合防疫政策。

（3）认识到恰当运用科学技术可以造福人类。

四、教学策略

教学策略见图1。

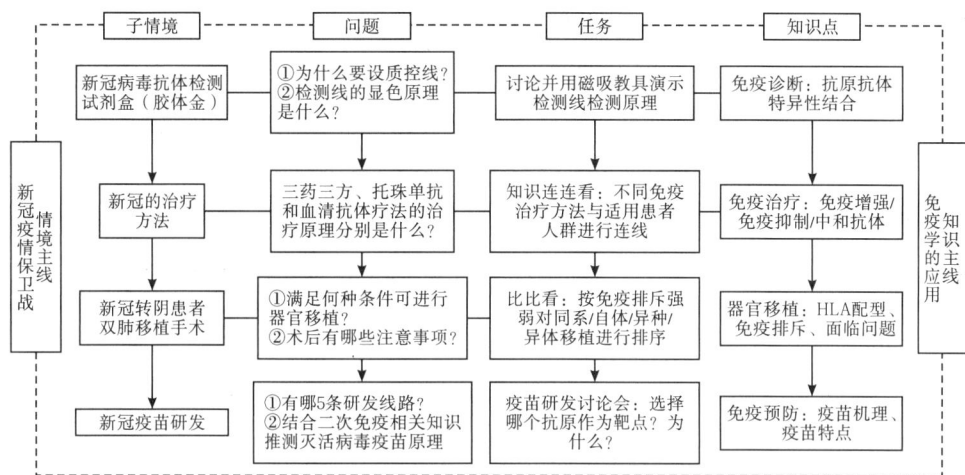

图1 教学策略示意图

子情境	问题	任务	知识点
新冠病毒抗体检测试剂盒（胶体金）	①为什么要设质控线？②检测线的显色原理是什么？	讨论并用磁吸教具演示检测线检测原理	免疫诊断：抗原抗体特异性结合
新冠的治疗方法	三药三方、托珠单抗和血清抗体疗法的治疗原理分别是什么？	知识连连看：不同免疫治疗方法与适用患者人群进行连线	免疫治疗：免疫增强/免疫抑制/中和抗体
新冠转阴患者双肺移植手术	①满足何种条件可进行器官移植？②术后有哪些注意事项？	比比看：按免疫排斥强弱对同系/自体/异种/异体移植进行排序	器官移植：HLA配型、免疫排斥、面临问题
新冠疫苗研发	①有哪5条研发线路？②结合二次免疫相关知识推测灭活病毒疫苗原理	疫苗研发讨论会：选择哪个抗原作为靶点？为什么？	免疫预防：疫苗机理、疫苗特点

左侧纵向文字：新冠疫情保卫战；情境主线。右侧纵向文字：免疫知识的主线应用。

五、教学过程

（一）数据对比直击心灵，简洁导入开门见山

以截至某一时刻的国内外新冠死亡人数进行对比，说明我国在经济、科技不占优势的情况下，仍然取得了疫情保卫战的巨大成功。这是因为我国制度优势和免疫学共同发挥了重要作用。

设计意图：①用数据强有力地展现党和国家守护人民群众生命安全的决心和坚持，使学生能在面对关于"清零"还是"共存"的争论时，用更加成熟全面的视角明辨是非。②用数据让学生认识到，新冠病毒致病强、传播广，谨慎防控，十分必要。更加注重"公共场所佩戴口罩"等良好习惯的养成，为减少病原体传播贡献力量。

（二）梳理材料逻辑线索，呈现教学知识脉络

请学生根据5则按时间顺序呈现的新冠相关资料，归纳概括免疫学在新冠疫情保卫战中的应用，并按逻辑顺序进行梳理。

设计意图：培养学生的归纳概括能力和逻辑分析能力，整体理解免疫学防控手段的相互配合。精准的免疫诊断在区分感染者与非感染者、防止疫情扩散的同时，也能对感染者有针对性地进行免疫治疗。治疗成功，但双肺发生不可逆损伤者需器官移植重建机体机能。研发疫苗，依托免疫预防，才能赢得疫情防控长期胜利。

（三）交流展示思维碰撞，任务难点逐一破解

根据新闻内容和书本知识精心设计任务清单，学生挖掘关键信息并调动知识储备即可初步解答。小组代表展示，通过生生/师生互动逐层深入、完善答案。

1. 教具直观讨论原理，免疫诊断大有可为

教师利用 PPT 讲解抗体检测胶体金试剂盒检测线的显色原理。学生利用本组教具讨论检测线显色原理，并进行课堂展示。

设计意图：教师讲述检测线显色原理，设置"最近发展区"。学生利用教具进行讨论，趣味横生且有益思考。"质疑—解释—补充—完善"的交流过程有效提升学生思维的逻辑性、科学性和严谨性。

2. 中药西医各显神通，免疫治疗对症下药

学生依据三则新闻的关键信息，分别概括治疗方案原理，并以"知识连连看"的方式呈现讨论结果。通过横向对比，总结适用于不同患者的治疗方案。

设计意图：中药是民族文化瑰宝，以此激发学生的民族自豪感。"托珠单抗 + 常规治疗"的方案由中国科大联合攻关团队率先提出，彰显我国医疗实力的提升。

3. 人间有爱重获新生，器官移植仍处困境

利用已有免疫知识，分析器官移植面临的医学问题（免疫排斥）和解决方案（术前配型、术后服药），比较异体/自体/同系/异种移植的免疫排斥强弱。

设计意图：通过"我国肺移植第一人"陈静瑜专家成功进行全球首例新冠病例双肺移植手术的新闻，彰显医务工作者的妙手仁心和器官捐献者的人间大爱。

4. 病毒多变疫苗有招，免疫预防彰显智慧

根据新闻，总结我国新冠疫苗研发的 5 条技术路线。结合二次免疫原理，推测灭活病毒疫苗原理。教师提供新冠病毒致病机理模式图，学生开展"疫苗研发讨论会"，为易变异的 RNA 病毒设计疫苗，选取抗原靶点并说明理由。

设计意图：发展学生解决实际问题的思维。以疫苗研发战略布局彰显我国抗疫工作的前瞻性和统筹性。

（四）知情意行融汇升华，学以致用回归生活

课程结尾，学生分享关于党中央领导下"全国一盘棋"的理解感悟。教师布置作业：结合免疫学知识，制作宣传防疫知识的小视频或手抄报。

设计意图：对新冠疫情形成科学认知，方能对防疫工作产生积极态度，并转化为自觉自愿宣传、配合防疫政策的意志和行动。将所学知识加工整理后再输出，促进理论与实践有机结合，体会学有所用的成就感。

六、教学总结与反思

主线式情境教学能避免教学情境频繁更换，通过横向拓展、纵向延伸使学生全面深刻认知事物，提升思维的系统性和逻辑性。教师多关注时事新闻、科技前沿，多积累生物史实、科学故事，方能更加得心应手地选取教学素材、创设合适的情境主线。

参考文献

［1］乐庆，魏和平，穆丹．主线式情境教学在高中生物学教学中的应用：以"核酸是遗传信息的携带者"为例［J］．中学生物教学，2021（35）：68-71．

［2］王平平，王海华．中学生物课程思政建设现状及对策［J］．开封文化艺术职业学院学报，2021，41（5）：199-201．

课程思政理念融入高中历史教学实践的探索
——以《中外历史纲要（上）》第17课为例

武晨微

一、以思政意识引领教学立意的确立

《普通高中历史课程标准（2017年版2020年修订）》中对于本课要求：认识列强侵华对中国社会的影响，概述晚清时期中国人民反抗外来侵略的斗争事迹，理解其性质和意义；认识社会各阶级为挽救危局所作的努力及存在的局限性。作为第五单元"晚清时期的内忧外患与救亡图存"的最后一课，本课内容涉及1895—1901年的重大历史事件，相互间逻辑关系紧密，需引导学生立足唯物史观，结合19世纪末20世纪初的世界面貌从更为广阔的视角观察世界，理解当时中国各阶级的探索与抗争。

因而，基于课标及学情，确定本课教学立意：甲午变局让维新派意识到唯有实行变法才能救亡图存，而义和团运动则体现了下层广大民众在日益深重的危局下反抗列强侵略的义愤总爆发。然而，二者的斗争均以失败告终，八国联军侵华和《辛丑条约》的签订使中国完全沦为半殖民地半封建社会。进入20世纪，时代呼唤着新的阶级力量带领中华民族走出沉沦。中华民族不会停下抗争的脚步，不屈不挠、顽强抗争的民族精神是中华民族生生不息的力量源泉。

二、以思政视角提升课堂学习效果

学生经过初中的学习，对本课的主体知识已较为熟悉。因而，笔者尝试从思政视角在教学环节上充分发挥学生的主体作用。

笔者在本课最后一个环节设计了小组主题讨论，请学生从"变与不变"的角度总结单元内容，从整体上认识晚清以来近代中国的社会面貌。

经过这一教学环节，学生不仅能够从更宽广的视角审视这段历史，而且能更真切地从中汲取历史的经验教训。面对列强侵略的加剧、社会性质的巨变，中国人民不是束手就擒，而是以不同方式抵御外侮。虽然这些努力由于历史的局限性都未能成功，但始终不变的是中国人民为争取民族独立而不屈不挠、顽强抗争的民族精神。面对"数千年未有之变局"，变的是中国人的思维观念、对世界的认识——从"天朝之天下"到"世界之中国"。面对时代的挑战,故步自封带来的唯有落后,危局不会自动化解,唯有审时度势、顺势而为才是不变的应变之策。这种认识不是教师和教材强加给学生的历史知识,而是学生在历史情境中直接形成的历史认识,更是历史核心素养在思政视角下涵育生成的认识。

三、以思政元素拓展课后作业设计

由于本课是此单元的最后一课,笔者主要尝试了两种单元作业设计。

(一)撰写讲解词,加深课堂理解

笔者采用合作式的任务单,要求学生以小组为单位,课余时间参观天津博物馆的基本陈列展——"中华百年看天津",并结合单元所学内容,撰写一份讲解词。

学生在小组学习体验中深化了对本单元历史的认识与思考,培养了团队协作能力,更能沉浸式感悟中国晚清以来反侵略反封建斗争之曲折与艰巨,对晚清历史、家乡史的了解更进一步,激发学生的历史使命感和社会责任感。笔者选择的两例优秀作品如下:

例1 问津书院匾

清朝末期,由于政治动荡和社会变革,问津书院的地位逐渐下降。八国联军侵华期间,问津书院毁于炮火,这给天津的文化和教育带来了巨大损失。此后,一些有识之士开始筹款重建书院,并恢复了书院的教育功能。重建后的问津书院积极引进先进的科学知识,为天津地区培养了大量优秀人才。

总之,天津问津书院的兴衰反映了那个时代中国历史和文化的变迁,也展现了中国人对教育的重视和执着追求。而它留下的宝贵经验和教训也提醒着我们,在当今要重视文化传承、教育创新以及文化遗产的保护工作。

例2 近代大沽水师船坞

近代大沽水师船坞位于天津市滨海新区塘沽海河南岸大沽坞路27号,清光绪六年(1880)由直隶总督兼北洋大臣李鸿章根据北洋水师修理舰船的需要而建,共有六座船坞。船坞沿海河呈长方形分布,现存甲坞、轮机厂房各一处。

甲午海战期间,大沽水师船坞在承修部分损坏的船舰的同时,与北洋水师爱国将士一起,为抗击外来侵略、捍卫民族尊严做出了不可磨灭的贡献。

(二)制作宣传手册,提升情感认知

此外,建议学生在假期参观位于天津市滨海新区塘沽东炮台路的大沽口炮台遗址博物馆,并将所观所感记录下来,制作一份图文并茂的《回眸近代天津海防》手册。通过这样的实践活动,鼓励学生在课堂之外探寻身边与所学密切相关

的历史遗迹，不仅能激发学生探究兴趣，更培养学生关怀历史、关注现实的情感意识。

这种探究实践类的作业设计，可"把个人、家庭、民族、国家联系起来，巩固所学，拓展核心素养"[①]，充分发挥博物馆、历史遗迹的功能，增强学生对历史情境的沉浸式体验，真切感悟近代以来中国人不屈不挠、顽强抗争的精神，树立强烈的历史使命感和社会责任感，厚植家国情怀，在课程思政的理念下增进历史课程的"历史感"与"人情味"。

高中历史课程的有效完成应是教师、学生、教材三者共同作用的统一体。教材不应是历史知识的铺陈，而应是注入情感与思考的育人媒介，是联结师生的纽带。因此，教师在教学实践中要遵循课标、尊重教材，充分理解并贯彻落实教材的课程思政功能，以培养学生的学科核心素养为本位，利用形式多样、内容丰富的课堂内外有效资源进行教育教学活动，以历史课堂为依托，充分挖掘、拓展历史学科内容的育人价值，发挥培养时代新人的课程思政功能。

作为教师，只有不断在课程思政的理念指导下探索设计富含价值关怀的历史课堂，才能真正做到以史育人、教学相长、共同发展。

---

① 张海鹏．统编高中历史教科书的学科体系和学术体系：适应和掌握统编高中历史教材《中外历史纲要》（上）的意见［J］．课程·教材·教法，2019，39（9）：21-32.

课程思政融合高中地理教学的实施路径探析
——以"地表形态与人类活动的关系"为例

齐艳梅

地理学科是落实课程思政的重要载体。高中地理课程具有综合性、区域性等特点，兼有自然科学和社会科学的性质，旨在使学生具备人地协调观、综合思维、区域认知、地理实践力等地理学科核心素养，学会从地理视角认识和欣赏自然与人文环境，懂得人与自然和谐共生的道理，提高生活品位和精神境界。[①]下面结合全国高中优质课特等奖课例"地表形态与人类活动的关系"剖析地理课程思政的实施路径。

一、立足学科核心素养，设置高度融合的教学目标

课程思政融入高中地理教学要避免把思政元素和学科核心素养割裂为两张皮，或者简单拼凑，机械灌输。[②]而是需要紧扣学科核心素养，设置有机融合目标，把思政育人有机渗透在学科核心素养培养过程中，实现育人效果最大化。

（一）课标内容的深度解析

课标是教学的重要依据。"地表形态与人类活动的关系"课例学业质量水平要求如下：结合复杂或现实情境，分析地表形态对人类活动的影响，探索尊重自然规律，实现人类活动与地理环境和谐相处，树立人地协调观。

（二）学习目标的精准表述

学习目标确定需要以课程标准为依据，进行详细的教材和学情分析，与案例情境相互融合。

1. 教材分析

中图版选择性必修一第二章"地表形态变化"具有承上启下作用，是自然地

---

① 中华人民共和国教育部. 普通高中地理课程标准（2017年版2020年修订）［S］. 北京：人民教育出版社，2020.

② 张现瑶，郇雅慧，朱丽东. 课程思政与高中地理教学的耦合：类型、路径及教学指向［J］. 地理教学，2022（20）：19-22，27.

理环境中物质运动和能量交换的关键章节。第一节学习地表形态成因，探讨地表形态与人类活动的关系，树立正确的人地协调发展观。

2. 学情分析

高二学生具备了中国区域认知、主要地貌景观特点等知识，为理解地表形态和人类活动关系做了铺垫；但学生缺乏结合真实情境分析问题的思路方法，因此结合材料分析说明人地相互关系是本节课的难点。

3. 学习目标

（1）观看川藏线视频，了解人地关系，培养家国情怀和审美情趣。

（2）创设问题情境，分析人地关系，培养区域认知和综合思维，树立人地协调观。

（3）利用微课认识人类对地表形态的改造过程，感悟"两路"精神，培养科学态度。

二、整合时空育人资源，优化有机融合的思路设计

课程思政与高中地理教学融合以学科核心素养落实为关键，教学实例选择既要满足辩证认识地表形态与人类活动关系，又能够承载学科核心素养的培养要求。

（一）精选融合案例

该课例选择以贯通的川藏线为例。四川和西藏两个区域的对比，满足了对平原和山区的人类活动不同特征进行分析与成因解释的教学需要，利用有限资源培养学生的区域认知和综合思维。

（二）设计融合环节

教学环节选择"学"和"情"有机融合主线，突出学生主体地位，强调动脑、动手、动情互动参与，渗透哲学思维、科学态度、家国情怀、生态意识、审美情趣等思政育人效果。

（三）创设融合情境

教学资源与育人目标有机融合，做到精准有效配置、情境融合、优化设计，在有限时间里流畅清晰地呈现和表达，达到课堂最佳效果。

三、聚焦互动生成课堂，创设有效融合的实施路径

教学过程中要围绕国道 318 川藏线进行情境创设和问题设计，落实学生核心素养培养，关注学生思想情感渗透，达成思政育人目标。

（一）精心设计基于情境的问题逻辑

在达成教学目标过程中，重视问题式教学，强调地理学科逻辑与思维方法融合。结合川藏线创设问题情境，强调学生在体验和思考过程中掌握知识、促进思维、提升能力，培养学生区域认知和综合思维。

（二）积极营造互动表达的课堂生成

课堂上尊重学生认知特点，结合情境构建开放民主课堂，强调课堂生成和学生主观表达，教师给予充分合理引导，提高学生获取信息、分析原理、表达逻辑的能力，训练学生思维方法和学科思维养成。

（三）有效实施思维进阶的教学活动

教学活动需要围绕地理学科关键本质问题，从地理概念、地理成因、地理联系、地理策略、地理情感等角度进行设计，完成学生思维进阶，实现思政育人与教学有效融合，探索实施路径策略。

四、反思教学效果评价，促进深度融合的协同发展

地理课堂教学中的情境问题以学生为主体，体现了过程性评价的实质，学科核心素养和思政育人深度融合，让学生学会用地理的眼光和视角看待世界，这是地理学科育人的根本。

（一）深度挖掘教学资源和情境创设的育人价值

课程资源需结合课标整合优化，充分发挥育人价值，是实现课程思政和地理教学融合的关键。课例中微课育人价值除了从时空综合的视角认识人地关系，还可以挖掘更深层次的情感感悟，如科技力量、科学精神、人民智慧等。

（二）强化时空尺度转化和单元教学的理念落实

教学中强调地理学科观念方法渗透，该课例选择的进阶式的课堂活动创设，空间尺度有所局限。因此在课后作业布置等环节可完成大空间尺度的情境分析应用，使学生深入把握地表形态与人类活动关系。

课程思政与地理教学融合是实现学科育人高质量发展的关键，教师需要转变思维、培养观念、改变行为，持续深入探索实践，促进学生全面而有个性的发展，实现立德树人根本任务。

高中地理课堂教学思政初探
——以"植被与自然环境的关系"为例

钟彩文

一、引言

高中地理课程思政的内涵是以思政价值为引领，以富有时代特征和地方特色的地理学科内容作为载体与抓手，以问题驱动为导向，以自主、合作、探究等学习方式为支撑，以正确的人地协调观为价值取向，以立德树人为出发点和落脚点，从而提升地理学科学生的必备品格和关键能力。①

具体而言，高中地理课程思政教育的内涵涵盖以下几个方面：

（1）引领思想：地理课程具有鲜明的时代特征和地方特色，可以引导学生了解国家的地理环境、资源分布等方面的知识，培养学生的爱国主义情感和社会责任感。

（2）培养能力：通过地理课程中的实践活动和问题解决，培养学生的观察力、分析力、实践能力和创新精神，提高学生的生存能力和适应能力。

（3）塑造品格：地理课程通过环境保护、人地关系等内容，引导学生树立正确的环境观念和社会责任感，塑造良好的个人品质和道德素养。

综上所述，高中地理课程思政教育旨在以地理学科内容为载体，培养学生的能力和品格，全面提升学生的综合素质与发展能力。

然而，当前高中地理课程思政教育面临一些问题，如部分教师对思政教育重视不够，教学方式单一，缺乏创新性，内容选择不够精准，教育过程缺乏系统性和持续性等，这些问题影响了思政教育效果。

鉴于此，本文以"植被与自然环境的关系"为例，探讨如何将思政教育与地理教学有效融合，这一知识点不仅有助于学生深化对自然环境的理解，更是培养人与自然和谐共生理念的宝贵素材，为思政教育注入新的活力。

---

① 徐晶晶. 高中地理"课程思政"的内涵与教学路径探析［J］. 地理教学，2021（9）：29-31.

二、融合思政于课堂教学目标

课堂教学目标是教学活动的核心，一切教学活动必须围绕它、指向它、实现它。[1] 教师首先需要在课堂中明确思政教学目标，并对教学内容进行整体设计和规划，以实现地理课堂与思政的有机融合，达到全面育人的目标。

《普通高中地理课程标准（2017年版2020年修订）》要求：通过野外观察或运用视频、图像，识别主要植被，说明其与自然环境的关系。结合这一要求，我们明确思政教育的目标如下：

（1）通过植被类型图及相关图像材料，引导学生自主分析不同植被类型的主要特点，推断其所处的地理环境特征，并在此基础上培养学生的家国情怀、环保意识、可持续发展观念和团队协作精神等。

（2）通过具体的植被图像和文字材料，综合分析植被与环境的关系，培养学生的综合分析能力、社会责任感、爱国主义情感等。

（3）通过指导野外观察植被的方法和课后调查，培养学生的实践能力和解决问题的能力、合作精神和团队意识、社会责任感和环保意识等。

三、融合思政于课堂教学过程

（一）巧设情境，感知思政

1. 课堂教学设计

在本节课的情境导入环节，引入"蚂蚁森林"的案例，并提出两个问题，同时展示甘肃武威的地图。

（1）蚂蚁森林是一个在支付宝里养一棵虚拟树，同时在现实中某个地域种下一棵实体树的项目。为什么在甘肃武威要种植梭梭树？

（2）种植法国梧桐、橡胶树是否可以？为什么？

2. 教学内容设计

（1）介绍蚂蚁森林的背景和理念，让学生了解蚂蚁森林的目的和意义。

（2）引导学生了解蚂蚁森林种树行动的具体流程，包括如何获得"绿色能量"、如何兑换种树权利等。

（3）组织学生开展探究性学习，研究蚂蚁森林种树行动的影响和意义，探讨荒漠化治理、环保意识的重要性等。

（4）鼓励学生在日常生活中实践绿色出行、环保意识，以实际行动支持蚂蚁森林种树行动。

---

[1] 陈菁菁. 基于概念图的小学信息技术教学目标制定与落实［J］. 中国信息技术教育，2015（C1）：58-61.

3. 思政教育效果与展望

通过将思政教育融入蚂蚁森林种树行动的教学过程，引导学生了解绿色出行、环保意识的重要性，树立人与自然和谐相处的理念，培养他们的社会责任感和公益意识。

（二）引导认知，探究思政

1. 课堂教学设计

本节内容设计了小组探究活动，探究世界植被类型的主要特征及自然环境特征。提供具体图片、材料等，并提出具体问题和要求，开展本章重点教学。

2. 活动方法

小组分工：选取几种具有代表性的植被类型，如森林、草原、荒漠、湿地等，进行实地考察或通过相关文献资料进行了解。将学生分成若干小组，每个小组选取一个植被类型进行探究。

资料收集：让学生收集相关文献资料，了解该植被类型的特征、生态环境和气候条件。

实地考察：如有条件，可以组织学生到当地进行实地考察，观察和记录该植被类型的特征和生态环境，并进行分析和讨论。

小组讨论：让学生进行小组讨论，分享探究成果，提出问题和建议，进一步深化对植被类型的认识。让学生了解这些植被类型的保护价值和生态功能，探讨人类活动对植被的影响以及保护措施。

汇报展示：每个小组选取一名代表，向全班汇报探究成果，展示小组的观察结果、分析讨论和结论。

3. 思政教育效果与展望

通过探究世界植被类型的主要特征及自然环境特征，深化生态意识教育，让学生认识到自然环境的重要性，增强环保意识，并积极参与到生态保护的行动中去。

（三）渗透方法，落实思政

本节课堂教学过程分为两部分：第一部分，作为上一个探究活动的延伸，进一步总结植被和自然环境的规律；第二部分，通过结构式板书总结本节课学习的内容。

第一部分课堂教学设计：此部分教学活动以上一节内容为基础。首先展示世界地图和之前看过的景观图片，引导学生从图中找出植被的分布规律，组织学生分组对分布规律深入探究，合作解决问题：为什么会呈现这样的变化规律？分析原因。

第二部分课堂教学设计：总结归纳本节课所学，形成本节课板书。

思政教育效果与展望：通过结构性板书回顾植被与自然环境知识，形成完整体系，落实思政目标。强化生态文明理念，弘扬"绿水青山就是金山银山"的理念，树立可持续发展观念，培养学生社会责任感，关注环保，推动社会可持续发展。

（四）落实应用，延伸思政

本节课堂教学过程分为两部分，一部分是课上完成练习题，反馈具体地理知识是否吸收；另一部分是课后实践内容：学生根据自身情况，选择校园、公园等地开展植被及其地理环境调查，体会因地制宜进行绿化的意义，形成调查报告。

思政教育效果与展望：选择校园和公园等地开展植被及其地理环境调查，可以将理论知识与实际观察相结合，增强学生的环境保护意识和科学素养。同时，加强与社会的联系，完善教育体系，更好地促进思政教育与实践的结合。

四、基于高中地理课堂教学思政的进一步思考

课程思政视域下高中地理课堂的教学探索，应该以立德树人为根本，将地理学科内容与思政教育有机融合，以培养具有地理学科核心素养和人文精神的公民为目标。以下是一些具体建议：

（1）完善课程设置，强化思政教育。在高中地理课程中，应该加强对国情、国策、地情的介绍，增加有关环境保护、资源利用、可持续发展等方面的内容，以培养学生的社会责任感和环保意识。同时，应该注重与其他学科的交叉融合，如与政治、历史、生物等学科结合，形成多维度的思政教育体系。

（2）实施教、学、评一体化的教学策略。这一策略强调教学与评价的相互融合，旨在通过科学的评价方式，检验学生的学习成果，并在培养学生的社会责任感、环保意识和爱国主义情感等方面发挥积极作用。

（3）提高教师素质，强化引领作用。教师是高中地理课堂教学中的主导者，应该具备较高的政治理论素养和教学能力，能够将思政教育融入地理教学中。教师应该关注时事热点，结合教材内容进行深入剖析，引导学生用地理视角看待问题，提高其分析和解决问题的能力。

（4）创新教学方法，强化实践操作。在高中地理课堂教学中，应该注重创新教学方法，如采用案例分析、小组讨论、互动问答等方式，引导学生积极参与课堂，增强其自主学习和思考能力。同时，应该加强实践教学，组织学生开展实地考察、实验操作等活动，以培养学生的实践能力和创新精神。

总之，在高中地理课堂教学中融入思政教育是必要且可行的。通过完善课程设置、提高教师素质、创新教学方法等措施，可有效地将思政教育融入地理教学中，提高学生的综合素质和思想水平。

传统文化在体育课堂德育教育中的渗透
——以高中形体选项课胶州秧歌为例

柴海晶

北宋历史学家司马光曾说："才者，德之资也；德者，才之帅也。"可见，思想品德在人的发展过程中起主导作用。因此，要抓住青少年思想品德形成和发展的关键时期，依照国家的教育方针和目的，顺应时代与社会发展的需要，在学校课堂教学中渗透民族文化和道德传统。

一、拓展空间，让传统文化"落地生根"

在学校内，学生体育活动的主要空间是体育课堂、课间活动和课外社团活动小组等，学校要充分重视这些活动空间，充分挖掘传统文化的德育养分，对学生进行德育渗透。

（一）课前热身，兴奋运动中枢

体育课的热身活动中，可以为学生设计具有传统文化印记的体育活动，让学生在热身的过程中体验传统文化的魅力和内涵，促进学生的德育发展。例如，在准备活动的高潮和抻拉阶段选择胶州秧歌经典步法，不仅可以增强热身效果，也为形体课教学内容做好铺垫，还提升学生的学习热情。

（二）课间活动，尽显娱乐功用

抓好大课间体育活动，让学生在进行传统体育项目的过程中领略传统文化的魅力，接受传统文化德育成分的滋养。例如，在体育大课间活动中设置胶州秧歌环节或者版块。秧歌灵活轻盈的舞步和热情洋溢的气氛可以使学生的身心得到有效放松，而且能够形成校园独特的传统文化景象和氛围。因此，在大课间活动中，可以引入传统体育或舞蹈内容，让学生在欢快激情的锻炼中接受传统文化的熏陶。

（三）课外小组，探究丰富内涵

可以把传统文化植入课外体育活动，有效地对学生进行德育渗透。例如，学校设置体育课外活动小组，组建胶州秧歌特色社团活动。学生在学与练中，充分体会山东浓厚的地方特色和淳朴情感。学校通过开展兴趣小组、社团和课后服务等，教授传统体育或舞蹈，可以促进学生对传统文化内涵的探究，增进学生的道德情感体验。

二、专题探究，让传统文化"枝繁叶茂"

在学校的体育教学过程中，可以汲取我国传统体育运动中的文化内涵，以发展学生的思想和道德品质。

（一）探究律动特点，深化审美意识

在体育课堂教学中应该让学生通过对传统体育文化的探究，深化审美意识。例如，在体育形体课上，可以让学生探究胶州秧歌的律动特点，从而让学生理解我国传统的审美习惯、审美心理以及民族精神，深化审美意识和审美价值观。

（二）探究基本步法，表达淳朴情感

学生可以通过学习传统体育活动的文化内涵，体会其中蕴含的淳朴情感，增进传统文化对学生的德育渗透。例如，学生通过学习和体验胶州秧歌基本步法，能够理解该舞蹈所表现出来的山东女子开朗大方、温柔淳朴和俏丽活泼的形象，感受山东人民真实淳朴的情感。

（三）探究附点音型，感受生活活力

学生通过学习传统文化进而感受生活活力。例如，在体育形体课中让学生感受胶州秧歌的音乐特点，从而体会秧歌中蕴含的人们热爱生活的真情实感，使学生得到熏陶和感染，保持积极乐观的生活态度。

三、整合创新，让传统文化"老树新芽"

传统文化具有浓厚的时代特色，不一定完全被新时代学生接受。因此要对传统文化进行整合创新，让传统文化这棵"老树"萌发出"新芽"，更加具有生命力和感染力，增进新时代学生对传统文化的亲近感。

（一）整合时尚元素，迸发活力

让学生进行一些传统体育项目的练习，虽有一定的困难，但如果将这些传统体育项目与新时代时尚元素进行整合，就能够让学生在学习的过程中迸发活力。例如，为了让高中生能够接受并喜欢上胶州秧歌的动作和文化，应该赋予胶州秧歌新时代的时尚气息。如将胶州秧歌的经典步法"丁字拧步"编入街舞动作中，让胶州秧歌焕发出时尚的活力。

（二）整合其他项目，齐飞共进

在学校体育教学过程中引入传统文化进行德育渗透，运用多种项目共同完成，避免单一文化的单调。我们可以将几种项目进行整合，达到齐飞共进的效果。例如，在形体课教学中，安排基本功、模特走秀等教学内容，若反复练习只会让学生产生枯燥情绪，可在课堂上穿插一段胶州秧歌活跃课堂气氛，也可以把胶州秧歌动作移花接木到现代舞中，丰富学生的形体课练习内容。因此，在教学过程中，应该将现代项目与传统项目灵活整合。

（三）整合社会实践，学以致用

学生可以进行相应的社会实践活动，这有利于增进学生的道德熏陶。例如，学生可以到附近社区、公园等进行展示表演，在实践练习的过程中体验胶州秧歌中蕴含的传统文化和魅力，提升自己的形体和文化修养，同时也可以与公园和社区的练习者进行交流，提升自己对动作和文化的理解深度。

综上所述，学校在各种教育活动过程中渗透德育教育是促进学生思想修养和道德品质有效发展的重要手段。学校要充分利用我国传统文化的道德教化内涵，挖掘传统文化的道德教育功用，通过拓展教育活动空间、探究传统文化内涵和整合传统文化等途径，让传统文化在学校各种体育活动中落地生根，发挥传统文化的德育作用，促进学生的思想和道德品质有效发展。

参考文献

［1］王成涛. 如何在体育课堂教学中渗透传统文化教育［J］. 明日，2017（47）.

［2］魏燕宁. 胶州秧歌课堂教学的新尝试［J］. 艺术教育，2012（9）.

思政融入中学体育教学策略研究

郭 艺

一、引言

（一）研究背景

当代教育体系正在经历快速的变革，其中思政教育作为培养学生全面发展的关键组成部分，正日益受到重视。将思政教育融入体育教学，可以在培养学生体质的同时，加强其思想道德教育，形成更全面的教育模式。然而，如何有效实现这一融合，对教育工作者来说是一个新的挑战。

（二）研究目的

本文旨在探索并分析将思政教育有效融入中学体育教学的策略。通过研究现有的教学模式、挑战和潜在的策略，本文期望提供具体的方法和指导，帮助教育工作者在体育课程中更好地实施思政教育，目标是为学生创造一个更加丰富和全面的学习环境，不仅强化学生的体育技能，也促进其思想道德和社会责任感的发展。

二、思政教育的核心内容与目标

思政教育，作为教育体系的重要组成部分，旨在全面提升学生的道德素质、思维能力和社会责任感。它的核心内容涵盖了道德教育、爱国主义教育、法制教育、文化传承以及社会实践等多个方面。

首先，道德教育着重于培养学生的基本道德观念和行为规范，包括诚信、尊重、负责等价值观的塑造。这一方面的教育旨在帮助学生形成正确的是非观和社会行为准则。其次，爱国主义教育强调培养学生对国家和民族的认同感与归属感。通过了解国家的历史、文化和发展，激发学生的国家荣誉感和民族自豪感，促使他们积极参与国家和社会的建设。再次，法制教育旨在让学生了解和尊重法律，认识法律对于维护社会秩序和保障个人权益的重要性。从次，文化传承是思政教育的另一重要方面，它着重于传承和发扬民族文化，增强学生对本国文化的了解和自豪感，同时也培养他们对世界多元文化的尊重和理解。最后，通过参与社区服务、志愿活动等，学生不仅能够将所学知识应用于实践，还能增强社会责任感和团队合作能力。

三、中学体育教学的现状与挑战

中学体育教学在当代教育体系中占据着重要位置，但同时也面临着多重挑战。当前，中学体育教学通常注重提高学生的体能水平、教授基本运动技能以及推广健康的生活方式。然而，这一传统模式在适应新时代教育要求方面展现出若干局限性。

首先，资源分配不均是中学体育教学面临的主要问题之一。许多学校在体育教学设施和器材上的投入有限，体育教师的专业能力和教学方法也存在差异，这在一定程度上影响了体育课的质量和效果。

其次，学校体育课程的单一化也是一个不容忽视的问题。中学体育教学往往局限于传统的运动项目，缺乏对新兴或非主流运动项目的关注。这种单一化的教学内容难以满足所有学生的兴趣和需求，也限制了学生对体育运动的全面认识。

再次，体育课程中思政元素的缺乏是另一大挑战。虽然体育教学在培养学生的团队合作精神、竞争意识和挑战精神方面发挥着作用，但如何有效地将思政教育融入体育课程，加强学生的道德教育和社会责任感教育，仍然是一个需要解决的问题。

从次，随着教育评价体系的转变，体育教学的评价方式也面临着改革的需求，包括团队协作能力、运动态度和健康习惯等。

最后，随着信息技术的快速发展，需要将现代科技有效融入体育教学中。例如，利用虚拟现实技术进行体育教学，不仅能够激发学生的学习兴趣，还能在一定程度上弥补传统体育教学的物理空间和设备限制。

四、融合思政教育的体育教学策略

（一）整合思政内容与体育课程

在体育教学计划中明确纳入思政教育元素，如团队精神的培养、公平竞争的重要性、健康生活的理念等，使学生在学习体育技能的同时，理解和吸收相关的思政教育内容。设计体育活动时，以情景模拟的方式来传达思政教育的理念。

（二）创新教学方法

在体育课程结束后，组织学生进行互动讨论和反思活动，引导学生思考体育活动中展现的道德行为和社会责任感。通过角色扮演和案例分析，让学生在体育活动中体验不同角色，理解各种社会、道德和心理问题，从而深化思政教育的内涵。

（三）强化实践活动

组织学生参与社区体育活动或体育志愿服务，将思政教育与实际社会实践相结合，增强学生的社会责任感，提高学生的实际应用能力。采用体验式学习方法，如户外拓展、体育营等，让学生在实际活动中感受团队合作的重要性，实现思政教育的内化。

（四）利用现代教育技术

利用数字化教学资源，如在线视频、互动软件等，提供丰富多样的体育和思政教育内容，增加学习的趣味性和互动性。运用虚拟现实技术模拟不同的体育情境，让学生在虚拟环境中学习体育技能和社会道德规范。

（五）持续评估与反馈

建立多元化的评价体系，不仅评估学生的体育技能，还评估学生在团队协作、道德规范、社会责任等方面的表现。定期对体育教学及思政融合效果进行评估，根据反馈结果调整教学策略，以确保教学目标的实现。

五、案例分析

在融合思政教育的体育教学实践中，一所位于城市的中学推出了一项创新项目，名为"体育精神与社会责任"。该项目旨在将体育教学与思政教育紧密结合，通过一系列精心设计的活动和课程，培养学生的团队精神、公平竞争观念和社会责任感。

学校通过修改体育课程结构，增加了更多关于团队协作和公平竞赛的内容。教师不仅教授技术技能，还重点强调团队合作的重要性。课后，鼓励学生分享他们在比赛中的经验，讨论如何在竞争中保持公正和尊重对手。

此外，该学校还引入一项名为"运动与社区"的项目。鼓励学生参与社区体育活动的组织和实施，如为社区儿童举办篮球训练营。通过这些活动，学生不仅能够运用他们的体育技能，还能学习如何为社会做出贡献，培养社会责任感。

在实施过程中，该项目还大量运用现代教育技术。例如，利用虚拟现实技术模拟不同的体育场景，让学生在虚拟环境中体验团队合作精神。同时，学校还通过线上平台分享与体育精神相关的视频和文章，增加学生的参与感和学习动力。

经过一年的实施，这个项目取得了显著的成效。学生的体育技能有了明显的提升，同时在团队合作、公平竞争和社会责任感方面也表现出积极的变化。这个案例表明，通过创新的教学方法和策略，将思政教育有效地融入体育教学是可行的。这不仅有助于提升学生的体育技能，还能在更广泛的层面上促进他们的个人成长和社会责任感。

六、结语

本文深入探讨了思政教育融入中学体育教学的策略与实践，提出了一系列创新的方法和评估机制。从整合思政内容到创新教学方法，再到强化实践活动和利用现代教育技术，我们提出的策略旨在使体育教学不仅仅是对学生身体技能的培养，还是塑造学生全面素质的重要途径。案例分析进一步展示了这些策略在实际应用中的成效，证明了将思政教育与体育教学有效结合的可行性和重要性。通过全面的效果评估，我们可以看到，融合思政教育的体育教学对于提升学生的道德素质、社会责任感和团队协作能力有着显著的积极影响。这种教学模式不仅丰富了体育课程的内涵，还为学生的全人教育提供了新的视角和路径。

参考文献

［1］丁光雪，王辉．三全育人视域下天津市中学体育课程思政开展状况及优化策略研究［C］//中国体育科学学会．第十三届全国体育科学大会论文摘要集：专题报告（学校体育分会）．天津：天津市实验中学滨海学校，聊城：朱老庄镇中学，2023：3.

［2］李宗良，张倩，陈旭晖，等．"立德树人"视域下中学体育教师课程思政能力的靶向提升［C］//中国体育科学学会．第十三届全国体育科学大会论文摘要集：专题报告（学校体育分会）．上海：海军军医大学，上海市闵行区颛桥中学，上海体育学院，上海市闵行区教育学院，2023：3.

［3］陈天文．课程思政理念融入中学体育教学的路径探究［J］．体育视野，2023（20）：37–39.

［4］向梦希，马胜敏．红色精神谱系融入中学体育课程思政的路径研究［J］．当代体育科技，2023，13（19）：133–137.

［5］张洪凯．金陵中学高中足球课"课程思政"现状分析及发展策略研究［D］．南京：南京体育学院，2023.

［6］张雪．内江市市中区初级中学体育课程思政实施现状与推进策略研究［D］．成都：成都体育学院，2023.

高中法语课程思政的理念与实践研究

王　媛

一、课题研究的背景及意义

"敬教劝学，建国之大本；兴贤育才，为政之先务。"教育从古至今都是功在当代、利在千秋的德政工程，是我们民族振兴、社会进步的重要基石。我们今日的教育对明日是否能全面提高人民综合素质、增强中华民族创新创造活力、促进人类的全面发展、实现中华民族伟大复兴都有深远的意义。天津市新华中学教师秉持"蒙以养正，圣功也"的教育理念，在专业课学习中潜移默化融入思政教育，引导学生把爱国情、强国志、报国行厚植心中并自觉融入实现中华民族伟大复兴的奋斗之中，树立正确的世界观、人生观、价值观，把实现个人价值同党和国家的前途命运紧紧地联系在一起。这不仅仅是每一位思政教师的责任，更是我们全体教师需要共同意识到并责无旁贷担当起的教育重任！

二、法语教学融入思政理念的途径探索与实践

（一）思政元素融入对理解领悟能力提升的促进作用

将思政元素引入每一节法语课堂的备课工作中，在具体教学过程中将思想教育与课程教育有效融合，在全面提升学生知识语言水平的同时不断提升学生的思想政治觉悟。例如开展"l'environnement"环保主题教学时，在课件中加入法语歌 Respire 的视频，让学生看到未来世界人们赖以生存的地球皆是荒漠，再也没有青山绿水，没有飞鸟蓝天，绚烂彩色的世界只存在于影像纪录片中。引导学生思考，为什么未来世界会变成可怕的荒漠？我们是否在为了高速发展的经济而透支我们赖以生存的资源？

课程引用习近平总书记"绿水青山就是金山银山"重要论述，"绿水青山"指什么？论述里的"绿水青山"指的是我们赖以生存的生态环境优势，包括草地、森林、湖泊、湿地、河流、海洋等。

在法语课堂上，例句是教学的基本方式之一。在语言知识的传授过程中，无论是显性的演绎，还是隐性的渗透，教师或"解释说明"，或"创设情境"的话语，就本质而言，都不是自然话语，而是例句。教师在备课时要不断思考例句

是否有效、有趣与有力。在思政视域下，教师更要考虑例句是否能够蕴含思政元素。在词汇和语法教学中结合思政要素，例如"绿水青山就是金山银山"，用法语翻译这句话，需要注意到词汇的性数配合和法语中"de"的使用。

在课程中引用例句"党的十八大以来，党中央以前所未有的力度抓生态文明建设，像保护眼睛一样保护生态环境，像对待生命一样对待生态环境"，复习并巩固了法语副动词"en＋现在分词"，一般和主句动作表示同时性的使用方法。

以"头脑风暴""小组讨论"等方式丰富教学形式，可以有效调动学生的学习积极性。新华中学的法语教师团队一贯注重培养学生的思辨能力，积极拓宽学生国际视野，让学生学会鉴赏中外优秀文化并汲取其中精华，培养学生的家国情怀，坚定文化自信，提升学生的跨文化交际能力、思辨能力、组织合作能力、创新能力和终身学习能力。

（二）将正确理想信念融入法语课程框架

通过系统学习并总结团队大量实践教学经验，从以下六个方面寻找并拓展法语教学中值得深挖的思政元素，可以取得较好效果：

（1）家国情怀：重视亲情、行孝感恩、故乡情感、本土文化、家国同构、爱国主义、民族精神、传统文化；

（2）国际视野：兼容并蓄、开放平等、尊重多样、取长补短、跨越文化、善于交际、共同发展、命运同体；

（3）个性品格：自尊自爱、健康自强、志存高远、坚忍不拔、积极乐观、责任担当、乐群宜人、团队精神；

（4）科学素质：尊重知识、讲究方法、保持理性、运用逻辑、善于思辨、乐于探究、敢于批判、勇于创新；

（5）公民意识：文明礼仪、诚实守信、法治观念、民主知识、温和理性、公德意识、自治自制、社会责任；

（6）生态文明：敬畏自然、共处共融、注重安全、防御灾害、保护环境、节约资源、自觉自律、持续发展。

教学如果仅停留在教授传统语句语法，教学成果也只限于语言知识的掌握，那么对于异国文化的理解、中国思想的传播能力培养则会缺失。作为全球法语等级考试 DELF 高级考官，笔者发现近年关于全球变暖、资源枯竭等考题反复出现，证明环保问题引发世界各国高度关注，此现象印证习近平总书记提出的"人类命运共同体"观点符合全球人民利益。

面对全球性自然灾害，我们人类应该做些什么，我们中国能够贡献什么？教师通过引导学生主动思考，让他们在潜移默化中提升思想道德境界，深化对法语学科人文性的认识。教师需要充分理解和践行在法语教学中挖掘与融入中国传统优秀文化、新时代中国视野及中国思想的内容，并在教学设计中探索如何用法语讲好中国故事，将育人目标、内容和过程有机融合。

（三）以实践研究拓展法语教学设计能力

法语课程应以"素质目标"为导向，以自编教材为基本材料，以多样化的教学策略，将合作意识、团队精神和集体责任感等隐性思政元素融入以学生为中心的教学过程之中。在挖掘优秀文化方面，在给法语初始年级的学生讲《马赛曲》时，可以及时地引入歌曲的创作背景。在讲解课文的过程中，通过提问"世界上最美的语言是什么？"引入法国作家都德的代表作《最后一课》。作为老师的韩麦尔先生将法语称为：世界上最美的语言，也是最清楚、最严谨的语言。

当讲到韩麦尔先生在黑板上写出 Vive la France（法兰西万岁）时，引导学生一起感受这强烈的爱国主义精神，进而引导他们思考中国语言的魅力。使学生形成跨文化沟通与交流的意识，感受不同文化之间的差异，在汲取外来文化精华的同时为中华文化注入新的活力。

（四）通过法语学科课外活动育人塑人

上述打造例句、深挖阅读的策略中含有很多学习活动，这些活动依托教材内容，发生在课内，是为"课内活动"。那么"课外活动"呢？课外活动的广泛性、丰富性和趣味性对学生更有吸引力。在某种程度上，课外活动教育效果更好。访谈、测评等形式证明，将思政元素融入法语实践，如新华中学法语学科坚持了 10 年的法语海报大赛、法语歌唱大赛、法语配音大赛、法语诗歌朗诵大赛、法语诗歌书写大赛、法语剧表演、法语广播站、法语角等精彩课外活动，可以有效提升法语教学效果。

三、用法语讲好中国故事，传播好中国声音

借优雅法语，传琅琅华音，兼顾法语语言之美与中国文化之底蕴。运用外语向世界讲好中国故事，正是外语学习的根本目的之一。在负责法国留尼汪多迪中学与天津新华中学的友好校系列活动中，我通过介绍中国的一年四季，即"秋天的馈赠""冬天的庆典""春天的脚步""夏天的盛宴"等主题，分别从中国四季的风景、气候、成语、歌曲、诗歌、节日、美食、动物、昆虫以及国画几个方面展开了比较详尽的讲解，通过一系列课程展现中国人的劳动、风俗、习惯、思想、情感和智慧等。在经济全球化、政治多极化、文化多元化的时代背景中，我们应当如何保持中华民族文化底色，守住中华民族精神阵地？与此同时，在参与人类文明交流互鉴中，我们应当如何为世界文明进步做出应有的贡献？这些是我们每个人都需要思考的。

四、结语

在全球化和国际化视野下，外语课程面临改革的契机和挑战，在中小学外语教学上，思政理念与课程建设的融合，将为高质量实现语言教育目标保驾护航，促进学科核心素养的培养，体现国家意志和主流核心价值观。

笔者认为法语课堂的思政元素不仅要不断地实践探索，更要不断地创新发展。我们需要让学生通过学习法语了解世界，通过了解世界增强学生的家国情怀，这就赋予了新时代法语课程的思政新意义。

参考文献

［1］肖琼，黄国文．关于外语课程思政建设的思考［J］．中国外语，2020（5）：1，10-14．

［2］于桂花．"课程思政"教学实践路径探析［J］．教育理论与实践，2020（15）：27-29．

［3］张敬源，王娜．基于价值塑造的外语课程思政教学任务设计：以《新时代明德大学英语综合课程2》为例［J］．中国外语，2021（2）：33-38．

［4］习近平：坚持中国特色社会主义教育发展道路培养德智体美劳全面发展的社会主义建设者和接班人［N］．人民日报，2018-09-11．

［5］陈晗霖．多维度立体感知外语学习的方法探究：评《多模态话语分析理论与外语教学》［J］．中国教育学刊，2019（8）：143．

［6］陆道坤．课程思政评价的设计与实施［J］．思想理论教育，2021（3）：25-31．

第二编

教学设计

《生活需要法律》教学设计

刘炳男

一、教学目标

（1）感受生活与法律息息相关，领会法律与我们日常生活密切相关，激发学习法律知识的兴趣。

（2）知道基本的法律知识，了解法律的基本作用和意义。

（3）初步培养崇尚法律、敬畏法律的情感。初步形成自觉按照法律要求规范自己行为的能力。

二、教学设计的思政融合点描述及设计说明

本小节内容统领整个法律部分的学习。教学中着力从学生的生活经验入手，使学生学习基本的法律知识，初步感受法律与生活密不可分，开始树立基本的法治思想、法治精神，引导学生自觉尊崇法律，学会依法办事，努力成为法治中国建设的参与者和推动者。

三、教学重点、难点

教学重点、难点：了解法律与我们的生活息息相关。

解决措施：选取贴近学生生活的案例，使学生自觉强化生活中的规则意识，培养法治观念。最后以习近平新时代中国特色社会主义法治建设系列讲话为主题进行升华，坚持目标导向，进一步体会法律与我们的关系。

四、教学过程

（一）导入环节

1. 教学内容

生活与法律息息相关。

2. 教师活动

（1）提问学生：家庭中是否有养宠物，有没有注意文明养犬（如牵绳）？

（2）播放视频《恶犬伤人事件频发及其涉及的法律知识》，提问：养宠物

仅仅是一件私人小事吗？还涉及什么？

（3）展示法律条文：《动物防疫法》明确规定：携带犬只出户的，应当按照规定佩戴犬牌并采取系犬绳等措施，防止犬只伤人、疫病传播。如违反规定，可以处一千元以下罚款；逾期不改正的，处一千元以上五千元以下罚款……

《民法典》第一千二百四十五条：饲养的动物造成他人损害的，动物饲养人或者管理人应当承担侵权责任。

3．学生活动

（1）请养犬的学生评判自身行为是否符合文明养犬要求。

（2）学生思考：养犬涉及了哪些法律？

融入思政教育的意图：贴近学生生活，"小事"也蕴含着法治思想，激发学生学习兴趣。

（二）教学活动过程一

1．教学内容

生活需要法律。

2．教师活动

（1）教师提问：我们的家庭生活、学校生活、社会生活都离不开法律。你能再列举一些与我们生活密切相关的法律吗？

（2）播放视频《网曝一男子公园遛狗不捡狗屎不拴绳》，提问：该男子坚持我行我素，不停劝阻，我们可以怎么做？

给出提示：①为什么新修订的《民法典》和《动物防疫法》中会针对养犬及饲养动物造成他人损害的行为做出相关规定？②出台了相关规定后，我们的生活发生了什么变化？

3．学生活动

（1）学生回答自己所了解的法律。

（2）学生得出结论：如果没有这些法律，我们的生活会变得混乱不堪，我们的人身、财产安全将得不到保障。

（3）引导学生回答，需要法律调节社会关系。

融入思政教育的意图：引导学生树立守法用法、依法维权等思想观念，进一步强化核心素养目标的培养。

（三）教学活动过程二

1．教学内容

法律渗透我们的生活。

2．教师活动

观看视频想一想，人从出生到老去，一生受到哪些法律的保护？

3. 学生活动

学生根据视频内容回答，我们的生命历程与不同法律产生的联系。

融入思政教育的意图：得出本课第二个重要结论——法律已经深深地嵌入我们的生活之中，影响社会的方方面面，不仅服务于人们当下的生活，还指导着人们未来的生活。

（四）教学活动过程三

1. 教学内容

法律相伴我们一生。

2. 教师活动

展示教材第 86 页探究与分享素材。

3. 学生活动

学生把事例与对应的法律连接起来，并判断哪些是我们的权利，哪些是义务。

融入思政教育的意图：学生在将生活实例与法律相对应的过程中，进一步强化"法律与我们每个人如影随形，相伴一生"的概念。

4. 课堂反馈评价

基本达到预期意图。

5. 作业设计

（1）能力提升作业：①预习下一课学习内容——法治的脚步，思考法律是如何产生的，法律对国家和社会有着什么样的作用？②参考教材第 89 页"拓展空间"内容，搜集我国历史上秉公执法、惩恶扬善的人物或故事，思考他们为维护公平正义所作出的努力，体现了什么精神。

（2）基础性作业：①复习本课内容。②完成练习册选择题。

6. 教学反思

在课程设计中，我尽量选取学生身边发生的一些例子，比如饲养宠物、食品安全等，让学生意识到我们的日常生活确实离不开法律，拉近学生与教材知识的距离。但是对于部分课堂讨论问题，还可以进一步启发学生多思考、分小组讨论，应该给学生理解的时间和交流的空间。

7. 教学资源推荐

CCTV《天网》系列纪录片《民法典进行时》，https://tv.cctv.cn/2022/03/09/VIDEJwdneNFsZhD4cUqRfHVm220309.shtml。

《实现中华民族伟大复兴的中国梦》教学设计

张晓锋

一、教学目标

（1）通过设置情境，开展研究性学习，了解中华民族伟大复兴中国梦的内涵、发展进程、本质和特点，培育具有政治认同素养的学生。

（2）围绕议题设计三个篇章，"敢于有梦——展翅翱翔怀揣中国梦""勇于追梦——在岗言岗共筑中国梦""勤于圆梦——奋发有为接力中国梦"，递进式呈现，为深度学习提供铺垫和依托，培育具有科学精神素养的学生。

（3）通过航天人的典型事例深刻理解中国共产党在新时代的历史使命、党和国家的战略安排。结合实际畅想人生规划，激发学生爱党、爱国、爱社会主义的热情和坚定"四个自信"的信念，培育具有政治认同和公共参与素养的学生。

二、教学设计的思政融合点描述及设计说明

思政课教学要坚持以人为本，充分发挥思政教师主导作用和学生主体作用，促进学生生命成长和价值成长。用"中国梦—航天梦—航天人"作为引线，用"航天人—航天梦—航天事业—中国实力—中国梦"进行穿线，用"中国梦—我的梦"进行缝衣，最后形成"请党放心，强国有我；强国有我，请党放心"的情感回环。

三、教学重点、难点

（1）中国梦的本质和特点。

（2）中国共产党的初心和使命。

四、教学过程

1. 导入环节

教学内容：创设情境，导入新课，播放神舟十三号发射成功的视频。

教师活动：同学们好！长征二号 F 遥十三运载火箭从酒泉卫星发射中心起飞，成功将载有 3 名航天员的神舟十三号载人飞船送入预定轨道。按计划，航天

员进驻核心舱，按照天地同步作息制度进行工作生活，大约 6 个月时间。下面，我们看一下现场的报道。

学生活动：观看神舟十三号载人飞船发射升空的现场报道。

融入思政教育的意图：引导学生关注时事，关注国家航天事业的发展。

2. 教学活动过程

教学内容：议题教学，突破重难点，使学生真正理解中国梦的本质和特点以及中国共产党的初心和使命。

教师活动：

议题 1：如何认识中华民族伟大复兴的中国梦？

1. 中国梦的内涵及发展进程。

【问】你去过天安门广场，看到过人民英雄纪念碑吗？

2. 中国梦的本质——实现国家富强、民族振兴、人民幸福。

航天梦是中国梦的一部分，今天，我们来认识一位航天科学家欧阳自远，他成功推动了中国第一颗探月卫星"嫦娥一号"的发射升空，被誉为中国的"嫦娥之父"。

议题 2：如何实现中华民族伟大复兴的中国梦？

1. 中国共产党的历史使命。

为中国人民谋幸福，为中华民族谋复兴。

2. 党和国家的战略安排。

第一个阶段：从 2020 年到 2035 年，在全面建成小康社会的基础上，再奋斗十五年，基本实现社会主义现代化。

第二个阶段：从 2035 年到本世纪中叶，在基本实现现代化的基础上，再奋斗十五年，把我国建成富强民主文明和谐美丽的社会主义现代化强国。

3. 请党放心，强国有我。

畅想：2035 年的你，三十而立；2050 年的你，成熟稳重。

青年兴则国兴，青年强则国强。作为一名青年思政教师，"薪不尽而火相传"，我有这样的历史责任将信仰的接力棒传给你们，在奋斗和实干中汇聚实现中国梦的强大力量！

学生活动：结合自己的生活实际回答。

1. 思考：从近代仁人志士的"强国梦"到我们的"中国梦"，你认为不变的是什么？变化的是什么？

2. 思考：结合"嫦娥之父"欧阳自远的故事，阐述中国梦的特点。

3. 思考：我们实现中国梦的原因有哪些呢？

4. 思考：航天人是如何践行中国共产党人的初心和使命的？

5. 分享自己的人生规划。

6. 共同朗诵父辈航天人写给孩子的诗。

融入思政教育的意图：分篇章介绍，埋下情感升华的线索。让学生置身在时间的纵轴上，感受"变"与"不变"。从航天事业引出航天人，用科学家的个人经历激励学生追求个人梦想。让学生处在国家发展规划的时间点上，增强情感互动，为最后的情感升华集聚力量。

3. 梳理总结

教学内容：教师总结本节课内容，这节课设置如何认识、如何实现中华民族伟大复兴的中国梦的议题，从中国梦的特点和实现路径做好内容梳理。

学生活动：通过课堂的互动、体验和参与，将个人梦、航天梦、强国梦结合起来。

融入思政教育的意图：在情感体验中思考中国航天人是如何践行初心和使命的；在情感升华中，学生形成政治认同。

4. 课堂反馈评价

教学内容：

（1）设置子问题，逐步破解。

（2）引出航天梦和中国梦的关系，做好衔接。

（3）设置情境，用航天人追逐、实现航天梦的故事阐述中国梦的特点。

（4）用本校实例和见闻展现欧阳自远的科学家精神。

（5）从情境实例到指导思考。

教师活动：

（1）指导学生了解国家的发展规划。指导学生合作搭配完成朗诵。

（2）教师从自身出发，生成情感共鸣。

（3）设置课后作业，将个人梦、航天梦、强国梦结合起来。

学生活动：

（1）学生从教师的情感共鸣中找到现实中自己的定位。

（2）学生通过实践活动加深对个人梦与中国梦关系的理解。

（3）学生以时间为载体表达心中的梦想。

融入思政教育的意图：让学生将国家发展的时间规划和自己的人生规划对接，在时间上形成小我融入大我的交集和重合，在情感上将个人梦、航天梦、强国梦结合起来。

5. 作业设计

结合本节课的学习内容和感受，课下以小组为单位用制作模型的方式展望个人梦、航天梦、强国梦。

6. 教学反思

一是依托情境，实施有效。在教学设计时，我充分运用航天梦与中国梦的关系这条线索，引发学生的关注和讨论。这些鲜活的事例具有引领性、示范性、时代性，让学生在了解中引以为敬、引以为傲，为学生个人梦的思考和规划搭建了坚实的情境基础。

二是共情共鸣，素养落地。作为教师，我深深地感受到激发学生活力和创造力的重要性。在学生阅读杨利伟的《太空一日》时，我看到他们眼里有惊奇、担心和敬佩，在分享人生规划时，我看到他们眼里有光。在课程的结尾，我设置了"制作模型展望个人梦、航天梦、强国梦"的作业，让学生以物言志，在情感共鸣中落实共同参与的学科核心素养。

三是美中不足，留有遗憾。由于本节课的素材多、学生的参与多，在一节课的时间里，知识容量和情感张力的释放显得紧张。学科核心素养的落地生根还需要在常态课和生活中一点一滴地融入学生心中，这也是今后我要不遗余力去实现和弥补的。

7. 教学资源推荐

杨利伟日记《太空一日》；电影《我和我的父辈》。

《凝聚价值追求》教学设计

张　媛

一、教学目标

（1）通过抗疫子女讲自己父母的事迹，了解抗疫英雄的表现，提升个人道德修养，归纳民族精神的内涵、表现和作用；通过习近平总书记的讲话，知道社会主义核心价值观的内涵，内化基础知识，树立正确价值取向，体现政治认同。

（2）通过创设情境，探究在日常生活中应如何培育和弘扬民族精神，怎样践行社会主义核心价值观，提升学生用辩证的、全面的观点看问题的能力。

（3）通过学生亲身体验，感悟社会主义核心价值观，达成价值认同与共识。深刻挖掘学生制作的抗疫文艺作品，激发学生的民族自信心和自豪感，涵养家国情怀，增强文化自信，体现政治认同，树立责任意识。

二、教学设计的思政融合点描述及设计说明

以感知—感悟—践行为线索，围绕"讲英雄故事""英雄在身边""新时代楷模""我要成为你"四个主线活动，让学生在认识民族精神的表现和作用的基础上，能做出正确的价值判断和选择，继而以青年榜样作为学生的成长引领。

三、教学重点、难点

教学重点：民族精神的表现和作用。

教学难点：培育和践行社会主义核心价值观。

四、教学过程

（一）导入环节

教学内容：展示课前布置的抗疫主题作品。

教师活动：（提问）看完这幅作品有何感受？为什么要向逆行者致敬？逆行者的身上凝聚了怎样的共同价值追求？

学生活动：思考问题。

融入思政教育的意图：初步感悟民族精神的内涵。

（二）教学活动过程

1. 讲英雄故事

教师活动：利用教材活动，让学生讲古往今来体现中国精神的人物故事。课前收集陈树湘、钱学森、王继才夫妇的故事。

学生活动：小组讨论英雄人物身上的共性。

融入思政教育的意图：以人物事迹展现民族精神对人的引领作用，让学生感受到榜样的力量。

2. 英雄在身边

教学内容：让本校抗疫子女讲述自己父母的事迹，挖掘身边英雄事迹所体现的民族精神，发挥教化的作用。

教师活动：组织小组讨论，全班分享。（提问）作为青少年的你们可以为抗疫做些什么呢？

学生活动：学生结合自己的生活实际进行回答，在日常点滴小事中体会怎样传承和践行民族精神。

融入思政教育的意图：用学生身边发生的故事感染学生、教育学生，使学生接受榜样身上所蕴藏的价值观、道德观，达到润物无声的效果。

3. 新时代楷模

教师活动：多媒体展示学生朗诵视频。

学生活动：分享感受。

融入思政教育的意图：用生生互动和师生互动落实本课的重点，培养学生的政治认同和学科素养。

4. 我要成为你

教学内容：播放采访青年抗疫英雄的视频。

教师活动：（提问）作为中学生，要成为未来的他们，在今后的日常生活中，我们应该怎样做？

学生活动：让学生表演以下情景：

1. 学校考试中，有一道题不会做，旁边"学霸"的卷子近在咫尺，我应该……

2. 假期里，看到旁边单位正在升国旗，我会……

3. 大雨中，我拎着湿漉漉的雨伞走上公交车，我会……

融入思政教育的意图：学生通过角色扮演和体验明白社会主义核心价值观需要内化于心、外化于行，真正将社会主义核心价值观落到细处、落到小处、落到实处，体现责任意识。

（三）梳理总结

教师通过呈现习近平总书记关于文化自信的论述来结束本课学习。

（四）课堂反馈评价

教师活动：教师当堂反馈学生的回答。

学生活动：学生互评，要点包括课堂表现积极、与小组同学配合主动；气氛融洽，准确地表达小组观点；对本课所学内容的认识深刻、独到。

（五）作业设计

课前：布置抗疫作品设计（绘画、摄影作品、手抄报均可）；课前收集榜样资料。

课后：①夯实基础：读课文，预习下一目。②素养提升：制作本课思维导图；寻找身边榜样，记录学习过程。

（六）教学反思

本课由学生身边入手，让学生在自主合作探究中学习知识、体验情感、发展能力，充分发挥学生的主体作用。以"感知—感悟—践行"为线索，"讲英雄故事""英雄在身边""新时代楷模""我要成为你"四个主线活动贯穿课程始终。在选取素材过程中，注重选取学生熟悉、感兴趣的抗疫实例，利于学生产生认同感，引导学生在感悟体验中提升认知水平。在问题的设计方面也注意贴合学生的思维特点，创设情境引导学生深入思考。不足：受时间的影响，课前准备不够丰富。今后的教学，应增加活动形式，加强学生的思辨能力，引导学生实现思想认识的提升和道德情感的升华。

《中国石拱桥》教学设计

贾亚萍

一、教学目标

（1）在分析本文的结构层次和说明顺序的基础上理解行文思路（思维能力）。

（2）抓住关键词把握说明事物的特点，体会说明方法及其作用（语言运用）。

（3）结合具体语句，体会说明文语言的严谨、准确（语言运用）。

（4）了解中国石拱桥的光辉成就，认识我国劳动人民的聪明才智，增强民族自豪感（文化自信）。

（5）课程思政目标：深入了解家乡的桥，增进对家乡的了解和文化认同；感受祖国桥梁事业的发展，增强民族自豪感（文化自信）。

二、教学设计的思政融合点描述及设计说明

《中国石拱桥》选取了赵州桥和卢沟桥为代表，运用多种说明方法，详细介绍了中国石拱桥的历史和特点，总结了我国石拱桥取得的光辉成就。学生可通过中国石拱桥，认识我国劳动人民的聪明才智，增强民族自豪感；通过港珠澳大桥这一座有跨越性历史意义的桥梁充分理解我国社会主义制度的优越性；通过课堂学习和补充资料，深入了解天津的桥，增进对家乡的了解和文化认同。

三、教学重点、难点

教学重点：依据说明对象特征，体会说明方法及其作用。

教学难点：分析本文的结构层次和说明顺序，理解行文思路。

四、教学过程

（一）导入环节

教学内容：情境导入。

教师活动：图示钱塘江大桥；由"钱塘江大桥—茅以升—中国石拱桥"导入。

学生活动：观看图片，走入文章。

融入思政教育的意图：铺垫我国桥梁事业的发展与成就（文化自信）。

（二）教学活动过程

1. 教学内容：整体感知；理思路

教师活动：

①提问：中国石拱桥的共同特点是什么？

追问：作者在文章哪几个段落集中介绍这些特点？

板书：历史悠久、结构坚固、形式优美。

②提问：文章重点介绍了中国哪些石拱桥？

追问：文章第9、10段的主要内容是什么？

板书：画简笔桥，桥两端分别板书"赵州桥""卢沟桥"。

③明确学法指导：文章段意可通过寻找开头或结尾处等关键语句进行概括总结。

学生活动：默读课文；感知文本大意；梳理文章结构。

融入思政教育的意图：通过阅读文本，概括中国石拱桥的特点，了解文章大意；学会寻找段落、文章开头或结尾处等关键语句概括段意、文意（思维能力）。

2. 教学内容：合作探究；抓特征，明方法

教师活动：

①提问：作者向我们介绍了赵州桥的哪些信息？

追问：是运用哪些说明方法来介绍的？

板书：赵州桥特点及说明方法。

②提问：作者向我们介绍了卢沟桥的哪些信息？

追问：是运用哪些说明方法来介绍的？

板书：卢沟桥特点及说明方法。

③总结：作者介绍了赵州桥和卢沟桥的哪些特点？与中国石拱桥的三大特点之间有无关系？什么关系？

学生活动：

①读第4、5段，小组合作探究赵州桥的结构特征和说明方法的运用。

②读第6、7、8段，自主探究卢沟桥的特征和说明方法的运用。

③读文中摹状貌语句，感受卢沟桥的装饰美。

融入思政教育的意图：通过小组合作探究，培养学生主动思考的意识和合作能力。学以致用，运用分析赵州桥特征的方法自主分析卢沟桥，运用已学知识提高学生自主探究未知的主动性（语言运用）。

3. 教学内容：把握结构；明顺序

教师活动：

①提问：文章为什么选取赵州桥和卢沟桥作为中国石拱桥的代表进行具体介绍？

板书：在简笔桥桥拱下板书"概括"、在赵州桥和卢沟桥位置板书"具体"。

②提问：文章的说明顺序是什么？

板书：在"概括"与"具体"间以箭头表明内在逻辑关系。

学生活动：学生自主探究、理解生成。

融入思政教育的意图：引导学生自主理解文章为什么选取两座具有代表性的桥——赵州桥和卢沟桥来说明中国石拱桥的特点。在介绍具体桥梁时，作者一方面能够抓住它们各自在结构设计上的特点，另一方面又能突出这两座桥所体现的中国石拱桥的共性特点。通过学生自主概括，检验学习效果，引导学生自主生成，掌握说明文学习方法（思维能力）。

4. 教学内容：拓展延伸；课堂思政

教师活动：补充资料——"解放桥"，图示家乡的桥。

学生活动：阅读资料，赏析家乡的桥。

融入思政教育的意图：学生通过阅读补充资料，深入了解家乡的桥，增进对家乡的了解和文化认同。学以致用，通过分析阅读材料，体会说明方法的作用（审美创造、文化自信、语言运用）。

（三）梳理总结

教学内容：说明文学习方法。

教师活动：明确方法：理思路—明顺序；抓特征—明方法。

学生活动：自主概括、理解生成。

融入思政教育的意图：明确并高度概括学习说明文的方法，便于学生掌握，从心理上减轻学习负担。

（四）课堂反馈评价

1. 教学内容：探究说明对象特征和说明方法的使用

教师活动：课堂上积极引导学生自主分析，及时关注并帮助学生分析探究结果。

学生活动：小组合作探究赵州桥的结构特征和说明方法的运用；学以致用，运用分析赵州桥特征的方法自主分析卢沟桥。

融入思政教育的意图：说明方法的使用及其作用对于学生把握说明对象的

特征尤为重要。在评价标准上，一要关注说明方法的准确（如从说明方法和修辞的角度区分"打比方"和"比喻"；从说明方法的目的角度区分"下定义"和"作诠释"）；二要关注说明方法及其作用的一一对应（如"打比方对应生动形象""列数字对应科学准确"）。引导学生以科学严谨的态度来学习说明文，为学习说明文创设良好的学习前提。

2. 教学内容：概括总结说明文的学习方法

教师活动：课堂上积极引导学生自主探究、理解生成，及时关注并帮助学生分析探究结果。

学生活动：自主探究，理解生成学习说明文的方法。

融入思政教育的意图：说明文写作方法是初中生应掌握的。可通过一个简化的标准来判断学生是否掌握，即"理思路—明顺序""抓特征—明方法"。既可以方便学生整理学习思路，也便于检验。在拓展延伸部分，可以通过学生对"解放桥"的自主学习来检验学习效果。

（五）作业设计

搜集家乡的桥的相关资料，写一段说明性质的文字。

（六）教学反思

通过课堂反馈来检验课堂效果，进而反思。学生是否能通过文本内容，分析本文的结构层次和说明顺序，理解作者的行文思路，抓住关键词把握说明事物的特点，体会说明方法及其作用；是否能通过所学及补充资料，深入了解家乡的桥，增进对家乡的了解和文化认同，感受祖国桥梁事业的伟大发展，认识我国劳动人民的聪明才智，增强民族自豪感。

（七）教学资源推荐

纪录片《超级工程》关于港珠澳大桥的片段。

《范进中举》教学设计

赵雅思

一、教学目标

（1）引导学生通过对重点情节的精读，学习对比写法及其作用。

（2）结合具体环境，通过研读人物的细节描写，把握人物性格特点。

（3）感悟封建社会的世态炎凉，感知科举制度对读书人乃至世人的戕害，引导学生树立正确的读书观。

二、教学设计的思政融合点描述及设计说明

（一）思政融合点

《范进中举》是吴敬梓长篇讽刺小说《儒林外史》第三回的节选，主要描写明清时期科举制度下读书人及官绅的活动和精神面貌。文章通过范进中举喜极而疯及中举前后生活遭遇的变化，深刻地揭露和批判了科举制度腐蚀读书人灵魂、摧残人才及败坏社会风气的罪恶，穷形尽相地表现了封建末世的世道人心，对各类市侩小人进行了有力的鞭笞和嘲讽。

（二）设计说明

《义务教育语文课程标准（2011年版）》明确指出："欣赏文学作品，有自己的情感体验，初步领悟作品的内涵，从中获得对自然、社会、人生的有益启示。对作品中感人的情境和形象，能说出自己的体验；品味作品中富于表现力的语言。"本节课拟从写法和具体环境出发，带领学生思考人物性格特征和文章主题。引导学生立足文本，精读研读，力求让学生从文章细节中挖掘文章主题，引导学生树立正确的学习观。

三、教学重点、难点

（1）教学重点：通过抓住人物的转变，学习对比写法并分析此写法的作用；通过人物细节描写，分析人物性格特点。

（2）教学难点：体会科举制度以及封建社会对读书人乃至世人的戕害。

四、教学过程

（一）导入环节

教学内容：复习回忆小说情节。

教师活动：引导学生关注描绘范进发疯时表现的自然段。

学生活动：通过复习回忆，把握小说情节。

融入思政教育的意图：整体感知科举制度对读书人的戕害。

（二）教学活动过程

教学内容：

（1）通过分角色朗读，学生分享描写范进发疯时最精彩的语句。

（2）引导学生在描写范进发疯的语句中，探究范进发疯的线索"好了"，并体会其背后的内涵。

（3）引导学生阅读文本，为"好了"寻找佐证，确定学习任务：筛选并总结范进中举前后胡屠户、邻居、张乡绅对待范进的不同态度，分析他们的性格特点。

（4）根据世人的评价标准，总结当时的社会风气和作者的态度。

（5）运用上面学习到的方法，分析范进的性格特点。

教师活动：

（1）抓住关键语句，明确描写方法，品析人物描写的作用。

（2）引导学生从生活的物质层面、社会地位等感受"好了"的内涵。

（3）引导学生学会批注法，对原文中人物的细节描写和情节中的小细节进行勾画、概括和总结。

（4）引导学生通过对比写法和细节描写分析人物性格特征与主题。

（5）引导学生深刻认识范进理想与追求的畸形化以及追名逐利的特点。

学生活动：

（1）分角色朗读，找寻描写语句。

（2）根据文章内容寻找线索。

（3）小组合作找寻细节描写，分析人物内心活动，总结人物性格特点。

（4）学生为秀才和举人添加定语，分析世人眼中在乎的到底是什么。

（5）找寻范进中举前后的变化，分析范进的心理。

融入思政教育的意图：通过阅读九年级名著《儒林外史》，结合本课内容，感受封建科举制度对读书人乃至世人的戕害。

（三）梳理总结

教学内容：

（1）引导学生通过"报录人"的细节描写，深入思考小说主题。

（2）进一步思考科举制度毒害的不仅仅是读书人，更是整个社会。

教师活动：

（1）以"报录人"的见闻，推导范进发疯不是个案，以此揭示科举制度对读书人的戕害。

（2）科举制度不仅改变了社会的评价体系，也改变了社会风气，而社会风气反过来又加剧了科举制度的戕害，让社会中的每一个人人性扭曲。而每一个被扭曲的人却都习以为常，这是整个社会的悲剧。

学生活动：

（1）小组讨论为什么要引入"报录人"扇巴掌的细节。

（2）结合前面的对比，分析科举制度毒害的到底是谁。

融入思政教育的意图：作为新一代的读书人，我们读书的目的是什么？应该树立怎样的读书观？如何将个人成长与祖国的发展需要相结合？

（四）课堂反馈评价

教学内容：联系整部《儒林外史》，结合现实生活，谈谈自己的读书观。

教师活动：明确个人选择的重要性，树立正确的读书观。

学生活动：通过联系《儒林外史》中三个有正确读书观的代表人物：王冕、杜少卿、庄绍光，谈谈作为新时代的学生，自己的读书观是什么样的。

融入思政教育的意图：通过分析书中三个有正确读书观的代表人物：王冕、杜少卿、庄绍光，引导学生思考读书的目的到底是什么。

（五）作业设计

（1）整理思维导图，并写在学案上。

（2）查阅喜剧、悲剧的定义与特点，思考这篇文章是喜剧还是悲剧。

（六）教学反思

1. 教学中的成功

《范进中举》是人教版语文九年级上册第六单元的一篇小说，虽然是节选，但篇幅还是较长的，对学生来说整体把握难度高。因此，我引导学生在美读、细读、精读、活读、深读的基础上，准确理解文章主题，既让学生整体把握这篇文章的价值与意义，又让学生在思维和思想上得到浸润与升华。本节课的成功可以总结为以下五点：

（1）美读文章：体会文章语言的精炼与生动，快速找到文章的切入点。

（2）细读文章：从人物语言线索中捕捉重点情节，感知文章主题。

（3）精读文章：分析不同人物态度转变的细节描写，把握人物性格特点。

（4）活读文章：结合具体环境，灵活分析文章细节，感悟文章主题。

（5）深读文章：在细节分析的基础上，把握文章整体，深化文章主题。

利用以上五种不同的"读"，有效突破了本文的重、难点。同时，加以适当的学法指导，既教会了学生鉴赏小说的方法，又提高了学生阅读小说的能力。

2. 教学中的亮点

本节课的切入点是整个教学中的亮点。在这一节课中主要解决人物细节描写、对比写法、文章主题等多个问题，如何能够运用一个点来提纲挈领地将整堂课的脉络集中于一体，这是我在课前不断思考的问题。

面对这个困难，我反复研读文章，发现了对范进发疯的高潮描写中两次出现"好了"，这个点一下子击中了我，这就是我想找寻的最能够化繁为简，实现由点到面延伸的整堂课的切入点。上课时，先从"好了"切入，引导学生思考哪方面"好了"，再从人物细节描写中为"好了"寻找佐证，进而感受范进中举前后人们的变化，实现对比写法的分析，以此解析文章主题。"好了"这一点既有效地将整节课内容整合于一体，又能引起学生思考，并从文本中寻找佐证，有效实现了这节课的整合。

3. 教学中的启发

本节课我尝试给予学生更多的自主探究机会，更多尝试推动生生互动。学生学习兴趣浓厚，课堂生成效果良好，学生思维的延展性得到提升。上课时，有的学生已经能够运用以前学习过的课下注释分析法，抓住注释中"大红全贴"这一点进行人物形象的分析。

本节课中，学生的表现比想象中更为主动，因此在后续的教学中，我将会以学生为主体，发掘他们无限的潜力。

4. 教学中的问题

在主题深入探究的部分，我引导学生从对"报录人"的细节描写中深入思考小说的主题，虽然学生能够推导出范进发疯不是个案，以此揭示科举制度对读书人的戕害，但如果这一细节是由学生在课堂上主动提出，而非经我引导，将更有利于他们对文章主题的理解。

5. 教学中的改进

针对教学中存在的问题，在以后的教学中，我会引导学生思考并寻找文章中还有哪些侧面的细节描写能够体现出科举制度对人的戕害。这样的提问能够给学生以明确的指向性，让学生找寻文中其他人的反应，以此实现学生在课堂上主动提出问题，进而深入思考。还会以小组讨论的形式，利用有效的生生互动，让学生互相启发，以此提升学生分析文章的能力。

《诫子书》教学设计

王　艳

一、教学目标

（1）朗读涵咏，体会千古家书的韵律美。

（2）品读研讨，体会千古家书的内涵美。

（3）联读感悟，传承中华传统好家风。

二、教学设计的思政融合点描述及设计说明

依托《经典咏流传》节目，设置一系列情景活动，将经典和现代有机结合，在品读赏析中挖掘家书的韵律美、内涵美，在联读感悟中感受家书的家风美。

三、教学重点、难点

学习诸葛亮的修身智慧，感悟家风文化及家风传承的意义。

四、教学过程

（一）导入环节

设定学生是《经典咏流传》节目制作人，准备一期以"传承好家风"为主题的节目，让学生为这次节目做前期准备。

（二）教学活动过程

1. 教学内容：为你读"书"

教师活动：从句式、感情等方面进行朗读指导。

学生活动：断句齐读、男女生互读、个人展示。

融入思政教育的意图：多层次朗读训练，以读带品，体味古典文化的韵律美。

2. 教学内容：为你释"书"

教师活动：出示台词框架。

诸葛亮：儿呀！父亲写下"（　　　）"这句话，是希望你（　　　）！

诸葛瞻：父亲呀！我记住了，我会（　　　）！

学生活动：作为制作人，请为两位演员准备台词。

融入思政教育的意图：体会诸葛亮治学的人生智慧，感受千古家书的谆谆教诲。

3. 教学内容：为你悟"书"

教师活动：联读下面三封家书，你能感受到哪些家风？

参考《诫子书》《曾国藩家书》《习仲勋给习近平的家书》视频。

学生活动：小组合作探讨并展示。

融入思政教育的意图：课内外资料相结合，感受优良的家风代代相传，在现今依然闪烁着光辉。

（三）梳理总结

教学内容：对照自己，传承家风。

教师活动：作为中学生，我们如何将这些优良的家风传承下来？

学生活动：结合自己实际生活畅谈感悟。

融入思政教育的意图：赏读家书，实现家风传承入心中，形成对学生修身立志的教育引导。

（四）作业设计

请学生仿照示例，为诸葛家写一份颁奖词。

融入思政教育的意图：通过仿写颁奖词让培才修德、追求谦谦君子之风的传统文化真真正正做到内化于心、外化于行。

《三角函数的概念》教学设计

张 文

一、教学目标

（1）了解三角函数背景，体会三角函数与现实世界的联系。

（2）培养学生的数学应用意识，引导知识应用于生活，培养应用和解决问题的能力。

（3）经历三角函数概念抽象过程，借助单位圆理解定义，培养抽象素养。

二、教学设计的思政融合点描述及设计说明

（1）教学引入：介绍海河流域文化历史，激发学生对家乡的热爱之情，厚植家国情怀，增强文化自信。提出"天津之眼"摩天轮转动规律的问题，培养学生解决问题能力、探索精神与科研意识。

（2）概念学习：探究摩天轮位置随旋转角变化的规律，引导学生认识和发现事物的发展及普遍联系。

（3）课堂练习：计算特殊角三角函数值，若部分问题超出学生认知范畴，或解题遇到困难，教师加以引导、发起讨论。学生最终掌握应用，培养良好品质。

三、教学重点、难点

教学重点：

（1）理解任意角的正弦、余弦、正切的定义。

（2）根据定义求特殊角的三角函数值。

教学难点：

（1）理解坐标与三角函数的关系。

（2）根据已知角的终边上点的坐标，求任意角三角函数的函数值。

四、教学过程

（一）导入环节

教学内容：介绍海河流域的历史，培养学生的文化自信，提高学生传承家乡

文化的意识。引入实际问题情境：已知"天津之眼"摩天轮的直径为 110 m，其中心离地面的高度为 65 m。摩天轮逆时针方向做匀速转动，转动一周需 360 s。从初始位置 A 点出发：① 30 s 后，摩天轮相对地面的高度是多少？② 300 s 后，摩天轮相对地面的高度是多少？③猜想摩天轮相对于地面的高度 h 与时间 t 的函数关系式。引导学生在生活中应用数学知识，培养应用意识。

教师活动：从生活实际出发，创设教学情境，介绍海河流域的发展历史文化，将问题转化为数学问题，引发学生思考，并引出课题。

学生活动：学习海河流域的历史文化知识，以及相对地面高度和时间的函数关系。

融入思政教育的意图：①学习海河流域的历史文化价值，从而激发学生对家乡的热爱，培养家国情怀。②结合数学知识，将实际问题转化为数学问题。引发思考，激发求知欲，加深理解，培养学生实践与探索精神，树立科研意识。

（二）教学活动过程

教学内容一：利用信息技术工具建立任意角、角的终边与单位圆的交点等之间的关联。动态改变角的 OP（P 为终边与单位圆的交点）的位置，引导学生观察点 P 坐标因其位置变化而产生的规律。

教师活动：把摩天轮视为一个半径为 1 的单位圆，将点的逆时针匀速运动化作其在单位圆上的逆时针匀速圆周运动，建立平面直角坐标系研究任意角的三角函数。

以单位圆的圆心为坐标原点，以射线 OA 为 x 轴的非负半轴，建 xOy 坐标系，点 A 的坐标是（1，0），点 P 从点 A 开始运动。

问题 1：若点 P 在第一象限，该锐角的终边 OP 与单位圆的交点 P 的纵坐标、横坐标与初中所学锐角正弦、余弦函数有何关系？

问题 2：继续逆时针旋转点 P，使点 P 离开第一象限，该角的终边 OP 与单位圆的交点是否唯一？类比问题 1，能否根据点 P 的纵坐标、横坐标定义任意角三角函数？

问题 3：根据上述两个问题，能否得到任意角与其正弦值、余弦值的对应关系？

教师通过设置层层递进的问题，引发学生思考，探索点 P 的坐标和旋转角的对应关系。

学生活动：观察点 P 位置及坐标随旋转角度变化的动态课件，思考问题，尝试用数学语言描述任意角三角函数。

融入思政教育的意图：设置梯度问题，引导学生思考，点燃他们的求知欲，培养他们的探索精神。

教学内容二：

设 α 是一个任意角，$\alpha \in R$，它的终边 OP 与单位圆相交于点 $P(x, y)$。

①把点 P 的纵坐标 y 叫作 α 的正弦函数，记作 $\sin\alpha$，即 $y = \sin\alpha$；

②把点 P 的横坐标 x 叫作 α 的余弦函数，记作 $\cos\alpha$，即 $x = \cos\alpha$；

③把点 P 的纵坐标与横坐标的比值 $\dfrac{y}{x}$ 叫作 α 的正切函数，记作 $\tan\alpha$，即 $\dfrac{y}{x} = \tan\alpha \ (x \neq 0)$。

教师活动：形成概念，讲授正弦、余弦和正切函数的定义并板书。

学生活动：理解三角函数定义，体会三角函数定义的合理性，明确三角函数的自变量和因变量，及定义域、值域与对应关系。

融入思政教育的意图：摩天轮位置随旋转角度变化，体现唯物主义世界观。问题提出引起学生思考，激发学生求知欲，培养探索精神与科研意识。

教学内容三：

课堂练习：巩固三角函数的概念，检验学生对定义的理解。

例 1：求 $\dfrac{5}{3}\pi$ 的正弦、余弦和正切值。

练习：求 $\dfrac{7}{6}\pi$ 的正弦、余弦和正切值。

例 2：设 α 是一个任意角，它的终边上任意一点 P（不与原点 O 重合）的坐标为 (x, y)，点 P 与原点的距离为 r。

求证：$\sin\alpha = \dfrac{y}{r}$，$\cos\alpha = \dfrac{x}{r}$，$\tan\alpha = \dfrac{y}{x}$。

教师活动：教师分析例 1，与学生完成求解，教师板书规范格式。例 2 是任意角三角函数的推广，求解过程有一定的难度，学生以小组为单位共同讨论。

学生活动：模仿例 1 求解过程完成练习，与小组成员合作完成例 2 证明，发表自己的观点，倾听和思考同学见解，体会三角函数内涵和外延。

融入思政教育的意图：在教师指导下，学生通过不断尝试、调整策略、改进方法等，完成三角函数定义推导。提高学生的逻辑思维能力，增强学生战胜困难的勇气。

（三）梳理总结

教师活动：教师引导学生从学习内容、数学思想等总结本节课的收获，对学生回答及时反馈，学生回答不全面则进行必要的补充。

学生活动：学生回顾本节课的收获，从知识、能力、心得等方面进行总结。

（四）课堂反馈评价

教学内容：

（1）求 $\dfrac{3}{2}\pi$ 的正弦、余弦和正切值。

（2）已知角的终边过点（-12，5），求它的正弦、余弦和正切值。

教师活动：设不同条件，利用定义解任意角三角函数值题，加深学生的理解，体会两种定义方式的不同。

学生活动：运用所学知识，认真思考作答，检验掌握情况。

五、作业设计

基础作业：教材第 182 页练习第 1、3 题。

拓展作业：

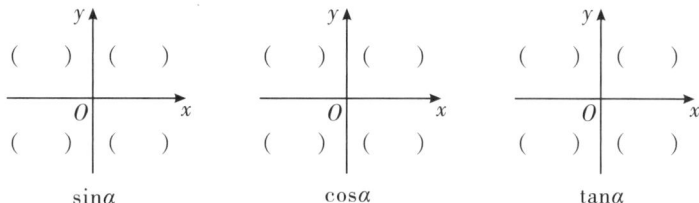

根据定义，三角函数的值在各象限的符号有什么规律？

六、教学反思

本课以"天津之眼"摩天轮引入，介绍海河流域的历史，创设问题情境，厚植学生家国情怀，增强文化自信。通过多媒体展示动点 P 的坐标变化规律，结合锐角三角函数的定义，得到任意角三角函数的定义，体现了数形结合以及从特殊到一般的数学思想方法，培养了学生的数学核心素养。教学引入环节将课程思政融入学科教学，在问题解决中提升学生决心和勇气，但结合点挖掘不深，呈现方式不够丰富，需后续思考探索。

七、教学资源推荐

（1）人教版 A 版高中数学必修一第 177 页——三角函数的概念。

（2）《新时代学校思想政治理论课改革创新实施方案》。

（3）GeoGebra 数学绘图软件。

《抛物线及其标准方程》教学设计

曲 全

一、教学目标

（1）能从几何情境中认识抛物线的几何特征，给出抛物线的定义，发展直观想象素养。

（2）能类比椭圆、双曲线的标准方程的建立过程，运用坐标法推导出抛物线的标准方程，并能解决简单的问题，进一步体会建立曲线方程的方法，发展直观想象、数学运算素养。

二、教学设计的思政融合点描述及设计说明

在引入环节，以中国古代建筑史上著名的赵州桥为背景，从现实的情境出发，抽象出即将学习的抛物线。通过对赵州桥的介绍，使学生增强民族自豪感和爱国热情。

在给出抛物线的定义和标准方程后，又反过来解决引入环节中赵州桥的实例，体会用数学的思维思考世界，首尾呼应，再一次提升学生爱国热情。

之后介绍"中国天眼"——500 m 口径抛物面射电望远镜，通过此实例，使学生深切体会我国超前的战略眼光、对自然的不懈探索、科技的空前强大以及核心人才的重要之处。

向学生阐明，从古至今，我国在很多领域一直处于国际领先水平，增加学生的爱国主义情怀，激励学生努力学习，励志报效祖国。

三、教学重点、难点

（1）教学重点：抛物线的概念和标准方程的建立。

（2）教学难点：抛物线几何特征的发现。

四、教学过程

（一）导入环节

教学内容：利用赵州桥引出抛物线。

教师活动：教师画出赵州桥的示意图，并向学生介绍：隋朝年间建造的赵州桥是世界上现存年代久远、跨度最大、保存最完整的单孔坦弧敞肩石拱桥，其建造工艺独特，在世界桥梁史上首创"敞肩拱"结构形式，具有较高的科学研究价值，对全世界后代桥梁建筑有着深远的影响。那么，赵州桥的拱桥截面近似一条什么曲线呢？

学生活动：通过教师的介绍，学生对赵州桥有了更进一步的认识，通过观察赵州桥的截面，对抛物线这种几何图形有初步的直观感受。

融入思政教育的意图：通过介绍赵州桥的历史和地位，以及在防洪、泄洪工作中起到的至关重要的作用，让学生感受我国古代工匠精湛的技艺，增强民族自豪感，提升爱国情怀。

（二）教学活动过程

1. 抛物线概念的获得

教学内容：通过研究点的轨迹得到抛物线概念。

教师活动：（教师出示问题）利用信息技术作图，F 是定点，l 是不经过点 F 的定直线。H 是直线 l 上任意一点，过点 H 作 $MH \perp l$，线段 FH 的垂直平分线 m 交 MH 于点 M。拖动点 H，点 M 随之运动，你能发现点 M 满足的几何条件吗？它的轨迹是什么形状？

教师拖动点 H，展示 M 点的运动过程。从而得到抛物线的定义：我们把平面内与一个定点 F 和一条定直线 l（l 不经过点 F）的距离相等的点的轨迹叫作抛物线，点 F 叫作抛物线的焦点，直线 l 叫作抛物线的准线。

学生活动：学生观察点 M 的轨迹，并思考所获得的图形是否与赵州桥的拱桥截面有类似之处，在生活中是否还有类似的实例。

融入思政教育的意图：通过问题的提出引发思考，激发学生的求知欲；通过观察轨迹的生成过程，培养学生的数学思维；通过让学生联想生活中的实例，一方面间接地使学生熟悉抛物线的图形，另一方面启发学生学会用数学的眼光观察世界。

2. 建立抛物线的标准方程

教学内容：建立抛物线的标准方程。

教师活动：根据抛物线的定义，可以过抛物线的焦点 F 向准线 l 作垂线，以垂线与抛物线的交点为原点，以垂线为 x 轴建立坐标系，并推导此时抛物线的标准方程。

教师出示四种不同开口的抛物线的图形，并引导学生类比刚推导出的开口向右的抛物线的标准方程、焦点坐标和准线方程，填写开口向左、向上、向下的抛物线的标准方程、焦点坐标和准线方程，以及焦点到准线的距离。

学生活动：学生类比椭圆与双曲线不同形式的标准方程，进行相应内容的填写。

融入思政教育的意图：让学生体会抛物线的建立过程、标准方程的推导过程，提升学生数学运算、数学建模核心素养。

3. 抛物线及其标准方程的巩固与运用

教学内容：抛物线及其标准方程的巩固与运用。

教师活动：出示例题及练习。

例1：①已知抛物线的标准方程是 $y^2 = 6x$，求它的焦点坐标和准线方程；②已知抛物线的焦点是 F（0，–2），求它的标准方程。

教师展示解题过程，板书格式规范及注意事项。

练习1　根据下列条件写出抛物线的标准方程：①焦点是 F（3，0）；②准线方程是 $x = \dfrac{1}{4}$；③焦点到准线的距离是2。

例2：①抛物线 $y^2 = 2px$（$p > 0$）上一点 M 与焦点间的距离是 a（$a > \dfrac{p}{2}$），则点 M 到准线的距离是_____，点 M 的横坐标是_____。

②抛物线 $y^2 = 12x$ 上与焦点的距离等于9的点的坐标是_____。

教师展示解题过程，板书格式规范及注意事项。

练习2　①抛物线 $y^2 = 8x$ 上与焦点的距离等于6的点的坐标是_____。②抛物线 $y^2 = 2px$（$p > 0$）上一点 M 与焦点 F 的距离 $|MF| = 2p$，求点 M 的坐标。

学生活动：学生练习，巩固提升。体会解题过程、注意事项，深入理解解题思路。

融入思政教育的意图：通过例题巩固知识，使学生对抛物线有更进一步的了解，提升数学思维，培养分析问题、解决问题的能力。

4．抛物线及其标准方程的能力提升（解决实际问题）

教学内容：解决与抛物线有关的实际问题。

教师活动：出示例题。

例3：一种卫星接收天线如图所示，其曲面与轴截面的交线为抛物线。在轴截面内的卫星波束呈近似平行状态射入形为抛物线的接收天线，经反射聚集到焦

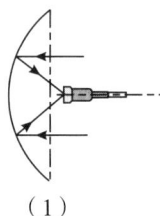

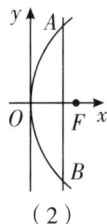

（1）　　　　　（2）

点处，如图（1）。已知接收天线的口径（直径）为4.8 m，深度为1 m。试建立适当的坐标系，求抛物线的标准方程和焦点坐标。

学生活动：学生在教师的带领下建立如图（2）所示的坐标系，用待定系数

法求解。

教师活动：出示例题。

例4：教师带领学生回到本节课开头的问题：赵州桥的拱桥截面近似一条抛物线，当水面离拱顶 2 m 时，水面宽 20 m；若水面下降 0.5 m，则水面宽度为多少？

学生活动：学生独立完成，并回答教师的问题。

教师活动：出示例题。

例5：世界上单口径最大、灵敏度最高的射电望远镜"中国天眼"——500 m 口径抛物面射电望远镜，反射面的主体是一个抛物面（抛物线绕其对称轴旋转所形成的曲面称为抛物面），其边缘距离底部的落差约为 156.25 m，由我国天文学家南仁东先生于 1994 年提出构想，历时 22 年建成，于 2016 年 9 月 25 日落成启用。2020 年 1 月 11 日，"中国天眼"通过国家验收，正式投入运行，截至 2020 年 11 月，"中国天眼"发现脉冲星数量超过 240 颗。它的一个轴截面是一个开口向上的抛物线 C 的一部分，放入平面直角坐标系内，求 C 的方程。

学生活动：通过教师对"中国天眼"的讲解，熟悉问题情境，并尝试求出其标准方程，然后小组核对结果，并说一说对"中国天眼"的体会。

融入思政教育的意图：通过对人造卫星、赵州桥、"中国天眼"三个实例的背景介绍和题目讲解，使学生学会用数学思维思考世界，并让学生深切体会从古至今我国科技的精妙和领先，让学生提升爱国情怀，树立榜样力量，立志报效祖国。

（三）梳理总结

教学内容：对本节知识的总结。

教师活动：教师引导学生回顾本节知识：①抛物线的定义；②抛物线标准方程的四种形式、焦点坐标和准线方程；③对我国从古至今科学成就的感悟与体会。

学生活动：学生回答相关问题，在教师的指导下总结提升。

融入思政教育的意图：增强学生爱国情怀，使学生坚定信念，励志报效祖国。

（四）课堂反馈评价

教学内容：抛物线相应习题与知识分享。

教师活动：

（1）巩固练习。

①已知抛物线的准线方程是 $x = \dfrac{2}{3}$，求它的标准方程。

②已知抛物线 $y^2 = 16x$ 上的点 M 与焦点的距离等于 7，求点 M 的坐标。

③求抛物线 $3x^2 + 8y = 0$ 的焦点坐标和准线方程。

（2）举例说明我国与数学有关的成就。

学生活动：做习题巩固基础知识，分享与数学有关的实例。

融入思政教育的意图：在巩固知识的基础上，让学生分享实例、挖掘素材、发散思维，提升对数学的热爱、对祖国的热爱。

（五）作业设计

（1）教科书第 138 页习题 3.3 第 1、2（1）、4 题。

（2）搜集关于"中国天眼"的相关资料，挖掘其蕴含的其他数学模型和思想。

（3）寻找生活中有关抛物线的其他实例，在下节课一起探讨交流。

（六）教学反思

本节课首先以生活中的实例赵州桥引入，从熟悉的情境出发，让学生能顺利接受抛物线，对研究抛物线的定义和标准方程有一定的帮助作用。在得到抛物线的定义和标准方程后，又回过头来解决赵州桥的相关问题，做到首尾呼应。之后引入"中国天眼"的实例，介绍我国的伟大成就，与赵州桥呼应，贯通古今，增强学生的民族自豪感和爱国热情。

在讲授过程中也发现了一些问题，可以在后续的教学中进行改进：①学生在利用信息技术观察抛物线的定义过程存在一定的困难，此环节可增加适当的引导问题；②对于赵州桥、"中国天眼"的介绍不够充分，可适当请教物理、历史、政治教师，进行跨学科融合。

（七）教学资源推荐

阿波罗尼奥斯．圆锥曲线论［M］．凌复华，译．北京：北京大学出版社，2023．

《勾股定理》教学设计

朱小凌

一、教学目标

（1）用数格子的办法体验勾股定理的探索过程并理解勾股定理反映的直角三角形的三边之间的数量关系，运用勾股定理进行简单的计算和实际运用。

（2）在探索勾股定理的过程中，让学生经历"观察—猜想—归纳—验证"的数学过程，并体会数形结合和从特殊到一般的数学思想方法。

（3）思政目标1：在探索勾股定理的过程中，培养学生的合作交流意识和探索精神，增进学生学习数学的信心，带领学生感受数学之美。

（4）思政目标2：利用多媒体教育资源介绍中国古代勾股方面的成就，体现数学的文化价值，培养学生的爱国情怀。

二、教学设计的思政融合点描述及设计说明

勾股定理是初等几何中的一个基本定理，也是人类最伟大的十个科学发现之一。这个定理有着十分悠久的历史，很多国家都对它有所研究，这个定理的发现和证明经历了漫长而曲折的过程。我国研究勾股定理可以追溯到公元前十一世纪的商朝时期。本节课通过介绍相关历史进程，帮助学生建立勇于探索的科学精神，同时激发学生爱国热情，树立民族自信，增强学习动力。

本节课在教学中以教师为主导，以学生为主体，在探索勾股定理时，主要通过直观的、学生乐于接受的拼图法去验证勾股定理，采用小组合作、自主探究式学习模式。在探究活动中，让学生学会与人合作，并在与他人交流中获取探究结果，体验合作的成功与喜悦。在验证定理的拼图实验中，培养学生的思维能力、动手能力和探究能力，同时体会数学思维的严谨性，帮助学生从"学会"到"会学"，使学生真正成为学习的主人。

三、教学重点、难点

教学重点：探索和证明勾股定理，掌握勾股定理的简单应用。

教学难点：勾股定理的探索和证明。

四、教学过程

（一）导入环节

教学内容：创设情境，引出本节课要研究的问题。

教师活动：屏幕展示课本图 17.1-1，给学生讲述毕达哥拉斯到朋友家做客，通过观察地砖图案发现直角三角形三边存在某种数量关系的故事，引发学生思考。

学生活动：倾听故事，观察图片，尝试思考探索。

融入思政教育的意图：通过情境设置将学生置身于问题中，激发学生探索欲望，引导学生用数学的眼光观察世界。

（二）教学活动过程

1. 勾股定理的探索与证明

教师活动：屏幕展示课本图 17.1-2，让学生观察三个正方形的面积有什么关系，等腰直角三角形的三边之间有什么关系。

学生活动：小组合作讨论，发现以等腰直角三角形两直角边为边长的小正方形面积和等于以斜边为边长的大正方形面积。进而发现等腰直角三角形斜边的平方等于两直角边的平方和。

融入思政教育的意图：设置一个较简单的问题，学生通过已经具备的图形面积相关知识探究出图形中蕴含的结论，初步感受合作探究的乐趣，增强进一步探索的动力。

教师活动：屏幕展示课本图 17.1-3。（提问）刚刚发现的等腰直角三角形的上述性质，其他直角三角形也具备吗？

学生活动：小组合作讨论，讨论的重点问题是以斜边为边长的正方形面积求法，可以通过割补法求得，进而发现普通直角三角形也具备上述性质。

融入思政教育的意图：问题的设置渗透从特殊到一般的数学思想，培养学生的类比迁移能力及勇于探索的精神，让学生学会用数学思维思考现实世界。

教师活动：引导学生根据上述结论引发猜想，得出关于直角三角形三边关系的一个命题。

学生活动：在教师的引导下得出猜想命题：如果直角三角形的两直角边边长分别为 a，b，斜边边长为 c，那么 $a^2 + b^2 = c^2$。

教师活动：介绍我国古人赵爽对上述命题的证法，屏幕展示赵爽弦图，将准备好的教具分发给学生，启发学生根据图形动手拼图完成证明。

学生活动：小组合作，将准备好的图形进行裁剪拼接，完成命题的证明，每小组派一名代表到黑板前演示。

融入思政教育的意图：发挥学生的主体作用，为学生提供参与数学活动的时间和空间，充分鼓励学生边创造边交流，从能力、情感、态度等多方面关注学生对课堂的整体感受，使学生在相互合作中得到提高。

2. 勾股定理的内容与数学表达式

教师活动：通过前面的活动，引导学生用自己的语言总结概括出定理内容，对学生不够准确的语言加以订正，教师给出板书。

学生活动：学生在小组内讨论，尝试用数学语言表达出定理内容，选派代表在班级发言，其他学生认真倾听，互相学习。

融入思政教育的意图：用准确严谨的语言归纳定理结论，培养学生用数学语言表达现实世界的能力。

教师活动：播放科普视频，带领学生了解我国探索勾股定理的历史进程。

学生活动：认真观看视频后交流心得。

融入思政教育的意图：通过观看视频，了解勾股定理发展的历程，让学生认识到任何研究和创造都会经历曲折的过程，帮助学生建立勇于探索的科学精神，同时激发学生的爱国热情，树立民族自信，增强学习动力。

3. 勾股定理的应用

教师活动：你能试着解决以下问题吗？

问题 1：在 Rt $\triangle ABC$ 中，$\angle C=90°$，（1）若 $a = 1$，$c = 2$，求 b；（2）若 $a : b=1 : 2$，$c = 5$，求 a；（3）若 $b = 15$，$\angle A=30°$，求 a，c。

问题 2：已知 $\angle ACB = 90°$，$CD \perp AB$，$AC = 3$，$BC = 4$。求 CD 的长。

教师结合学生的解题过程予以点评订正，给出规范板书。

学生活动：在教师指导下完成题目，由小组选派代表，每小组板演一题，其他学生和教师共同点评纠错，互相学习。

融入思政教育的意图：通过学习，应用定理解决问题，体会学以致用的成功感和喜悦感。

（三）梳理总结

教学内容：勾股定理的得来过程、文字内容、数学表达式和应用。

教师活动：教师引导学生回顾本节课学习过程，在小组内交流学到的新知和收获。

学生活动：小组内交流，派学生代表谈本节课的学习内容和心得。

融入思政教育的意图：在总结概括所学知识点的过程中，学生需要回顾课堂讲解的关键信息，从而将知识内化成自己的思维认知，养成良好的学习习惯和思维习惯。

（四）课堂反馈评价

教学内容：结合本节课所学知识完成屏幕上的练习题，及时反馈学习效果。

教师活动：屏幕给出练习题，要求学生独立完成后与相邻小组成员互相交换，批改订正。

练习 1：在 Rt △ABC 中，AB = 4，AC = 3，求 BC 的长。

练习 2：在△ ABC 中，∠ C=90°，AC = 2.1，BC = 2.8，求：（1）△ ABC 的面积；（2）斜边 AB 的长；（3）高 CD 的长。

学生活动：学生独立完成练习，举手发言，全体学生认真听，并点评纠错，相邻小组互相交换批改。

融入思政教育的意图：通过变式练习，使学生注意到条件不确定时要进行分情况讨论，进一步体会数学思维的严谨性。

（五）作业设计

必做：①课本习题17.1 第 1、7 题；②参考课本第 30 页的阅读与思考，选择其中一个图形证明勾股定理。

选做：开动脑筋，自己尝试构造图形，利用面积法证明勾股定理。

（六）教学反思

（1）教学设计反思：探究活动设计有梯度，能激发学生的求知欲，学生能在合作探究中体会知识的再现过程。但在需要学生思考和动手操作时，还应进一步考虑学生现有认知水平差异，安排更充分的时间。

（2）教学过程反思：在小组合作探究中，往往是能力较强的学生作为主导，基础较薄弱的学生参与度不够，还要进一步想办法调动广大学生的积极性和参与热情。

（3）学生能力素养培养：学生能从具体情境中抽象出一般规律，并用数学语言予以表征，但语言还不够准确规范，要及时加以纠正，帮助学生提高数学抽象概括能力以及数学语言表达能力。学生能以实际情境为背景，尝试从数学的角度分析问题、表达问题、构建模型解决问题，对学生取得的进步应及时给予积极的肯定与鼓励，更好地激发学生的学习热情和探索精神。

（七）教学资源推荐

人教版教材数学八年级下册、人教版教师教学用书数学八年级下册。

《一元一次方程（第一课时）》教学设计

张　蕾

一、教学目标

（1）经历将实际问题抽象为数学问题的过程，学会根据实际问题列方程。

（2）理解并掌握方程、一元一次方程的概念。

（3）通过列方程，体会方程是刻画现实世界规律的模型。

二、教学设计的思政融合点描述及设计说明

本节课从我国首条跨海高铁引入，让学生感受中国力量与实力，增强爱国主义情怀；通过阐述"元"和"一元一次方程"的由来，让学生体会古代数学家的智慧结晶，加强文化认同感；利用唯物辩证主义观点解释列方程求解应用题，帮助学生掌握科学方法论；通过探求题目中的相等关系，从不同角度思考，增强学生思维的发散性和灵活性。

三、教学重点、难点

（1）教学重点：理解并掌握一元一次方程的概念；能够根据问题中的数量关系列出一元一次方程。

（2）教学难点：在实际问题中找到等量关系，列出一元一次方程。

四、教学过程

（一）导入环节

教学内容：【情境1】2022年8月30日，我国首条跨海高铁福厦铁路全线铺轨贯通。全线共设置福州南、厦门北等8个车站，依次跨越湄洲湾、泉州湾等主要海湾。若A高铁的行驶速度为350 km/h，B高铁的行驶速度为300 km/h，两辆高铁都曾经从C地行驶到D地，A高铁比B高铁少用了0.5小时，那么C地到D地的路程为多少？

教师活动：在抛出具体问题后，渗透审题方法，通过启发与指导，提高学生的思维与思考能力。

学生活动：独立思考问题，积极寻找题目中蕴含的已知量、未知量及它们之间的关系。

融入思政教育的意图：通过我国首条跨海高铁的背景介绍让学生感受中国的创新发展力量，以及强大实力，增强学生的爱国主义情怀和开拓创新精神。

（二）教学活动过程

教学内容：你能用算术方法列式吗？

教师活动：引导学生用算式表示各量，得到算式的解决方法。

学生活动：分析题目的已知与未知，利用表格，列出方程，得到方程的概念。

教师活动：演示用算术方法和方程方法解决该问题，分析两种方法各有什么特点。

学生活动：各抒己见，教师补充完善。

融入思政教育的意图：运用两种方法列式，引导学生分析比较两种方法的异同，从不同的角度看待问题，引导学生用辩证的思想与观点去思考。

教学内容：对于上述问题，你还能列出其他方程吗？

教师活动：启发学生另找其他的相等关系来列方程，教师小结列一元一次方程解实际问题的步骤。

学生活动：前后桌讨论，讨论完成后举手发言。

融入思政教育的意图：在教师的启发下，学生拓宽思路、发散思维，思维的开阔性、发散性得以发展。

教学内容：【情境2】2021年中国的运动健儿们在东京奥运会赛场上挥洒汗水，努力拼搏，为中国赢得一次又一次荣誉。其中跳水队获得金牌7枚，是射击队获得金牌数的2倍少1枚。那么射击队获得多少枚金牌？

【情境3】我国古代早就发掘了很多有意思的数学问题，比如《九章算术》一书对"盈不足数"做了解释，原文是："有人共买物，人出八，盈三；人出七，不足四。问人数、物价各有几何？"翻译为：一些人聚在一起买物品，如果每个人出8元，不仅能买到，还能多出3元；如果每个人出7元，则离买物品还差4元。问一共有多少人？物品的价格是多少？

教师活动：小结实际问题中的数量关系都是受某种规律支配，在解决实际问题时，要重点注意变中不变的规律，那可能是解题的关键所在。

学生活动：上台板演，教师巡视并指点。

融入思政教育的意图：以东京奥运会为背景创设问题情境，激发学生的爱国主义精神与民族自豪感、荣誉感；以数学典籍为背景，让学生体会数学文明的价值，培养学生对数学的兴趣。

教师活动：上述题目的方程列式有什么共同特征吗?

学生活动：归纳得出共同特征，由此引出概念。

融入思政教育的意图：阐述"元"和"一元一次方程"的由来，让学生体会古代数学家的智慧结晶，提高文化认同感。

（三）梳理总结

教师活动：梳理本节课的重点内容。

学生活动：总结本节课内容，包括一元一次方程的概念和列一元一次方程解实际问题的步骤。

融入思政教育的意图：增强学生对本节课知识点的识记，梳理内容与思路，有利于学生形成知识框架。

（四）作业设计

必做题：①教材第 80 页练习 1 ~ 4 题；②编写一道一元一次方程的应用题，并列出方程。

拓展题：若方程 $2x^{2m-3}-1=3$ 是一元一次方程，求 m 的值。

兴趣题：阅读教材第 84 页"阅读与思考"，了解方程史。

融入思政教育的意图：学生进一步体会模型思想，学会用方程刻画生活中的数量关系，学会解决问题，拓宽思维。设置分层作业，让每一位学生在数学上都有所发展。

（五）教学反思

1. 反思课堂教学目标

教师在教学结束后要反思本节课的教学目标是否达成，数学思想与方法是否落到了实处。本节课从学生表现情况来看，学生基本掌握了方程的基本表达，但是实际应用能力和预计达到的教学目标相比还是有些差距，反思其原因可能是教学例题的典型性、适宜性不够，教学方法的选用与学生的实际情况不相符等。后续将通过习题课或专题课加强一元一次方程的解法的训练。

2. 反思课堂教学方法

初中数学教学方法的设计是教学的重要一环，教师要注意启发学生，引导学生发挥主体作用，成为课堂教学的主角。本节课根据学情以及教学内容，确定教学方法为讲授法、练习法，且以讲授法为主。讲授法虽有利于学生快速地掌握系统性知识，但同时也有限制性，教师要做好教学方法之间的平衡。

（六）教学资源推荐

国家基础教育精品课"一元一次方程（一）"：https://basic.smartedu.cn/syncClassroom/classActivity?activityId=30c1c5bb-1932-4ec6-9d89-56e3428311d6。

《课题学习　最短路径问题》教学设计

邵婧怡

一、教学目标

（1）学生能够运用轴对称、平移等变换形式，加深对两点之间线段最短的理解。

（2）学生能解决实际问题，体验现实问题数学化的过程。

（3）激发学生的学习兴趣，让学生感受本知识与现实生活的密切联系。

二、教学设计的思政融合点描述及设计说明

本节课选自人教版八年级上册第十三章，问题的情境是帮助乡镇经济发展，使学生了解到国家将扶贫攻坚作为重中之重，放在国家目标的第一线，从而培养学生的爱国之情。

三、教学重点、难点

（1）教学重点：将现实问题抽象为数学问题，借助轴对称、平移等变换形式将相应的问题转化为两点之间线段最短问题。

（2）教学难点：将最短路径问题转化为线段和最小的问题，注重数学思想的渗透，让学生充分理解最短路径的作图过程及原理。

四、教学过程

（一）导入环节

教学内容：长安镇因地理位置的影响，马路崎岖不平，俗话说"要想富先修路"，道路通畅是提高一个地区经济发展的第一环节。

教师活动：请学生化身小小建造师，帮助长安镇设计出便民利民的道路。

学生活动：学生积极参与课堂。

融入思政教育的意图：通过了解当地经济落后、发展艰难的情况，开始本节课修路建桥之旅。

（二）教学活动过程

1. 复习引入

教学内容：长安镇计划在主干道修建公交车站，通往超市和学校（见图1），你如何设计车站地址使火车站到两地路程之和最短？

教师活动：怎么解决这个问题？

学生活动：将两个位置视为两个点 M、N，主路为直线 l。连接 M、N 与 l 的交点 C 即为所求（见图2）。理由：两点之间线段最短。

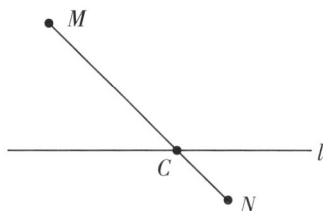

图1　　　　　　　　　　　　　　　图2

教师活动：大家利用所学知识成功修建了公交车站，方便了村民通行。

融入思政教育的意图：最短路径问题从本质上说是最值问题，将实际问题抽象为数学问题，培养学生的数学建模素养。

2. 修路选址问题

教学内容：为完善长安镇流通体系，助力工业发展，计划在主路搭建物流中转站（见图3），你如何选址使水泥厂和石料厂通往物流中心的路程之和最短呢？

教师活动：能用数学语言表述这个问题吗？

学生活动：在直线 l 上找到一点 C，到 M、N 的距离和最短。

教师活动：当两点在直线同侧时，怎么解决这个问题？

学生活动：利用轴对称性质，作点 N 关于 l 的对称点 N'，连接 MN' 与直线 l 交于点 C（见图4）。

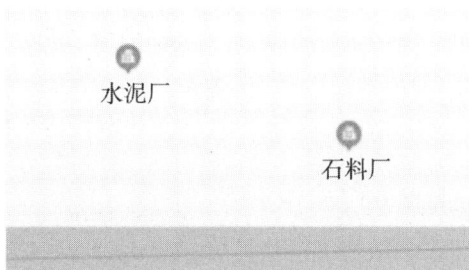

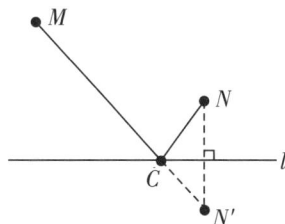

图3　　　　　　　　　　　　　　　图4

教师活动：大家群策群力，成功在主路搭建了物流中心站，使长安镇的经济得以发展，资源得以流转，改善了当地村民的生活条件。

融入思政教育的意图：通过问题串为学生提供"脚手架"。从学生原有认知中"异侧点"问题入手，解决本节课的难点"同侧点"求最值问题，体现了对称转化的思想。

3. 建桥选址问题

教学内容：长安镇的琵琶嘴村和琵琶岛休息区在坝河的两岸（见图5），现要在河上造一座桥连通两地。已知河两岸是平行的，桥与河垂直，请你设计桥地址，使琵琶嘴村到休息区的路径之和最短。

教师活动：你能用自己的语言把它描述为数学问题吗？

学生活动：将两地视为点 A、B，河为两条平行直线 a、b。在直线上分别选取点 M、点 N（见图6），当 M、N 在什么位置时，$AM + MN + NB$ 最短？

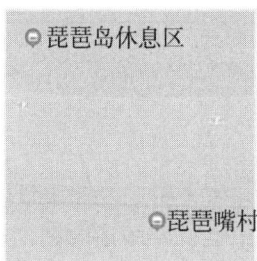

图5

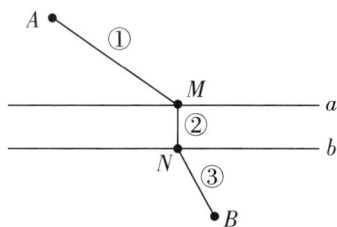

图6

教师活动：怎么解决这个问题？

学生活动：可以调整①②顺序，先讨论①和③（见图7）。连接 $A'B$ 与 b 的交点为点 N，线段 MN 即为建桥位置点（见图8）。

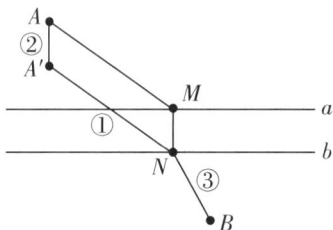

图7

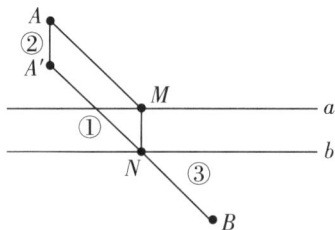

图8

教师活动：你能验证吗？

学生活动：小组讨论验证过程（见图9）。

$$AM+MN+NB=18.37 \text{ cm}$$
$$AM'+M'N'+N'B=18.87 \text{ cm}$$

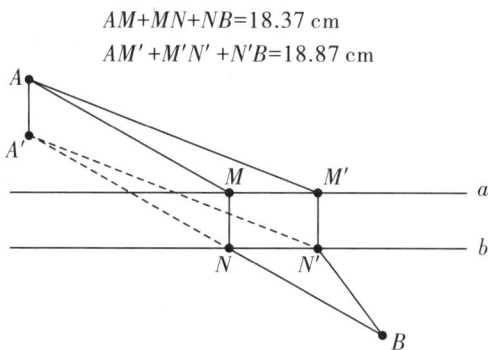

图9 几何画板验证

教师活动：现在的长安镇在同学们的帮助下一天比一天好，当地的村民打开了一扇脱贫致富的大门，迎来了美好的生活。

融入思政教育的意图：提高学生逻辑思维能力，激发学生热爱国家的自豪感。

（三）梳理总结

教学内容：总结本节课的学习内容。

教师活动：本节课解决问题的过程是怎样的？

学生活动：要先将实际问题变成数学问题，观察提出猜想，验证得出结论，将结论用到实际问题中。

教师活动：给出本节课的思维导图（见图10）。

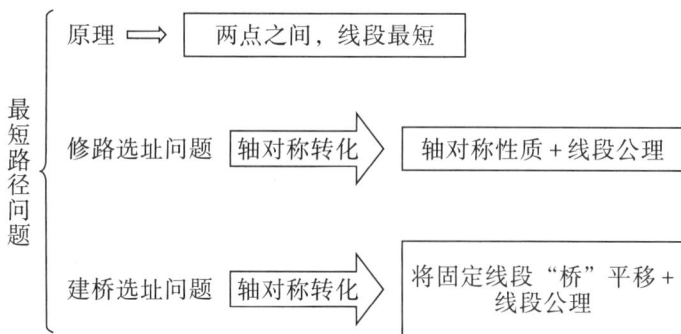

图10 知识点思维导图

融入思政教育的意图：学生把握研究问题的基本策略、基本思路和基本方法，培养思维的严谨性，弘扬科学的探索精神和态度。

（四）课堂反馈评价

教学内容：长安街有一处直角弯道，计划在 A 点至 B 点之间埋地下水管（见图11），需垂直于马路，如何设计路线可使管道材料使用最少？

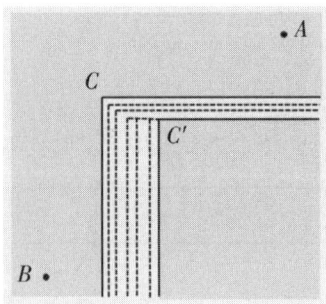

图 11

教师活动：帮助学生完成。

学生活动：认真思考完成。

融入思政教育的意图：学生进一步理解本节课的学习内容，感受数学精神，培养理性思维。

（五）作业设计

费马是 17 世纪法国的数学家，他提出一个关于三角形的有趣问题："对于任意的一个三角形，存在一个点使到三个顶点的距离之和最小。"这个点后来被称作"费马点"。

费马点问题在日常中非常常见，例如选址问题，要建造一个供水站向三个城市送水，如何选择供水站的位置使其到三个城市的距离和最小？

（1）根据材料，费马点的定义是什么？

（2）画一个三角形，你能找到这个三角形的费马点吗？

（六）教学反思

课后反思预期学习目标的完成情况。为了清晰把握内容，在教学前应对知识进行梳理，解构相关的数学思想方法，分析教材内容，发掘知识点之间的关联，有效地帮助学生洞察所学知识，有规律地将新学的知识加入原有的知识体系中。

课后反思呈现教学内容的呈现效果。在教学中可借助多媒体技术、几何画板等，动态展示满足条件的点的探究过程，化抽象为具体，帮助学生理解抽象的数学知识。

（七）教学资源推荐

国家基础教育精品课"课题学习　最短路径问题"：https://basic.smartedu.cn/syncClassroom/classActivity?activityId=00f1d472-e75e-430c-9c97-13ecb2e676a8&.

"My Hero: Dr Norman Bethune" 教学设计

曹艳蓉

一、教学目标

（1）了解白求恩的生平和伟大事迹。

（2）运用 because，so，so that 引导的状语从句。

（3）完成一篇文章介绍当代英雄袁隆平。

二、教学设计的思政融合点描述及设计说明

本节课以"英雄"为主要话题，展开介绍了医疗、科技、历史、体育等领域的英雄人物。本节课是这个模块的第二单元，是一节阅读和写作课。课文按照时间顺序介绍了国际共产主义战士——诺曼·白求恩的生平和伟大事迹。通过本节课的学习，不仅可以培养学生刻苦努力、积极向上的人生态度，更能激发学生争做国家栋梁、为国争光的热情。同时，学生还可以在 Activity 5 写作练习中了解科学家袁隆平的生平和光辉事迹，从而更好地体现出英语课堂中德育教育的功能。

三、教学重点、难点

教学重点：运用 because，so，so that 引导的状语从句，和同学们谈论自己心目中的英雄。

教学难点：介绍白求恩的伟大事迹，结合提供的时间轴写一篇介绍科学家袁隆平的文章。

四、教学过程

（一）导入环节

教学内容：运用课本 Activity 1 的词汇与 Activity 2 的图片、视频和话题讨论，列举白求恩的相关信息，引入课文。使用 because，so，so that 引导的状语从句。

教师活动：播放电影《白求恩》中的片段，列举出白求恩的相关信息。引导

学生运用 because，so，so that 引导的状语从句，结合 Activity 1 的词汇与 Activity 2 的图片，列举白求恩的个人信息。

学生活动：观看视频，运用 because，so，so that 引导的状语从句回答问题，列举出白求恩的相关信息。讨论并练习 because，so，so that 句型，根据 Activity 2 的图片，借助 Activity 1 的词汇，列举白求恩简单的生平资料和救治伤员的经历。

融入思政教育的意图：通过《白求恩》的电影视频片段，引入课文。创设情境，引导学生发自内心地崇拜与敬佩白求恩这位伟大的英雄人物，积极向他学习坚韧不拔、吃苦耐劳，不屈不挠的崇高品质。

（二）教学活动过程

教学内容：白求恩的生平与主要事迹；提升学生的阅读技巧和阅读能力；运用细节阅读和快速阅读的方法完成 Activity 4。

教师活动：要求学生先阅读课文，尽可能多地记住文章中关于白求恩的具体信息；引导学生总结细节阅读的方法——关键字；要求学生快速阅读一遍课文，在记忆中对白求恩的信息进行排序；指导学生完成课本 Activity 3；引导学生明确细节阅读任务；带领学生浏览方框中的词汇，并理解含义；给学生 5 分钟时间阅读课文，并完成 Activity 4；指导学生复述或者讲述白求恩的光辉事迹和伟大精神。

学生活动：阅读文章，然后两人一组，互相问答 Activity 1 中列举的信息，尽可能多地记住白求恩的生平；全班一起讨论如何记住文章的细节——关键字；将 Activity 3 中的细节信息排序；两人一组，互相问答，检查 Activity 3 的排序，快速记住相关信息，标号排列；浏览信息，明确细节阅读任务，捕捉语篇中有关事件的时间信息；快读文段，先易后难，将词汇对号入座；与同桌讨论答案，再全班核对，然后两人一组，复述或者讲述白求恩的光辉事迹和伟大精神。

融入思政教育的意图：白求恩在 1938 年来到中国，帮助在抗日战争中受伤的人们，最后在 1939 年因伤去世。许多书和电影都讲述了他的英雄事迹。至今，他在中国仍然为人们所纪念。他的光辉事迹对青少年的身心成长有着很大的影响。在了解了白求恩的英雄事迹之后，学生可以更好地学习英雄无私奉献、坚韧不拔、勤奋刻苦、关心他人、追求真理的高尚品质，体现出阅读教学中德育教育的功能。

（三）梳理总结

教学内容：复习课文内容，梳理重点句型；设置实践训练；通过设置话题写作，引发思考。

教师活动：引导学生回顾课文内容，梳理 because，so，so that 引导的状语从句；设置实践训练；要求学生仿写一篇介绍当代科学家袁隆平的短文；引导学生朗读欣赏优秀作文。

学生活动：复习课文中 because，so，so that 引导的状语从句；阅读 Activity 5 的时间轴信息以及相关重大事件，讲述袁隆平的光辉事迹；两人一组互相批阅作文，展示部分优秀作文。

融入思政教育的意图：学生向英雄学习了坚韧不拔、努力刻苦的精神，在小组合作中培养了乐观向上、互相帮助、无私奉献的优秀品质。

（四）课堂反馈评价

教学内容：阅读写作课提升训练学生的阅读和写作技巧，培养学生的英语核心素养。

教师活动：使学生在阅读中掌握本课词汇和语法的重难点。

学生活动：学会以时间顺序介绍心目中英雄的光辉事迹。

融入思政教育的意图：在课程思政的教学背景下，教师充分运用分组和分层的教学活动，激发学生的兴趣，调动学生的积极性，使不同层次的学生不但能提高分析问题和解决问题的能力，而且能学习到热爱祖国、刻苦努力、坚持不懈、团结合作、互相帮助的优秀品质，从而实现了英语课堂的课程思政功能。在作业环节，为学生设计了分层作业，学生可以选择不同的作业。这样不仅使各个层次的学生都可以根据自己的兴趣爱好有所实践，而且培养和提升了学生的英语核心素养。

（五）作业设计（分层作业）

（1）与家长、老师和同学交流，向他们介绍白求恩或者袁隆平的伟大事迹。

（2）完成一篇介绍心目中的英雄的短文，注意按照时间顺序来展开英雄的光辉事迹。

（3）设计海报介绍心目中的英雄。

（六）教学反思

今后可以设计更多活动激发学生的学习兴趣，夯实基础，提升能力。比如在介绍心目中的英雄时，可以让学生分组表演英文小品，不仅可以强化输出重点单词和句型，还可以提高学生阅读和写作的能力，更可以培养学生刻苦努力、积极向上的人生态度。

（七）教学资源推荐

外研版英语课本及教师用书。

"I Have Some Photos that I Took in Australia Last Year" 教学设计

刘砚田

一、教学目标

1. 语言能力

（1）能够理解有关澳大利亚的词汇及短语表达，并掌握至少 10 个自己表达所需的词汇。

（2）能听懂、读懂有关澳大利亚的对话内容。

（3）了解文中由 that 引导的定语从句的结构特征，能够辨别定语从句。

（4）使用定语从句复述澳大利亚的著名地标和景点。

（5）运用定语从句介绍祖国的名胜古迹和人文特色。

2. 文化意识

（1）了解澳大利亚的著名地标和景点及文化特点。

（2）了解中国的著名古代建筑、风景名胜及现代化地标建筑，增强民族自豪感。

（3）体会中西文化中的差别与共性。

3. 学习能力

（1）通过互联网检索信息及自己的亲身经历，介绍国内某地及文化特色。

（2）在小组内相互学习，发现问题，及时纠正。

二、教学设计的思政融合点描述及设计说明

本模块主题为澳大利亚，属于"人与社会"和"人与自然"的范畴。涉及"世界主要国家的地理位置""不同地区的生态特征与自然景观""跨文化沟通与交流""语言与文化""身份认同与文化自信"等子主题。本单元语篇为对话形式。

【What】主题意义和主要内容：对话是以爸爸在澳大利亚的见闻为主线，介绍澳大利亚的景点以及地域特色。

【Why】写作意图：通过使用 that 引导的定语从句，对景点和人文特色进行介绍。引导学生掌握介绍和描述相关内容的语言表达能力。让学生学会尊重不同的文化并增强本土文化认同感。

【How】文体结构：整个语篇穿插使用 that 引导的定语从句，对话风格日常化，如出现"There you go!"等口语表达。语篇主要使用了一般现在时和一般过去时。

本模块的内容和旅游相关。旅游日益成为人们关注的热点，因此，对话内容是学生熟悉并且感兴趣的。教学内容围绕介绍澳大利亚展开，每个环节融入东西方对比，增强学生的跨文化意识、身份认同感和民族自豪感，培养学生的爱国情怀。

三、教学重点、难点

教学重点：对话中出现不同种类的从句，学生需要进行判断，并能辨别和理解定语从句。

教学难点：学生对于澳大利亚及其风土人情、地标、生活习惯等并不是很了解，给听读带来了一些障碍。

四、教学过程

（一）导入环节

教学内容：激活相关背景知识。

教师活动：播放短片《澳大利亚尽是不同》，让学生判断影片中展示的是哪个国家的风土人情；给出提示词，引导学生说出看到的景点，描述人文特色；比较影片中国家与中国在景点和文化方面的异同。

学生活动：观看短片，说出看到的国家的相关信息；说出国内著名景点和人文特点。

融入思政教育的意图：观看澳大利亚宣传片后，学生谈论中国的景点和人文特点，以及与澳大利亚的异同，帮助学生完成本单元课程任务——介绍中国，同时帮助学生构建相关知识框架和体系。

（二）教学活动过程

教学内容：听读对话，了解澳大利亚的地理和人文知识，并进行东西方文化对比。

教师活动：

（1）引导学生谈论对澳大利亚的了解。听录音后，让学生两人一组进行问答活动，全班核对。

（2）让学生看课文动画并回答问题。让学生再读取对话中信息，核对练习。

（3）通过短文填空，教师引导学生发现在讨论景点和文化时需要的词汇、语句，并学习运用定语从句进行描述。

学生活动：

（1）两人一组回答问题：Where were the Olympic Games held in 2000? What is the largest English-speaking country in the southern part of the world? What famous things can you see there?

听录音，进行问答活动并辨别细节内容，填空使句子完整。

a. The country that Tony would like to visit is _____.

b. In Tony's opinion, Australia is famous for _____.

c .Ayers Rock is a huge rock in _____ Australia.

d. Australia is _____ English-speaking country in the southern part of the world.

（2）看动画，捕捉澳大利亚的著名景点和人文特点。读问题并回答：

a. What is Tony going to write about?

b. Why does Tony's dad show his photos of Australia to Tony?

c. Who are the people in some of the photos?

d. Why do many Australians speak English?

e. What did Tony's dad not like about Australia?

分角色朗读课文，核对信息。

（3）完成短文填空，找到在介绍景点和文化时使用的定语从句。

Tony is going to write a letter about Australia. His dad helps him. He shows Tony some photos. Tony sees a photo of Ayers Rock in _____ Australia. Ayers Rock has a(n) _____ of 348 meters, and _____ the local people, it is a magical place. Tony also sees some photos of some sheep farmers with special _____ to keep away flies. The farmers use _____ to cut the wool off sheep. Tony's dad says Tony can read his _____. He also says he _____ the _____ that he had to _____ off his clothes!

融入思政教育的意图：提出的关于澳大利亚的问题也是在帮助学生掌握分析问题的角度。比如：在介绍中国时，可以介绍北京奥运会等人文信息。练习中的句型可帮助学生介绍中国人文历史以及景点。以上环节的设置是为了提高学生的身份认同与文化自信。

（三）梳理总结

教学内容：介绍地理和人文的方式。

教学活动：引导学生总结如何介绍一个国家，如该国家的地理位置、人口、语言等，并画出关于中国的思维导图。

融入思政教育的意图：通过了解澳大利亚的地理位置、景点和风土人情，引导学生掌握介绍和描述某地的语言表达能力。让学生学会尊重不同的文化，形成跨文化意识，并运用所学知识，对中国地理和人文进行介绍，增强学生对本土文化的认同感。

（四）课堂反馈评价

教学内容：使用定语从句谈论中国的景点和人文特色。

教师活动：观看英文短片 *Hello China*，激发学生关于中国的人文地理的背景知识。训练学生使用功能性语言，两人一组谈论国内旅行经历，介绍景点和人文特色。对比中国与澳大利亚在地理和人文方面的异同。适当使用定语从句和其他从句。

学生活动：观看英文短片 *Hello China*，谈论片中出现的人文地理知识。尝试使用定语从句谈论国内景点和文化，并试着说出与澳大利亚的异同。

融入思政教育的意图：英文短片 *Hello China* 与课程开始时播放的短片相呼应，潜移默化地让学生感受跨文化碰撞的火花，让学生领略不同地域文化的风采。在尊重不同文化的同时，学生能够感受祖国幅员辽阔，名胜古迹数不胜数，文化源远流长，以提高学生的民族自豪感和爱国热情。

（五）作业设计

（1）两人一组，表演对话。

（2）以思维导图的形式展现澳大利亚和中国的著名景点以及文化特色。

（3）四人一组制作旅游推介视频，介绍中国的景点以及人文特色。

（六）教学反思

新课导入环节的效果明显，激发了学生的背景知识。在教学中采用的小组交流讨论的学习方式不仅关注个体，也关注群体的学习参与度。教学环节由易到难，学生能够顺利地理解对话内容，并获取重要信息。在导入环节，有学生提到了南半球的澳大利亚的季节与北半球相反，可以借助这一内容，结合地理知识使课程更丰富生动。

（七）教学资源推荐

（1）短片《澳大利亚尽是不同》。

（2）英文纪录片 *Hello China*。

（3）央视系列片《美丽中国》。

"Masters of Time" 教学设计

岑雅涵

一、教学目标

（1）引导学生学会在阅读中预测信息和进行推断，练习扫读和略读的阅读技巧。

（2）引导学生分析文章结构，总结主人公体现出的工匠精神并且归纳介绍特定领域重要人物的方法。

（3）鼓励学生通过演讲的形式介绍一位特定领域的大师并谈谈自己的收获。

二、教学设计的思政融合点描述及设计说明

文章描述了故宫钟表修复师王津日复一日、争分夺秒地修复钟表文物的事迹，赞颂了他对社会的贡献。通过课文的学习，学生能够了解故宫博物院钟表文物修复的复杂和不易，感受钟表修复师王津耐得住寂寞、兢兢业业的工匠精神，加深对"一生做好一件事"精神的理解。在设计本节课时，笔者通过以下环节的设计来体现思政元素的渗透。

本文有明暗两条线索。明线是王津日常工作的介绍，暗线则是王津在日常工作中体现的工匠精神。因此，本文使用工匠精神这一主题作为暗线，串起课堂活动。在读后总结的环节，学生可以通过先前的活动总结归纳出王津的工匠精神。

文章的前两段为了吸引读者兴趣，运用了大量的对比突出王津的人生态度和工匠精神。因此在精读环节，笔者设计了相关活动来引导学生通过分析对比的写作手法来深入剖析王津，为后文对王津具体工作场景的描述做好铺垫，也为对王津工匠精神的概括做好预热。

在课文的读后环节，为了加深对文章主题的升华，并加强对学生的思政引领，笔者设计了问答环节来激发学生思考，在了解王津的事迹后学生产生感悟，并请学生谈谈对未来职业的思考。希望以此环节作为本堂课的升华，鼓励学生联系自身实际，为社会贡献自己的力量。

三、教学重点、难点

Teaching Important Points（教学重点）：

（1）Guide students to learn about how to predict information and make inference in reading, and practise the skills of skimming and scanning.

（2）Guide students to get clear of the structure of the passage and summarize the spirit of craftsmanship displayed.

Teaching Difficult Points（教学难点）：

（1）Guide students to generate the way to introduce masters in a certain profession and the spirit of craftsmanship displayed, and give a speech accordingly.

（2）Motivate students to think about their life attitude towards work and how to act out the spirit of craftsmanship in their daily life.

四、教学过程

（一）导入环节

教学内容：

（1）Look at a picture of the Forbidden City and answer questions.

（2）Watch a short video about the Forbidden City and answer questions.

教师活动：

（1）Let students look at a picture of the Forbidden City and ask the following questions：Where is it? Are you familiar with this place?

（2）Invite students to watch a short video about the Forbidden City and answer the following questions：Who was the Forbidden City built for? When did it become home to the Palace Museum? How many works of art are there in the Palace Museum?

学生活动：

（1）Look at a picture of the Forbidden City and answer questions.

（2）Watch a short video about the Forbidden City and answer questions.

融入思政教育的意图：引入本节课的话题，激活学生关于故宫博物院的背景知识，激发学生的文化自信和民族自豪感。

（二）教学活动过程

教学内容：

（1）Pre-reading：Look at the title, predict what the passage is about.

（2）Fast reading：

① Learn about the main ideas of each paragraph and check predictions.

② Get clear of the structure of the passage.

（3）Careful reading：

① Read the passage carefully and find the details. Finish Activity 3 on page 28.

② Check the answers of each question.

③ Practise the skills of skimming and scanning.

教师活动：

（1）Pre-reading：

① Let students look at the title, predict what the passage is about. Have a group discussion to list some questions they think will be talked about in the passage.

② Write students' questions on the blackboard.

（2）Fast reading：Ask students to skim the passage, match the main idea of each paragraph and check their predictions.

（3）Careful reading：

① Divide students into groups. Ask students to read the passage carefully and find out the answers to the questions which they are responsible for（Activity 3 on page 28）.

② Check the answers of the first two questions. Invite students to give their answers.

Question 1: Who is Wang Jin and where does he work?

Question 2: What was special about Wang Jin and his student Qi Haonan?

③ Demonstrate the way to scan information and make inference about a person's qualities by finishing Table 1, and invite students to practise the skills by finishing Table 2. Question 3 and Question 4 are related to Table 1 and Table 2.

Question 3: Why is it painstaking for Wang Jin and his students to repair the collection of timepieces in the Palace Museum?

Question 4: What has been done to the clocks that date back to the time of Emperor Qianlong?

④ Check the answer to Question 5 and learn about Wang Jin's attitude towards future development.

Question 5: Why is Wang Jin optimistic about the future?

⑤ Summarize Wang Jin's qualities and his spirit of craftsmanship.

Question 6: What qualities do Wang Jin and his colleagues display in their work?

学生活动：

（1）Pre-reading：

① Look at the title of the passage, predict what the passage is about.

② Have a group discussion to list some questions that will be talked about in the passage.

（2）Fast reading：

① Skim the passage, match the main ideas of each paragraph and check predictions.

② Get clear of the structure of the passage.

（3）Careful reading

① Read the passage carefully and find out the answers to the questions（Activity 3 on page 28）.

② Check the answers of each question.

③ Practise the skills of skimming and scanning.

④ Summarize Wang Jin's qualities and his spirit of craftsmanship.

融入思政教育的意图：了解钟表修复师王津的日常工作，感受他在平凡而又伟大的工作中所体现的对工作的热爱及工匠精神，并向他学习。

（三）梳理总结

教学内容：

（1）Take a reflection of the title and Wang Jin's spirit of craftsmanship.

（2）Make a summary about the passage structure and the reading skills learned in class. Conclude the way to introduce masters in a certain field.

教师活动：

（1）Invite students to think about the meaning of the title and what they have learned from Wang Jin's spirit of craftsmanship.

（2）Guide students to make a summary about the passage structure.

学生活动：

（1）Think about the meaning of the title and what we have learned from Wang Jin's spirit of craftsmanship.

（2）Make a summary about the passage structure.

融入思政教育的意图：鼓励学生向王津学习"择一事，终一生"的态度，为社会贡献自己的力量，并反思自己对于未来职业及人生的态度。

（四）课堂反馈评价

教学内容：

（1）Work in groups, and prepare a speech to introduce the spirit of craftsmanship in the Palace Museum.

（2）Finish the self-evaluation form.

教师活动：

（1）Guide students to work in groups, and prepare a speech to introduce the spirit of craftsmanship in the Palace Museum with what they have learned in class. Offer support when necessary.

（2）Finish the self-evaluation form.

学生活动：

（1）Work in groups, and prepare a speech to introduce the spirit of craftsmanship in the Palace Museum.

（2）Finish the self-evaluation form.

（五）作业设计

Option 1: Write an article to introduce one of the masters in the Palace Museum and his spirit of craftsmanship.

Option 2: Collect information on the Internet and make a speech to introduce a Chinese master and his spirit of craftsmanship. Record your speech in video and share it in the next class.

（六）教学反思

After learning the lesson, the above teaching aims have been achieved. However, there are several aspects that can be improved to some degree. The first one is that in the prediction section, students should be given more time and guided in raising their questions. Besides, in the post-reading part, students are supposed to connect Wang Jin with other people with craftsmanship, which is the highlight of this lesson. Due to the limit of time, this part has been gone through too fast. It should have been more time to deal with it.

"A Journey of Discovery" 教学设计

李金瓯

一、教学目标

（1）获取语篇大意并总结出获取语篇大意所需要的阅读技能。

（2）按照时间顺序，将 Darwin 发现进化论的关键步骤排序，形成研究步骤图，并获取各个步骤的事实性信息。

（3）讨论得出 Darwin 作为科学家的优秀精神品质。

（4）知晓本文介绍 Darwin 探索之旅的写作结构，并应用此结构口头介绍一位中国科学家或科研小组的探索之旅。

（5）通过了解探索之旅的艰辛和科学家精神，明确作为青年学子的社会担当。

二、教学设计的思政融合点描述及设计说明

本课介绍了英国地质学家、博物学家 Charles Darwin 坚持自己热爱的事业，随"贝格尔号"英国海军考察船进行探索之旅，在旅行中通过大量观察对物种起源提出疑问，寻找支持证据，根据论证再次提出假设，最终形成进化论，出版《物种起源》一书的探索过程。

本课的价值取向在于学生通过回答贯穿在教学过程中的 4 组问题链，明确 Darwin 探索之旅取得的重要成就和他展现出的突出品质。再借助学案上有关中国科学家的学习资料，学生在小组讨论后，口头讲述中国科学家的科研故事及科学探索精神，学生在增强文化自信的同时增强社会责任感。

三、教学重点、难点

Key points:

（1）Ss make a flow chart for Darwin's discovery process and get detailed information of the process.

（2）Ss analyze the scientific spirits that Darwin exhibited after group discussion.

Difficult points: Ss generalize the textual structure of the passage and introduce a Chinese scientist's scientific exploration by using the structure.

四、教学过程

（一）导入环节

教学内容：Assignment presentation and reflection.

教学活动：

Step 1: Before the class, T gives Ss a group assignment. Each group is required to write a short passage about how they think the human species will evolve in the future and illustrate it with a picture drawn by themselves.

Then in the pre-reading stage, T displays each group's picture, gives feedback on Ss' works and invites a group to present their work.

Step 2: T directs Ss' attention from human evolution to Darwin and his achievements by presenting a quotation from him: "Species to survive, is not the most strong, is not the most intelligent, but those who make a rapid response to change." After Ss read the quotation together, T asks Ss what Darwin is best known for. Thus, the key words of the passage— "the theory of evolution" and "On the Origin of Species" —are brought up.

融入思政教育的意图：The assignment before class can help students to reflect on the relationship between creatures' evolution and the environment they live in. This thinking-provoking task enables students to activate their creativity as well as imagination.

（二）教学活动过程

教学内容：While-reading: read for gist and the journey of discovery.

教学活动：

1st reading: read for gist

Step 3: Ss are given 2 minutes to skim through the passage and answer the questions.

（1）What is the main idea of this passage? Give your reasons.

（2）How does the author organise the passage?

T helps Ss summarize the micro-skill of getting the main idea of a passage: if we want to get the main idea of a passage, we can look for key words or sentences and read the title.

2nd reading: read the journey of discovery

Step 4: Ss read paragraph 1 and scan the answers to the following questions as quickly as possible. Question chain 1:

（1）Why did Darwin want to make the journey?

（2）What was the captain's opinion on Darwin's applying for the job?

（3）What was Darwin's father's opinion on his applying for the job?

After Ss answer the questions, T summarizes that before the journey, Darwin met a lot of challenges.

Step 5: T gives each group 6 puzzle pieces and a flow chat. The pieces show Darwin's discovery process but they are out of order. Ss are supposed to work in groups, put the pieces in order, and stick them on the flow chart.

After checking the answers, T invites a group leader to describe how they put the pieces in order step by step. T asks Ss to summarize the micro-skill of putting random information in order according to a particular logic, in this case, time order.

Step 6: Ss read detailed information of Darwin's discovery process. T asks Ss to answer the following questions. Question chain 2:

（1）What did Darwin study on the journey? Why did he do so?

（2）What questions did he raise?

（3）What new evidence did he find?

（4）What were his new ideas?

（5）What is the central point of the Theory of Evolution?

After Ss answer the questions, T asks another question chain to help Ss analyze why people were shocked at Darwin's theory at first and why this theory was accepted by most people gradually. Question chain 3:

（1）Did people accept this theory at first?

（2）Why were people shocked?

（3）Why did more and more people believe the theory?

（4）Why was his scientific discovery convincing?（Students answer Question 4 by analyzing the following key words）

... look for more evidence ...（para. 3）

He noticed that ...（para. 3）

Darwin saw ...（para. 4）

It seemed ...（para. 4）

Step 7: Ss review the passage by doing a role-play interview. Two students act as reporters while other students as "Darwin". The reporters ask questions about Darwin's journey of discovery and "Darwin" answers the questions. The questions are prepared by the teacher.

After the interview, T guides Ss go over the questions again and show the internal logic of the questions. Question chain 4:

（1）（challenges）What challenges did you have before the journey?

（2）（process）What did you study on your journey?

（3）（process）Among all the things you noticed, what impressed you most?

（4）（spirit）Why did you want to make the journey?

（5）（spirit）Why do you think your theory is convincing?

（6）（spirit）What is your motivation to do research for so many years?

融入思政教育的意图: By answering the question chains in step 4, step 6 and step 7, Ss can become aware of the challenges Darwin faced both before he set off on his scientific journey and after he made the groundbreaking evolution discovery. Students' analysis of Darwin's discovery process contributes to their further discussion of Darwin's scientific spirits.

（三）总结梳理

教学内容: Post-reading: read for spirits.

教学活动:

Step 8: Ss discuss in groups and brainstorm Darwin's spirits. T asks Ss to speak out their answers. After analyzing Darwin's spirits, T guides Ss to further generalize the author's writing structure.

融入思政教育的意图: By analyzing Darwin's scientific spirits, Ss can have a deep insight into Darwin's love for nature, curiosity, bravery, perseverance and determination. These qualities should also be developed by students' in their own journey of study.

（四）课堂反馈评价

教学内容: Discussion and presentation.

教学活动:

Step 9: Ss work in groups to talk about a Chinese scientist's journey of discovery using the structure they just learnt. They can refer to the materials on the handout. T invites some groups to give their talk. T reflects and summaries what has been leant in this lesson.

融入思政教育的意图: By sharing stories of Chinese scientists, Ss can think deeply about the reasons why human beings keep exploring the world and reflect on their own social responsibility.

（五）作业设计

Individual writing: Surf the Internet to collect more information about the Chinese scientist you have talked about. Polish the introduction. Hand in your passage tomorrow.

Group presentation: Watch either of the films this weekend and prepare a group presentation to share with the class two scenes which move you most and give your reasons. Give the presentation next Monday.

Films: *The Imitation Game, A Beautiful Mind.*

五、教学反思

Based on both discourse analysis and students analysis, this reading class has designed 5 teaching objectives. Through progressive teaching activities, all the teaching objectives were achieved. The students were able to actively engage in each learning activity through individual reading and group cooperation.

The learning of this lesson started from the assignment before class. In the pre-class homework, students imagined the future trends of human evolution, forming written and painted works. Not only did students have a deeper understanding of the core vocabulary "evolve" and "evolution" in the text, but they also summarized and reflected on the relationship between species evolution and environmental changes, as well as the harmonious coexistence between humans and nature. Their language expression, artistic creation, and logical thinking were unified in the same pre-class assignment.

There are 4 sets of question chains in the teaching plan. Though designed for different reading purposes, these question chains all lead to students insights into Darwin's scientific spirits. Following the internal logic of the questions, students went deeper into the passage step by step, from the factual information about Darwin's exploration process to the writing structure of the passage, which the students employed later in class when they introduced Chinese scientists' journey of discovery.

However, when students discussed and summarized Darwin's spirits in groups, the teacher found that some of them had difficulty in figuring out the qualities. This shows that some students' ability to make inferences from reading specific information should be further improved.

Therefore, next time the teacher should firstly gives one or two inference examples or hints to help students summarize the spirits. Then when presenting their outcomes, the students should not only provide their answers but also state the supportive evidence by reading the original expressions or sentences from the passage.

《牛顿第一定律》教学设计

张榆崭

一、教学目标

物理观念：能清晰叙述出"运动与力的关系"的科学探究过程。能正确阐述牛顿第一定律的基本内容，对定律中的关键词能够进行解释。知道决定惯性大小的唯一因素是质量，且能通过生活实例进行科学解释。

科学思维：在科学探究过程中理解伽利略理想斜面实验中"实验事实＋逻辑推理"的物理思维方法，并且对生活中习以为常的现象，有通过一定的实验和科学推论的检验提出质疑和纠正的意识，有敢于批判的品格和提出创造性见解的能力。

科学探究：能参考伽利略理想斜面实验进行实验设计，证明"力不是维持物体运动的原因"，并掌握"控制变量法""模型法"等物理方法。培养学生的科学探究意识，发展学生的实验探究能力。

科学态度与责任：通过学习人类研究力和运动关系的历史，形成科学在曲折中发展，需要一代代人接续奋斗和严谨认真、实事求是治学的认识，激发学生追求科学、勇于质疑创新的情感，进一步形成对科学和技术应有的正确态度与责任。

二、教学设计的思政融合点描述及设计说明

借由科学家对"运动与力的关系"的探索历程，使学生认识到物理学的发展是曲折且有联系的，对学生进行马克思主义世界观教育，强调自然科学中事物的联系与发展。

讲述我国古代针对"运动与力的关系"这一问题的思考，拓展学生对传统文化的了解和认识，提升学生的民族自豪感和民族自信心。

播放航天员在空间站展示被推出去的"冰墩墩"并没有下坠，而是做着近乎匀速直线运动的视频，加深学生对牛顿第一定律的理解，同时展示我国航天技术的进步，润物无声地进行爱国教育。

车辆行驶过程中严禁超载、超速，司乘人员系好安全带能够有效防止惯性带

来的危害。通过这些生活现象的分析，强调交通安全，要求学生在日常生活中遵守交通规范，对学生进行安全教育。

三、教学重点、难点

教学重点：伽利略理想斜面实验、牛顿第一定律的内容、惯性的量度。

教学难点：理想实验的理想化与推理过程、理解惯性在运动中的具体表现。

四、教学过程

（一）导入环节

教师活动：引导学生总结前三章的学习内容，强调每章之间的区别与联系，引导学生认识知识间的联系，引出第四章的学习内容。

学生活动：回忆并总结必修一前三章的学习内容，思考章节间的联系与区别。

（二）教学活动过程

教学内容："运动与力的关系"的探索历程。

教师活动：介绍亚里士多德，讲述他通过观察推小车、钉钉子等生活现象，归纳和总结得出"力是维持物体运动的原因"。伽利略通过观察小球在斜面上的运动，提出猜想，通过实验后进一步推理得出结论，否定了亚里士多德的观点，认为"力不是维持物体运动的原因"。

【演示实验】伽利略理想斜面实验，改变斜面的倾角，观察小球到达的高度。进一步思考如果斜面右端水平，忽略摩擦，小球将做什么运动。

笛卡尔进一步提出"没有力物体将做匀速直线运动"。我国古代在《考工记》和《墨经》中分别记载了"马力既竭，辀犹能一取焉""力，刑之所以奋也"，这两句话体现了我国古代对于"运动与力的关系"的思考。

学生活动：跟着教师的讲解分别了解亚里士多德、伽利略、笛卡尔针对"运动与力的关系"做的研究。思考他们的观点之间的联系与区别。观察理想斜面实验，体会理想实验的魅力。认识实验在物理学研究中的重要地位。思考并理解我国古代对于"运动与力的关系"的认识。

融入思政教育的意图：了解物理学史，理解一代代科学家为物理学发展做出的努力，认识到物理学的发展是曲折的。体会实验的魅力以及实验探究在物理学发展过程中的重要作用。了解我国关于运动和力的认识，增强学生的民族自信。

教学内容：牛顿第一定律。

教师活动：牛顿总结前人的结论，提出牛顿第一定律。介绍牛顿第一定律的具体内容。

【播放视频】观察空间站里抛出物体的运动情况。

【课堂活动】通过判断题加深对牛顿第一定律的认识。

学生活动：熟记牛顿第一定律的内容，观看视频，直观感知在阻力几乎为零时物体的运动，并通过题目辨析加深对牛顿第一定律的理解。

融入思政教育的意图：在空间站里进行物理实验，体会国家综合实力的提升为科学技术的研究和发展提供的坚实基础。

教学内容：惯性。

教师活动：物体保持原有运动状态的性质，称为惯性。牛顿第一定律也叫惯性定律。一切物体都具有惯性。质量是惯性大小的唯一量度。

【演示实验】液体具有惯性：将透明的盒子分成三个格子，在中间格子里倒入有色液体，用力将盒子推出使其撞到挡板上停下。观察在盒子运动和停下的瞬间，液体的运动情况。固体具有惯性：在重物的上端和下端分别连接相同的细绳，用力快速拉动下端绳子，观察两根绳子谁先断裂，再缓慢拉动下端绳子观察谁先断裂。

【小组探究】将山楂插在筷子的上端，如何在不接触山楂的情况下让山楂向下运动到筷子底端？同样，在不接触山楂的情况下，如何让山楂返回筷子上端？

【提出问题】生活中有哪些利用和防止惯性的例子？

【提出问题】水平面上匀速运动的小车中放了一个光滑小球，以地面为参考系，小球的运动状态和受力情况如何？以小车为参考系呢？如果小车加速运动呢？引导学生认识到选择不同的参考系时，牛顿第一定律不一定成立。物理学中将参考系分为惯性参考系和非惯性参考系，有加速度的参考系为非惯性参考系。

学生活动：知道惯性的概念和惯性大小的决定因素，并能解释生活中的惯性现象。思考演示实验中不同现象产生的原因。知道惯性参考系，并能判断区分惯性参考系和非惯性参考系。

融入思政教育的意图：车辆行驶过程中严禁超载、超速，并系好安全带能够有效防止惯性带来的危害。通过对这些生活现象的分析，强调交通安全，要求学生在日常生活中遵守交通规范，对学生进行安全教育。

（三）梳理总结

教师活动：请学生根据展示的提纲，分别回答：本节课学习的"一方法""一定律""一量度"分别是什么？

学生活动：回忆本节课的学习内容，回答对应问题。

（四）课堂反馈评价

通过以下调查问卷了解学生对知识点的掌握情况，使师生之间、生生之间形成多重反馈，促进教学相长。

问题	非常符合	符合	比较符合	不符合
你是否能分别说出亚里士多德、伽利略、笛卡尔和牛顿对于"运动与力的关系"的看法？				
你是否能背诵"牛顿第一定律"？				
你是否能利用惯性解释生活中的现象？				
你是否能区分惯性参考系和非惯性参考系？				
在本节课过程中你遇到了哪些问题？是否已经解决？如何解决的？				
对于本节课的学习你有什么意见或建议？				

（五）作业设计

本节课我们学习了牛顿第一定律：一切物体总保持匀速直线运动状态或静止状态，除非作用在它上面的力迫使它改变这种状态。请学生进一步思考：物体的运动状态可能受哪些因素影响？完成本节课学案中对应的练习题。

（六）教学反思

本节课在介绍"运动与力的关系"时主要是教师讲述，学生参与感较低。可以在课前分小组布置任务，让学生搜集资料，了解物理学史并在课堂上分享，教师在学生讲解的基础上进行补充完善，以更好地锻炼学生的综合素质。

（七）教学资源推荐

天宫课堂系列课程视频、希沃白板"仿真实验"插件。

《压强》教学设计

韦永元

一、教学目标

物理观念：了解压强的概念，理解什么是压力、受力面积；了解压强的大小跟哪些因素有关；了解增大和减小压强的主要方法。

科学思维：在压强概念教学过程中，培养学生建立实际场景下物理模型的能力；在解释压强现象过程中，让学生养成利用所学知识解释生活现象的习惯。

科学探究：在"探究压力作用效果"实验时，在实际情境和问题中，进一步培养学生发现问题、提出问题、解决问题能力，收集处理数据能力，交流合作能力等。

科学态度与责任：在引入压强概念、实验探究、现象解释、实际应用中，鼓励学生质疑和探索，培养学生的批判性思维以及尊重事实和实事求是的科学态度，感悟科学是人类创造发明的基础，激发学生的学习热情。

二、教学设计的思政融合点描述及设计说明

在教学中引入学生在城市盲道上行走的视频，增强学生保护盲道的社会意识和责任感；在压强单位教学中，在计算 1 Pa 有多大时，以天津特色早点——煎饼馃子为例，描述制作过程，使学生进一步认识天津特色早点，进行爱家乡教育；在压强应用中，举例芭蕾舞蹈员训练时的压强比大象要大很多，引发学生对于压强概念的深入思考，引导学生理解艺术训练的辛苦，激励学生在自己的学习和生活中，勇往直前，追求卓越；在解释"冰面救人"实例时，积极讨论设计最优方案，引导学生思考如何在危险情况下保护自己和他人，以及培养学生对生命的热爱和尊重。

三、教学重点、难点

教学重点：压强的概念，"影响压强大小因素"探究过程。

教学难点：压强公式的应用，生活中增、减压强的方法。

四、教学过程

（一）导入环节

教学内容：播放课前班内两位学生在盲道上行走的视频。

教师活动：视频设谜、激趣引入，播放学生在盲道行走的视频。

学生活动：分享在盲道上行走的感觉——硌脚。

融入思政教育的意图：视频激发学生兴趣的同时，让学生了解盲道的设计原理和对盲人行走的重要性，树立保护盲道的社会意识和责任。

（二）教学活动过程

1. 活动一

教学内容：通过实际情境图片，学生画出示意图，辨析压力和重力。

教师活动：出示三幅图片，从力的三要素分析图中物体的受力特点；引导分析压力三要素；联系前知思考压力和重力的异同。

学生活动：观察图片，联系前知思考，归纳总结压力和重力。

2. 活动二

教学内容：初步感受压力的作用效果。

教师活动：提出问题：左右手指给铅笔压力的大小关系如何？左右手指的感觉一样吗？

学生活动：学生演示挤压铅笔实验，说明左右手指的感觉，引入探究实验。

3. 活动三

教学内容：探究压力的作用效果与哪些因素有关。

教师活动：启发、引导学生思考，并通过给定器材设计探究实验方案。

学生活动：小组讨论、筛选实验器材、设计实验方案、分组进行实验、记录实验数据，结合实验现象总结规律，亲历实验探究的每一环节。

4. 活动四

教学内容：压强定义、公式、单位。

教师活动：引导学生类比速度和密度的定义，思考描述压力作用效果——压强的定义及公式。

学生活动：小组讨论，形成共识，代表发言得出的压强定义、公式，以及单位的说明。

5. 活动五

教学内容：理解 1Pa 的物理意义，感知 1Pa 到底有多大。

教师活动：提出问题，并引导学生思考回忆，制作煎饼馃子时，饼对铁板的压强比 1Pa 大还是小？

学生活动：描述 1Pa 的物理意义；描述制作煎饼馃子的过程并回答教师提出

的问题。

融入思政教育的意图：利用天津特色早点——煎饼馃子，激发学生的学习兴趣，对学生进行爱家乡教育。

6. 活动六

教学内容：压强公式运用的练习。

教师活动：计算比较大象和芭蕾舞蹈演员对地面压强的大小。

学生活动：规范利用压强公式进行实例的计算。

融入思政教育的意图：引导学生对压强进行深入思考，理解艺术训练的艰辛，激励学生在自己的学习和生活中勇往直前、追求卓越。

7. 活动七

教学内容：生活中增减压强的实例分析。

教师活动：利用公式 $p = \dfrac{F}{S}$、课本上和生活中的实例，分析增减压强的方式。

学生活动：小组讨论、归纳增减压强的方法，分析生活实例是通过什么方式增减压强的。

融入思政教育的意图：联系实际分析增减压强的实例，生成知识的同时，让学生逐步形成用理论知识解决实际问题的意识。

8. 活动八

教学内容："冰面救人"情景分析。

教师活动：一个儿童在玩耍时，不慎落入水中，在没有任何工具的情况下，应怎样避免压破冰层，救出儿童？

学生活动：利用所学物理知识，进行小组讨论，设计各种解救方法，在组间进行评价，得出最优化方案。

融入思政教育的意图：引导学生思考如何在危险情况下保护自己和他人，以及培养学生对生命的热爱和尊重。

（三）梳理总结

教学内容：压强的物理意义，探究压力作用效果实验，压强定义、公式，应用公式解释、解决实际问题。

教师活动：提出要求，以小组为单位讨论总结得出本节课所学的物理知识，并写在小卡片上。

学生活动：小组讨论，形成本节知识的框架，将知识的生成和课堂再次交给学生。

（四）课堂反馈评价

很好地达成了教学目标，学生参与度非常高。教师能够用清晰简洁的语言引导学生逐步生成知识，能够及时给予学生反馈，鼓励学生继续探索并提出进一步的思考。

（五）作业设计

（1）完成《动手动脑学物理》的第 2、3、4 题。

（2）完成"粗略测量自己站立时对地面的压强"。思考：怎么估算压力？怎么粗测受力面积？

（六）教学反思

播放学生在盲道上行走的视频，激发学生的兴趣引入课题。但是参与的学生人数比较少，在视频播放结束后可以再提出课下观察的问题，将学生的学习兴趣延续到课下。应更充分利用多媒体提高教学效率，增加课堂信息量，丰富教学信息形式。实验过程中重视合作与交流，有限的时间使每个小组只能操作实验，采用分组并进实验、小组交流和组与组之间交流可以帮助学生深入理解所有探究过程。

（七）教学资源推荐

人教版八年级物理课本、《物理教师——初中版》、《中学物理教学参考》。

《化学反应速率和化学平衡整理与提升》教学设计

汤海燕

一、教学目标

（1）基于物质类别和元素价态的角度，说明物质的化学性质，能根据需要设计合理的物质转化方案。

（2）能多方面综合分析反应的条件，提出控制反应条件的措施，并能基于实验数据进行分析推理得出合理结论，完善选择反应条件的思维模型。

（3）通过设计工业流程示意图，体会化工生产中"绿色化学"的观念，完成当一名化工设计师的初步体验。结合国家对碳中和相关问题的举措，激发强烈的社会责任感。

二、教学设计的思政融合点描述及设计说明

引导学生关注温室效应、国家"双碳"政策，提升学生主动关注社会热点的意识，鼓励学生立志科技报国。培养学生根据矛盾的主次方面解决实际问题，多角度看待化学乃至生活中的问题。通过体会化学学科价值，涵养深沉的家国情怀。

三、教学重点、难点

根据实验数据综合分析，选择适宜的反应条件。

四、教学过程

（一）导入环节

教学内容：碳中和的背景知识介绍。

教师活动：碳中和的背景知识，介绍本节课的总体目标的任务。

学生活动：了解碳中和的含义。思考如何更好地吸收 CO_2。

融入思政教育的意图：国家政策与化学学科息息相关，思考如何利用所学的化学知识，造福社会。

（二）教学活动过程

教学内容：环节 1：真实化工情境引入；环节 2：以"将 CO_2 转化 CH_3OH"为例，助力碳中和。

教师活动：

【思考】用什么物质可以吸收 CO_2 呢？为什么？

【引导】选择合适的化学反应；判断反应方向；选择适宜的反应条件。

【提问】根据前测中合成氨的知识，大家说说，要基于什么角度选择反应条件？

引导学生，根据选择的实验条件，绘制简单的工业流程示意图。

学生活动：

【思考并回答】氢氧化钠、碳酸钠等可以吸收 CO_2。

【设计反应】书写学案。

【回答】选择 H_2 的理由：能吸收 CO_2，反应产生的甲醇是一种重要的工业原料，同时还能储存氢气。

【板书并展示】分别从速率和平衡的角度，选择反应条件（从温度、压强、浓度、催化剂等方面分析，使反应速率提高和化学平衡右移的可能措施）。

【观看】学习真实的化工情境流程。讨论防止催化剂中毒、能量循环、物质循环的措施。

融入思政教育的意图：从真实的化工情境入手，让学生感受化学学科知识的社会价值。

（三）梳理总结

教学内容：迁移应用、总结交流。

教师活动：

【提问】为了实现碳中和，我们能做哪些力所能及的工作？

【讲解】国家的"3060"计划。在应对气候变化的行动上，中国需要付出比发达国家更加艰苦的努力，也充分展示了中国的大国担当和为全球气候所做出的巨大贡献。

学生活动：讨论并回答：绿色出行、公共交通、节约能源、随手关灯、少使用电梯等。开发使用更高效的能源，比如氢能、太阳能等。

融入思政教育的意图：引导学生具有节约资源、保护环境的可持续发展意识，形成简约适度、绿色低碳的生活方式。

（四）课堂评价反馈

教学内容：总结提升。

教师活动：通过今天的课，你有哪些收获？

学生活动：在真实科技情境下，感受储氢—制氢—用氢一体化装置。学生纷纷表示长大了要像李灿等科学家一样，用自己的专业知识助力国家建设。

融入思政教育的意图：启发学生变换角色，站在化工设计师的角度主动思考问题。认识到化学在国家政策中具有重要作用，激发学生学习化学的热情，提高学习动力。

（五）作业设计

1. 自主学习任务

（1）绘制第二章的思维导图。

（2）完成作业单"学习理解、应用实践、迁移创新"部分，并将作业反思整理到笔记本中。

2. 合作学习任务（长作业）

观看学习强国 App 中有关冬奥会的资料，举例说明冬奥会都有哪些举措助力实现碳中和。以小组为单位，汇报演讲，展示学习成果。

（六）教学反思

第一，选择真实情境，促进学习方式转变。本节课选用 4 个真实情境，均为国家近两年的科技发展成果，并且具有连贯性，由真实情境转化为学科问题链，即"反应有什么优点""如何判断反应的自发性""如何确定反应条件""探究简单的工业流程示意图"以及"我国第一辆甲醇催化重整制氢燃料电池车的原理是什么"，让学生在复习速率平衡知识的同时，体会科学家的思维历程，也感受化学学科的社会价值。

第二，结合项目式教学，融入课程思政元素。本节课依托一系列的真实化工情境，深入挖掘课程思政结合点，借助问题探究等教学方式，进行了润物无声的德育培养，提高学生的学习获得感，使学生达到"知识掌握—能力提升—价值塑造"一体化课程学习目标。

先从少排放 CO_2 的角度考虑，引导学生考虑力所能及的有助于碳中和的方式，比如节约能源、绿色出行、物尽其用等。

再从多吸收 CO_2 的角度考虑，引导学生从热力学、动力学视角分析化学反应，建构运用化学反应解决化工问题的认知模型，发展迁移类比的逻辑思维能力，提升学生在真实复杂情境下解决问题的能力。

第三，大单元教学，"教、学、评"贯穿其中，提高教学实效。本节课依托真实情境，采用以下教学流程：知识重构—知识再现—知识应用。其中，知识重构环节，课前由学生前测自主重构，课后作业以思维导图形式再次总结。知识再现和知识应用环节，穿插在课堂重点体现。

（七）教学资源推荐

学习强国 App。

《铁盐和亚铁盐》教学设计

张博伟

一、教学目标

（1）通过实验探究铁盐和亚铁盐的化学性质，能用方程式正确表示实验中发生的化学反应。体会实验对认识和研究物质性质的重要作用，培养"宏观辨识与微观探析"的核心素养。

（2）通过对实验现象进行适度的推理建立证据意识，并从价—类的视角认识具有变价元素物质间的转化，建立认识模型，培养"证据推理与模型认知"的核心素养。

二、教学设计的思政融合点描述及设计说明

在课前导入环节，教师以劳动课上学生自制的养花剂是否变质引入，凸显了劳动育人的教育意义，引导学生形成劳动意识和劳动观念。

在总结提升环节，学生总结归纳并完善"价—类"二维图，形成关于铁元素的模型认知，并能从"价—类—性"的角度理解"物质之间相互联系，处于不断变化之中，但又有规律可循"的哲学思想，突出化学学科世界观和方法论，做到了学科育人。

三、教学重点、难点

教学重点：铁盐与亚铁盐的转化，Fe^{3+} 的检验。

教学难点：Fe、Fe^{2+}、Fe^{3+} 转化关系模型的建构。

四、教学过程

（一）导入环节

教学内容：通过劳动课上学生自制的养花剂引出 Fe^{2+}，并出示最简单的"价—类"二维图。

教师活动：根据 Fe 元素的价态分析 Fe^{2+} 具有什么性质。

学生活动：回答问题，复习并回顾 Fe^{2+} 的氧化性，并预测 Fe^{3+} 的氧化性。

融入思政教育的意图：从劳动课上学生自制的养花剂是否变质引入，凸显了劳动育人的教育意义。引导学生形成崇尚劳动、尊重劳动的意识和劳动最光荣、劳动最伟大的思想观念。

（二）教学活动过程

1. Fe^{3+} 检验

教学内容：Fe^{3+} 检验。

教师活动：久置的养花剂是否变质？如何检验呢？

从元素组成和特征反应两个角度向学生讲解 Fe^{3+} 的检验方法，演示氢氧化钠法和硫氰化钾法。

学生活动：动手运用所学知识检验养花剂中的 Fe^{3+}。向一份养花剂中滴加 KSCN 溶液，观察并记录实验现象，将反应后溶液的颜色用彩色的笔标出，进而得出结论。

融入思政教育的意图：通过设置开放性问题、预测实验结果，学生在"学与做"中提升科学思维，培养严谨求实的科学精神，提升自身的学习素养和能力，激励学生追求真理、勇攀高峰。

2. Fe^{2+} 检验

教学内容：Fe^{2+} 检验。

教师活动：久置的养花剂是否完全变质？如何检验呢？

教师演示 Fe^{2+} 和氢氧化钠溶液以及 Fe^{2+} 和 KSCN 溶液的实验现象，从价态的角色引导学生预测 Fe^{2+} 的还原性，并让学生列举出几种常见的能将 Fe^{2+} 氧化的氧化剂。

学生活动：分别验证小组同学提出的氧化剂能否氧化 Fe^{2+}，观察并记录实验现象，将反应后溶液的颜色用彩色的笔标出，写出各反应的离子方程式，并得出久置的养花剂中 Fe 元素的价态是 +2 价和 +3 价。

融入思政教育的意图：通过设置开放性问题、预测实验结果，学生在"学与做"中提升科学思维，培养严谨求实的科学精神，提升自身的学习素养和能力，激励学生追求真理、勇攀高峰。

3. Fe^{2+} 和 Fe^{3+} 的相互转化

教学内容：Fe^{2+} 和 Fe^{3+} 的相互转化。

教师活动：如何才能使养花剂中始终保持较高浓度的 $FeSO_4$ 呢？引导学生大胆预测 Fe^{3+} 具有的氧化性，并列举出学过的还原剂。

学生活动：通过实验验证所列举的还原剂能否和 Fe^{3+} 发生氧化还原反应，并在上述还原剂中选择最合适的还原剂使养花剂中始终保持较高浓度的 $FeSO_4$。

融入思政教育的意图：学生动手设计方案使变质的养花剂恢复原来的功

效。引导学生合理选择化学药品，并树立"绿水青山就是金山银山"的生态文明理念。

（三）梳理总结

教学内容：回顾本节课的知识网络，提炼出不同价态铁元素的转化关系模型。

教师活动：根据所学知识，鼓励学生小组内分工合作，在"价—类"二维图上完善 Fe、Fe^{2+}、Fe^{3+} 的转化关系。完成本课的教学板书。

学生活动：在小组内交流讨论，自行设计 Fe、Fe^{2+}、Fe^{3+} 的相互转化关系图。完成 Fe 的"价—类"二维图，并上台展示。

融入思政教育的意图：通过学生自行设计"铁三角"，并完善"价—类"二维图，体现"物质之间相互联系，处于不断变化之中，但又是有规律可循"的哲学思想，增强学生解决问题的世界观和方法论。

（四）课堂反馈评价

教学内容：根据所学知识预测并解释生活和学习中的常见现象。

教师活动：根据植物养花剂的实验分析，你认为过期的补铁片主要含有什么成分？

学生活动：组内讨论交流，组间展示汇报。

融入思政教育的意图：旨在引导学生走出教材，将知识运用于生活中的真实情境，培养学生知识迁移能力的同时注重落实化学学科核心素养。

（五）作业设计

1．基础性作业

下列反应结束后，向其中滴加 KSCN 溶液，溶液变成红色的是（　　　）。

A．铁锈与过量稀盐酸　　　　　　B．$FeCl_3$ 溶液与过量铜片

C．$FeCl_3$ 溶液与过量铁粉　　　　D．$FeCl_2$ 溶液与过量 Zn 粉

2．发展性作业

结合本节课内容和相关资料，你认为"吃用铁锅炒的菜可以补铁"这句话对吗？

（六）教学反思

本节课采用问题串的形式，将情境线、活动线、问题线、评价线、素养线和思政线有机结合，并从元素化合物的研究方法、模型架构等视角落实化学学科核心素养，培养学生在真实情境下的化学思维。从整节课的构思和布局上看，尝试从学生认知发展的视角出发，并注重培养学生的高阶思维。

《金属资源的利用和保护》教学设计

李文瑾

一、教学目标

（1）通过了解我国铁矿资源，感悟金属在自然界中的存在，能根据金属含量、环境保护、安全生产、经济成本等因素选择生产原料。

（2）通过分析工业炼铁的原理，了解冶炼金属的一般思路和方法，对比实验室模拟炼铁与工业炼铁的异同，发展基于证据推理解决生产实际问题的能力，培养安全意识和绿色观念。

（3）能利用真实生产数据解决化学反应中的含杂计算问题。

二、教学设计的思政融合点描述及设计说明

我国有着悠久的炼铁历史，挖掘炼铁的相关知识，感受铁在人类历史发展中的重要贡献，增强学生文化自信，落实绿色环保节约资源的生态文明教育，鼓励学生勇于创新，升华科技强国的爱国主义精神。

三、教学重点、难点

教学重点：铁的冶炼，化学反应中的含杂计算。

教学难点：实验室模拟炼铁与工业炼铁的异同，含杂计算的本质理解，构建化学思维模型。

四、教学过程

（一）导入环节

教学内容：展示资料，铁在现代国防科技、基础建设中被广泛应用。

教师活动：通过资料，展示并讲解中国炼铁的发展历史。

学生活动：聆听并感悟中国悠久的炼铁历史，体会当代中国复兴之路取得的伟大成就。

融入思政教育的意图：了解历史，增加学生的民族自豪感，感受科技创新的力量，增强文化自信，激发学生坚定为科技兴国、民族复兴而奋斗的决心。

（二）教学活动过程

1. 挑选铁矿石

展示新闻：天津钢铁集团生产的钢材用于高铁建设。

教师活动：假如你是集团的工程师，现在需要完成一批钢材的生产任务，我国矿产资源丰富，作为工程师，你会选择哪种铁矿石？为什么？

【引导归纳】选用赤铁矿或磁铁矿，来源广、铁含量高、有害元素少。

学生活动：

【分析讨论】考虑因素：生产原料、工艺、安全性、产品质量、产量等。

【小组讨论】交流挑选铁矿石的依据。

融入思政教育的意图：从身边的化学资源出发，设计驱动性任务。了解我国丰富的铁矿资源，培养学生综合分析问题的能力。

2. 选择还原性物质

教师活动：以赤铁矿为原料，作为工程师，思考如何将 Fe_2O_3 转变为 Fe。

【播放视频】播放采访天津钢铁集团工程师的录像，炼铁是大规模的工业生产活动，要求原料数量大、成本低、易储存运输、使用安全方便等，实际生产中会在原料中加入焦炭，但在炼铁反应中它会转化为一氧化碳，来还原氧化铁。

学生活动：

【分析交流】从反应前后物质的元素组成分析，需要还原性物质来还原 Fe_2O_3。

【小组讨论】列举学过的还原性物质，选择一种物质，并说明理由。大部分学生选择氢气，理由是产物为水，环保；一部分学生选择一氧化碳，理由是一氧化碳为气体，接触面积大，可使反应速率快；少部分学生选择碳单质，理由是氢气成本高且难于储存运输，一氧化碳有毒且储存运输困难。

融入思政教育的意图：利用工程师采访视频，增强真实性，引导学生感受对比理论推理与实际生产的异同。

3. 揭秘工业炼铁

教师活动：一氧化碳还原氧化铁的反应是什么样的？

学生活动：

【观察分析】观看实验，记录步骤及现象并分析。

【师生共同汇总】

（1）实验中观察到红色粉末逐渐变为黑色，澄清石灰水变浑浊，说明 CO 将 Fe_2O_3 还原为 Fe，同时生成 CO_2。

（2）实验操作中需要注意"气（CO）灯灯气"，并在装置最右端点燃尾气，防止大气污染。

教师活动：（播放工程师讲解天津钢铁集团高炉炼铁过程的录像）工业炼铁

用了哪些原料？焦炭起到什么作用？发生了哪些化学变化？

学生活动：观看视频，小组讨论高炉炼铁的过程，并书写相关的化学方程式。

融入思政教育的意图：学生观察真实的工业生产过程，分析其中蕴含的化学反应，再通过观察演示实验，强化模型认知，利用课程资源，让学生深刻感知化学在生产生活中的重要价值。

4. 含杂计算

教师活动：天津钢铁集团现有高炉 6 座，可年产生铁（含铁 96%）329 万吨，计算每年需要含氧化铁 80% 的赤铁矿石多少万吨。

学生活动：

【讨论交流】方案 1：利用化学方程式计算。方案 2：利用质量守恒定律，反应前后铁元素质量相等。

计算结果：564 万吨。

【归纳】利用化学方程式计算时，已知量以及所求量均为纯净物的质量，若已知量或所求量为混合物，需折算为纯净物质量方可代入化学方程式进行计算。

融入思政教育的意图：从实际生产数据出发，设计真实的任务，增强学生的学习参与度与体验感。

5. 铁资源的利用和保护

教师活动：

【展示资料】《天工开物》中记录了利用废铁铸造锅的过程。

【播放视频】天津钢铁集团厚植绿色先行理念，在减碳降碳工作中彰显其社会责任和担当。

学生活动：通过《天工开物》，了解中国古代工匠们在长期实践中得出的回收废旧铁器再铸造的宝贵经验，体会古人节约资源的环保理念，浸润生态文明教育。将生态文明建设与社会发展相结合，坚持"绿水青山就是金山银山"，实现绿色低碳的高质量发展之路。

融入思政教育的意图：通过古今相关资料的介绍，强化学生可再生资源的循环利用意识，建立节约资源、绿色环保、可持续发展的生活理念。

（三）梳理总结

（1）金属铁在自然界中以化合物的形式存在，常用的铁矿石有赤铁矿（主要成分为 Fe_2O_3）、磁铁矿（主要成分为 Fe_3O_4）。

（2）实验室炼铁利用的是一氧化碳还原氧化铁的原理。

（3）工业上，以铁矿石、焦炭、石灰石、空气为原料进行炼铁，最终得到生铁。

（4）化学反应中的含杂计算，一定要代入纯净物的质量进行计算。

（四）课堂反馈评价

天津钢铁集团是天津本地的大型钢铁企业，基于这一真实情境设计一系列任务驱动，激发了学生的认知兴趣，学生积极主动参与科学探究之旅。课堂中始终以学生为主体，生生讨论，师生深入追问，归纳总结，将内隐的思维过程外显提炼出来。作业结果显示，本节课较好达成了预设的学习目标。同时充分挖掘并合理融入本节课蕴含的课程思政元素，从中国的炼铁历史到如今中国的快速发展，实现学科价值与育人理念的同向同行。课后的访谈中学生说："从西周时期中国就掌握了炼铁技术，让我们自豪，钢铁不仅提供了便利的生活，还促进了社会发展，我们一定要学好化学，为实现中华民族伟大复兴做贡献……"

（五）作业设计

（1）参观天津钢铁科普馆，了解钢铁中蕴含的科学知识、科学思想与方法，并撰写参观心得，和老师、同学分享。

（2）中国当前发展，除了需要大量钢铁外，还需要大量的铜和铝，它们来源于哪里？工业上如何冶炼？查阅相关资料，和老师、同学分享。

（六）教学反思

本节课以炼铁工程师为情境，以问题为导向，让学生在真实的生产情境中，提取关键信息，经历分析、交流、求证的思维过程，生生交流、师生互动评价，提高教学效率，激发学生的学习兴趣，增强文化自信。教学过程中注重从化学角度分析问题，提高学生"宏—微—符"三重表征能力，帮助学生建立思维模型，落实化学学科核心素养，合理融入思政元素，将爱国主义教育与化学学科素养融合升华。我国有着悠久的炼铁历史，引入环节从珍贵的出土文物和《天工开物》，到当代中国巨大的钢铁产量，让学生感受到钢铁不仅给我们生活提供了便利，也助推社会发展、国家繁荣、民族复兴，形成强烈的视觉冲突，增强学生的民族自豪感和科技强国的社会责任感。课程以天津钢铁集团为情境，让学生以工程师身份体验学习过程，了解家乡、宣传家乡、建设家乡是我们热爱家乡的正确打开方式。结尾以古代废铁回收利用和现代坚持发展绿色钢铁工业为例，树立生态文明理念，促使学生增强环保意识，共同建设更加美好的绿色家园。

（七）教学资源推荐

（1）明代宋应星《天工开物》。

（2）天津钢铁科普馆。

《免疫失调》教学设计

任佳易

一、教学目标

（1）举例说出免疫失调引发的疾病，了解过敏反应、自身免疫病等的致病机理。

（2）认同"避免接触过敏原"的生活方式，关注医学前沿。

（3）阐述 HIV 感染人体的机理，了解怎样预防艾滋病的传播。

（4）提升社会责任，成为"健康中国"的促进者和实践者。

二、教学设计的思政融合点描述及设计说明

从生活中常见的过敏反应入手，通过小组合作等方式，依次探究过敏反应、自身免疫病、艾滋病等免疫失调病的致病机理及防治措施，使学生能够结合日常生活中的情景，分析说明人体通过免疫系统的调节作用对内外环境的变化做出反应，以维持内环境稳态。认同并采纳健康文明的生活方式。

三、教学重点、难点

教学重点：过敏反应的发生机理。

教学难点：HIV 感染人体的机理。

四、教学过程

（一）导入环节

教学内容：创设情境。

教师活动：首先，请同学回忆免疫系统的基本功能有哪些？免疫系统功能出现异常会对机体造成哪些损伤呢？下面我们来看一个视频，了解一下免疫系统异常会出现的一种疾病。

学生活动：回忆所学知识，思考新问题。

融入思政教育的意图：引导学生认识到维护公共卫生的重要性，并联系公民对国家和社会的责任。

（二）教学活动过程

1. 过敏反应的概念、发生机理、预防措施

教师活动：通过观看视频，了解过敏反应和过敏发生的机理。

总结：我们把能够引起过敏反应的抗原物质称为过敏原。在视频中我们看到，当机体第一次接触过敏原时，会通过正常的免疫反应将抗原物质及时清除，但这个时候，机体产生的抗体会吸附在某些细胞表面，当再次接触过敏原时才会引发过敏反应。

不同过敏反应的快慢有所不同，并且过敏往往会有遗传倾向和个体差异。在生活中，我们应找出过敏原并尽量避免接触过敏原以预防过敏反应发生。可以适时通过医院的检测来查找过敏原。

学生活动：观看视频，了解过敏的概念及发生机理，归纳过敏反应的特点。提出预防过敏反应的措施。

融入思政教育的意图：引导学生认同避免接触过敏原的健康生活方式，强化"健康中国"理念。

2. 自身免疫病的实例、概念、治疗

教师活动：分析风湿性心脏病成因。机体的免疫系统对自身成分发生反应，且对组织和器官造成损伤并出现了症状，这种疾病称为自身免疫病。类风湿性关节炎、系统性红斑狼疮属于自身免疫病。

拓展：讲解系统性红斑狼疮的治病机理。

学生活动：认识常见的自身免疫病，理解自身免疫病产生的原理。

融入思政教育的意图：引导学生学会心理调适，面对压力和挑战时保持健康的心态。

3. 免疫缺陷病的概念及类型

教师活动：机体免疫功能不足或缺失、不能抵御外来异物的攻击的疾病就是免疫缺陷病。观看视频，介绍重症联合免疫缺陷病的病因。

还有一种免疫缺陷病是由疾病和其他因素引起的，叫作获得性免疫缺陷病，例如艾滋病。大多数免疫缺陷病都属于这种类型。

看视频《HIV 感染人体后的生命周期》并简单介绍 HIV。艾滋病的主要传播途径有血液传播、性传播、母婴传播。分析 HIV 无法从人体内清除的原因。说明我国对于艾滋病的治疗政策。

学生活动：分析曲线，讨论、交流并认识 HIV，进一步认识艾滋病。了解我国相关政策及"世界艾滋病"日。

融入思政教育的意图：引导学生认同国家的相关政策，能向他人宣传预防艾滋病的知识，培养学生健康生活的意识，形成关爱生命的社会责任。

4. 梳理本节课知识要点

教师活动：布置任务，完成本节概念图。

学生活动：展示概念图，分享学习感受。

融入思政教育的意图：利用所学知识构建学科素养。

5. 课堂反馈评价

教师活动：布置练习。

学生活动：完成练习。

融入思政教育的意图：对所学知识进行应用，落实学科素养。

（三）作业设计

（1）下列关于过敏反应的叙述，错误的是（　　　）。

A. 过敏反应有明显的遗传倾向和个体差异

B. T 细胞是参与过敏反应的主要免疫细胞

C. 过敏反应和正常免疫反应中产生的抗体，其化学本质都是球蛋白

D. 找出过敏原，尽量避免再次接触该过敏原是预防过敏反应的主要措施

（2）某些种类的糖尿病是由自身的一些抗体导致的，病理如下图所示。下列叙述错误的是（　　　）。

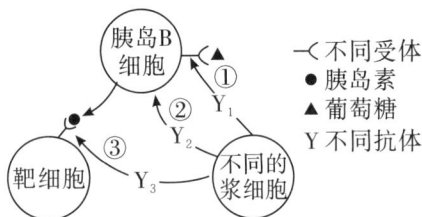

A. 在血糖平衡的神经调节中，胰岛 B 细胞属于效应器的一部分

B. 图中由自身抗体导致的疾病属于自身免疫病

C. 图中浆细胞一定来自 B 细胞的增殖分化

D. Y_1、Y_2、Y_3 导致的糖尿病中，①②可以通过注射胰岛素来缓解

（3）艾滋病（AIDS）是由于感染 HIV 引起的一类传染病，人体感染 HIV 后体内 HIV 浓度和辅助性 T 细胞浓度随时间变化如下图所示。下列有关叙述正确的是（　　　）。

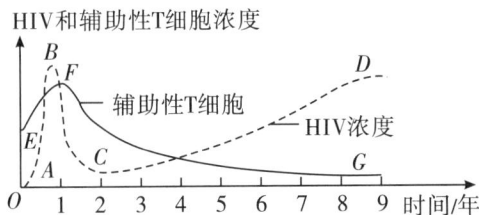

A. HIV 的遗传物质为 DNA，艾滋病患者常死于其他病原体的感染

B. 曲线 *AB* 段，HIV 直接利用辅助性 T 细胞内的葡萄糖作为能源物质

C. 曲线 *BC* 段，HIV 浓度下降主要是体液免疫和细胞免疫共同作用的结果

D. 曲线 *FG* 段，人体的细胞免疫能力大大下降，体液免疫基本不受影响

（四）教学反思

（1）通过多种教学方法的结合，可以帮助学生更好地理解和掌握免疫失调的知识。

（2）可以结合实际案例进行教学，如自身免疫病、过敏性疾病等的发病机制、诊断和治疗方法，以及这些疾病对患者生活的影响。通过实际案例的学习，学生可以更好地理解免疫失调的严重性。

（3）通过课堂小测验、作业、实验报告等方式实现教学反馈和评估，了解学生的学习进度和存在的问题，从而调整教学方法和策略，提高教学效果。

《细菌和真菌在自然界中的作用》教学设计

康寿春

一、教学目标

（1）把握细菌和真菌在物质循环中的作用，完善生物圈系统化观念，形成辩证的世界观，提升社会主义核心价值观的认知。

（2）了解细菌和真菌对动植物的负面影响，反思"生物武器"存在的不合理性，强化自我健康意识、国家安全意识。

（3）描述共生现象，培养学生辩证看待问题的思维，强化人与自然和谐共生的科学理念，推动个人层面社会主义核心价值观的自我生成。

二、教学设计的思政融合点描述及设计说明

（1）参与物质循环部分，生态系统中的三大角色各司其职，可以教育学生充分认知个体价值，健康成长，努力学习，成为祖国建设发展的栋梁之材，践行社会主义核心价值观。

（2）引起动植物和人患病部分，引入"生物武器"的概念，带领学生了解抗日战争中七三一部队的罪行，提升"勿忘国耻、强国有我"的国家意识，探讨总体国家安全观的重要意义，强化自我健康意识及国防安全意识。

（3）与动植物共生部分，体现了生物之间互惠互利、相互依存的关系。强化"人与自然和谐共生"的科学理念，倡导"人类命运共同体"观念，推动个人层面社会主义核心价值观的自我生成。

三、教学重点、难点

教学重点：细菌和真菌参与物质循环，建立系统化的科学思维。

教学难点：通过细菌和真菌的作用，强化学生尊重自然、热爱自然的理念，提升自我健康意识、国家安全意识。

四、教学过程

（一）导入环节

教师活动：展示美丽秋景，突出落叶；播放制作馒头的视频。

【问题】每年的落叶都去哪里了？制作馒头的过程中是什么微生物发挥了主要作用？

学生活动：小组内部讨论相关问题，交流回答。形成认同：细菌和真菌发挥着重要作用，并与人类生活紧密联系。

融入思政教育的意图：通过日常生活中细菌、真菌所发挥的各种作用，提升学生的科学思维，增强学生热爱自然、热爱生活的理念。

（二）教学活动过程

1. 转换思维，建立主线

教师活动：

【资料阅读】枯草杆菌、青霉、酵母菌的生活环境及营养方式。

【提问】细菌和真菌的营养方式是什么？把自己想象成细菌或者真菌，如何在环境中获取营养，与周围的动植物形成什么关系？

学生活动：阅读资料，提炼信息；小组交流，分析总结；达成共识，形成认知（细菌和真菌参与物质转化，形成腐生、寄生、共生的模式）。

融入思政教育的意图：提升科学思维，统筹所学内容；形成生态系统生物角色平等观念，各司其职，奠定"人与自然和谐相处"的关键基础。

2. 细菌真菌以腐生方式参与物质循环

教师活动：

【示意图展示】真菌、细菌在物质循环中的作用。

【提问】分析生态系统的各个部分；各个部分的主要活动；生产者：无机物→有机物；分解者：有机物→无机物；消费者：促进有机物向无机物转化。

【强调】对象：动植物遗体；角色：分解者；结果：实现物质循环转化；营养方式特点：异养腐生。

学生活动：绘制生态系统物质循环流动图，定位各阶段的主要角色；细菌、真菌是实现物质循环的必要条件。

融入思政教育的意图：明确职责分工的重要意义，深刻理解"爱国、敬业、诚信、友善"这一价值追求，不断完善提升自己，成长为党、国家、社会发展所需要的人才。

3. 细菌真菌以寄生方式引起动植物患病

教师活动：

【资料展示】患病例证：扁桃体炎、猩红热、丹毒；手癣、足癣；棉花枯萎病、水稻稻瘟病、小麦叶锈病、玉米瘤黑粉病等。

【强调】对象：活着的动植物；角色：被病原体侵害的受害者；结果：动植物患病（单方获利）；营养方式特点：异养寄生。

【拓展】视频资料展示——侵华日军七三一部队罪证陈列馆宣传片。

学生活动：阅读资料，编制病症与病原体关系图，在智能终端操作病原体与相应病症配对；讨论由细菌、真菌引起的病症的常用防治方法；观看七三一部队罪证陈列馆宣传片，了解侵华日军罪行，发表对生物武器、战争、国防安全等的认识。

融入思政教育的意图：形成自我健康意识，关注常见疾病的病原体类型，拓展医疗常识，认识医药科技进步的至关重要性。充分认识生物武器对人类社会发展、地球生态的恶劣影响及危害；警惕生物安全威胁，关注生物学对国家安全的意义及其在现代战争中的作用，强化国防意识，激发爱国情怀。

4. 细菌、真菌以共生方式与动植物共生

教师活动：播放地衣、豆科植物根瘤视频；组织学生收集地衣、豆科植物根瘤的相关资料；请学生展示收集到的资料；展示其他细菌、真菌与动植物共生的例证：人体肠道内菌群、食草动物肠道内菌群。

【强调】对象：活着的动植物；角色：合作者；结果：相互依赖，彼此有利；营养方式特点：异养共生。

【拓展】共生体互惠互利，相互依存。我国始终在国内外事务中推崇合作交流的原则，提出"人类命运共同体"理念，充分体现了大国的担当与胸怀。

学生活动：观看视频，阅读课本，交流收集到的重要信息点；交流豆科植物在日常生活中的应用、营养价值，考量自身的饮食结构，发表意见和建议。

【讨论交流】如何在日常生活中更好地处理与同学、亲友的关系？交流各自对"人类命运共同体"的认识。

融入思政教育的意图：形成"人与自然和谐共处"的生态认知，尊重生命、尊重自然，倡导合作，推动社会主义核心价值观在学生内心的进一步生成，增强学生社会责任感。

（三）梳理总结

教学内容：形成本节课知识体系。

教师活动：引导学生建立知识体系，以营养方式为主线，引导学生完善思维导图。

学生活动：绘制思维导图，部分学生展示成果。

融入思政教育的意图：运用思维导图的形式构建知识框架，培养学生的归纳总结能力，提升学生的科学思维。

（四）课堂反馈评价

教学内容：完成课后练习，巩固学习成果。

教师活动：引导学生对课后练习1和2进行细致分析，得出正确结论。针对课后练习3和4展开全面的小组讨论，引导学生发表看法。

学生活动：完成练习1和2，交流结论；针对练习3和4发表看法。

融入思政教育的意图：学以致用，联系生活生产实践，进一步树立"人与自然和谐共处"的生态观念，培养辩证看待事物的思维习惯。

（五）作业设计

绘制本节课思维导图；收集人类发展史中生物武器的相关资料，谈谈对其的认识。

（六）教学反思

本节课内容涉及学生日常生活、国家安全、生态平衡等多项思政信息融合点，可以实现课程与思政的有机结合。充分发挥课堂教学的育人主渠道，实现知识学习和思想品德的双提升。本节课的思政教育点突出体现为责任意识和国家安全意识，情境的创设和思政教育融入点恰当有效。课堂教学中关注学生知识系统的生成，核心素养的渗透在生命观念、科学思维、探索实践、态度责任方面均有适度的体现。学科课程思政教育是学科教学的必要任务，绝不是可有可无的，但也要坚决杜绝为了思政教学而思政教学的片面情况出现，教师要坚持创新守正，不断挖掘思政教学的最佳方法、途径，推动学生全面发展。

（七）教学资源推荐

（1）百度百科《侵华日军第七三一部队遗址》相关视频。

（2）乐乐课堂《细菌和真菌在自然界中的作用》。

《细胞膜的结构和功能》教学设计

沈昱汝

一、教学目标

（1）通过引导分析细胞膜的功能，能够基于实例准确说出（演绎）细胞膜的功能，初步形成细胞膜的功能观（生命观念、科学思维）。

（2）通过问题探究，（归纳）推理细胞膜的主要物质组成，初步形成细胞膜的物质观（生命观念、科学思维）。

（3）基于细胞膜结构的探究史实，通过合作建模，初步形成结构功能观，感悟科学的不断发展（生命观念、科学思维、科学探究）。

（4）基于对细胞膜的认知，分析（演绎）脂质体药物的设计依据，提升解决现实问题的担当和能力，践行关爱生命的观念（科学思维、社会责任）。

二、教学设计的思政融合点描述及设计说明

（1）以新闻报道为思政载体，创设情境激发学生的爱国主义情怀。

（2）按照"结构的物质观—结构的层次观—结构的发展观—结构与功能相适应的观点"逐层进阶，以科学史实为思政载体，促进生命观念的发展。

（3）利用猜想—验证式教学流程，通过小组合作构建细胞膜模型，以实践活动为思政载体，落实科学思维和科学探究素养，感悟科学的不断发展。

（4）以科技成就、职业理想与职业道德教育为思政载体，体验药品研发员。对脂质体药物进行分析，培养学生基于生物学知识解决现实问题的担当和能力。

三、教学重点、难点

教学重点：细胞膜的功能；流动镶嵌模型的主要内容。

教学难点：细胞膜的结构与成分的内在联系；对细胞膜结构的探索过程。

四、教学过程

（一）创设情境，思政引入

教学内容：通过新闻报道，提出系统是具有边界的。

教师活动：播放新疆边防战士在严寒中守卫祖国领土边界的新闻，引导学生聚焦系统边界。细胞膜作为生命系统的边界具有怎样的功能呢？从而引入新课。

学生活动：观看新闻报道，聚焦系统边界，引发思考。

融入思政教育的意图：以新闻报道为思政载体，激发学生爱国主义情怀。

（二）合作学习，构建概念

教学内容：利用猜想—验证式教学流程，在创设的情境中，逐步分析猜想细胞膜的功能及与其相适应的结构。并提供已有科学家的实验进行验证。在猜想→验证的循环中，小组合作构建细胞膜模型，落实科学思维和科学探究素养，感悟科学的不断发展。

教师活动：在猜想—验证式教学流程中设置了4个猜想。

【猜想1】创设原始海洋情境，引导学生依据进化观思考，原始生命产生依赖的边界具有怎样的功能以及成分？学生基于组成细胞分子的作用，猜想可能是蛋白质或者脂质能够将原始生命系统与原始海洋分隔开。进行演示实验，让学生直观体会蛋白质和脂质在水中不同的分散情况。学生根据观察肯定或否定猜想。接着提供科学家欧文顿的实验，学生推测实验结论，发展归纳推理能力，初步形成结构的物质观。

【猜想2】构成生命系统边界的物质应该具有什么性质？学生基于已有经验和知识，认为原始生命系统既要独立于水环境，又要维持内部代谢，提出边界的物质应该既具疏水性又具亲水性的猜想。

有没有一种脂质符合这样的特征？提供科学家对膜成分化学分析的结果。得知含量最多的磷脂符合这样的特征。磷脂分子在水环境中是如何分布的呢？小组合作建模并展示交流，互助中修正模型。

提供科学家戈特和格伦德尔的实验，学生推测结论，对模型进一步修正。提升学生科学思维和科学探究素养，发展结构的物质观。

【猜想3】因磷脂双分子层内部疏水，水溶性分子或离子不能自由通过。学生对已构建的模型提出质疑，猜想细胞膜上可能存在蛋白质。给出丹尼利和戴维森的实验，学生推测实验结论，验证猜想。深化结构的物质观。

蛋白质和磷脂双分子层之间的位置关系如何？小组合作建模，形成结构的层次观。基于罗伯特森的单位膜模型，人们提出质疑并猜测可能有蛋白质贯穿双分子层用于物质运输。随着冰冻蚀刻技术的发展，科学家推测出蛋白质的分布情况。基于以上证据，学生继续修正模型，形成结构的发展观。

研究发现细胞膜上还有糖类分子，糖被与磷脂双分子层之间的位置关系如何？学生通过分析信息完善模型。提供《细胞生物学》第五版中的图片进行验证。深化结构与功能相适应的观点。逐步进阶结构功能观，落实科学思维和科学探究素养。

【猜想4】细胞膜是静止的吗？学生基于生物学事实，举例说明细胞膜是运动的。展示动图实例肯定猜想。介绍人鼠细胞融合实验和磷脂分子的运动方式验证猜想，形成流动性的物质观。带领学生回归教材，概括流动镶嵌模型的基本内容。

学生基于已有的经验和生物学知识，进行合理猜想。小组合作建模，展示交流修正模型。阅读教材完成概念的构建，形成结构功能观的进阶。

融入思政教育的意图：小组合作建模，切身经历知识的产生和证明过程，发展科学思维和科学探究素养，形成生命观念。以科学史实和实践活动为思政载体，树立崇尚科学、积极创新的价值观。

（三）担当能力，回扣情境

教学内容：分析脂质体药物的设计依据。

教师活动：引导学生利用已学知识，分析脂质体药物的设计依据。

学生活动：体验药品研发员工作，进行小组讨论，回答问题。

融入思政教育的意图：以新闻报道、科技成就、职业理想与职业道德教育为思政载体，培养学生基于生物学知识，解决现实问题的担当和能力。

（四）建构模型，发展素养

教学内容：尝试制作线粒体内膜的结构模型。

教师活动：引导学生查阅资料，思考线粒体内膜的结构与功能的关系，设计制作线粒体内膜的结构模型。

学生活动：小组合作查阅资料、制作模型并展示，完成小组自评和互评表。

融入思政教育的意图：以实践活动为思政载体，发展科学探究素养，提升学生合作能力和创新能力。

（五）课堂反馈评价

教学内容：跟随教学活动任务，完成课堂导学案内容。

融入思政教育的意图：利用导学案检测任务设定的目标，实现教学评一致。

（六）作业设计

长时作业：制作线粒体内膜结构模型；短时作业：巩固学习目标的习题。

（七）教学反思

本节课按照结构功能观的进阶优化资料，促进学生素养发展；采用猜想—验证式教学流程，让学生切身经历知识的产生和证明过程，落实核心素养，感悟科学的不断发展，凸显学科育人价值。

《巴尔干的"循环"：第一次世界大战与战后国际秩序》教学设计

赵子钦

一、教学目标

（1）通过辨析不同类型的史料，了解"一战"的背景、过程及结果。

（2）通过对巴尔干半岛的区位分析，认识到影响巴尔干半岛历史发展的因素，培养学生跨学科解决综合问题的能力。

（3）通过对巴尔干半岛发展历程的了解，透视欧洲战前、战后格局的变化，认识到今天中国对国际事务的合理关切及作用，培养学生的人类命运共同体意识。

二、教学设计的思政融合点描述及设计说明

本课将"欧洲火药桶"巴尔干半岛作为贯穿本课的线索，讲解战前、战后以及今天巴尔干半岛的局势，引导学生从地缘政治的角度分析不同时代背景下各国在巴尔干半岛上的博弈纷争，透视巴尔干半岛动荡背后所体现的国际格局。本课与思政的融合将贯穿整个教学流程，在教学目标纬度，通过本节课的学习，引导学生认识到中国方案对世界和平与发展的促进作用，培育学生的人类命运共同体意识；在教学实施维度，课程思政主要体现在两个方面，其一是大国的发展不应以牺牲小国的利益为代价，其二是大国彼此间应寻找利益交汇点，拒绝零和博弈。

三、教学重点、难点

教学重点："一战"的背景及影响。

教学难点："一战"的根源及凡尔赛—华盛顿体系的实质。

四、教学过程

（一）导入环节

教学内容：巴尔干半岛的纷争。

教师活动：以表格的形式列举巴尔干半岛的政治态势，引导学生思考巴尔干半岛政治发展的特点与原因。

学生活动：进行思考与观察。

融入思政教育的意图：创设历史情境，引起学生兴趣，引入贯穿本课的巴尔干半岛这一线索，为后面的思政教育埋下伏笔。

（二）教学活动过程

1. 巴尔干半岛的地缘

教师活动：展示巴尔干半岛的历史发展进程，引导学生梳理其特点，随后展示巴尔干半岛的地理地图，引导学生从宏观、微观两个角度分析巴尔干半岛的地理因素对其历史特点的影响。

学生活动：通过对巴尔干半岛历史发展进程的总结，认识到在"一战"前，巴尔干半岛有国家众多、战乱频繁、民族矛盾及宗教矛盾尖锐、受大国干涉等特点，并通过地理地图的分析，认识到巴尔干半岛的地形地貌、水文特点、地缘价值等都对其历史特点的形成有一定影响。

2. 战前的巴尔干半岛

教师活动：以图片史料、文献史料的形式展现 19 世纪末 20 世纪初欧洲主要资本主义国家的盛世，同时展现盛世之下的巴尔干半岛的纷争，引导学生分析巴尔干半岛纷争的背后展现出列强之间怎样的关系，并追问为什么巴尔干半岛的局势会引起多个欧洲国家之间的对峙与博弈。通过时间轴引导学生认识到大战的迅速扩展，进一步深入感受"一战"前欧洲的历史情境，引导学生分析为什么萨拉热窝事件没有局限在巴尔干半岛地区，而是迅速引发了"一战"，进而讲解"一战"的根源，并通过视频展示"一战"的巨大破坏。

学生活动：通过分析史料，认识到当时弥漫于欧洲的紧张氛围，即帝国主义的扩张与军备竞赛、普遍的不信任、零和博弈，基于民族、宗教、族裔的敌意与仇恨，进而分析萨拉热窝事件没有局限在巴尔干半岛地区的原因。

3. 战后的巴尔干半岛

教师活动：展示"一战"后巴尔干半岛民族国家独立及政局变动情况，引导学生分析凡尔赛—华盛顿体系下巴尔干半岛局势的特点，并结合战后体系的相关条约，引导学生分析凡尔赛—华盛顿体系没有阻止动荡与冲突的原因。

学生活动：通过材料认识到战后的巴尔干半岛依然存在动荡与冲突，其原因在于凡尔赛—华盛顿体系虽体现和平宗旨，但本质上仍是列强的工具。

4. 今天的巴尔干半岛

教师活动：展现 21 世纪前后欧洲大国对巴尔干半岛的干涉及巴尔干半岛的现状，并同战前、战中、战后的巴尔干半岛对比，引导学生认识到巴尔干半岛在今天仍然没有跳出循环，并给出中国帮助匈牙利、塞尔维亚修建匈塞铁路的案例，请学生讨论应如何跳出"巴尔干循环"。

学生活动：讨论后，可从务实的经贸合作、尊重他国自主选择的道路、合作共赢等角度进行回答。

融入思政教育的意图：帮助学生认识到大国的发展不应以牺牲小国的利益为代价，以及大国彼此间应寻找利益交汇点，拒绝零和博弈。

（三）梳理总结

教学内容：梳理、总结本课。

教师活动：总结、对比西方大国对巴尔干半岛地区的干涉与中国方案的不同，引导学生认识到巴尔干半岛的局势体现出人类依然面临着一系列问题与挑战，中国方案提出构建人类命运共同体，促进全球治理体系的变革，有利于人类共同问题的解决。

融入思政教育的意图：在小结部分，从历史中回到现实，通过对之前一系列案例的总结，引导学生切实认识到中国方案的有效性，涵育家国情怀，赋能思政教育。

（四）课堂反馈评价

内容一：通过巴尔干半岛地图，分析其自然地理要素对巴尔干半岛历史特点的影响。

水平一：无法认识自然地理环境对历史特点的影响。

水平二：能够说出部分地理要素，大体认识到这些地理要素对历史特点的影响。

水平三：能够分析山脉、水文、气候等各项地理要素，并对其不同的作用进行阐释。

内容二：对各类型史料，如图片史料、文献史料进行辨析与分析，了解一些基本的背景、影响。

水平一：不能根据史料得出结论，或得出的结论具有较大偏差。

水平二：能够辨析史料类型并对比其作用，同时在阐述结论的过程中，初步体现分析综合、比较概括的历史思维。

水平三：能够辨析史料类型并对比其作用，在阐述结论时对材料进行合理的分析，表现出清晰的历史思维。

内容三：教师设置开放性问题，如"巴尔干半岛为何难以跳出战乱的循环"。

水平一：基于感性认知进行回答。

水平二：能够结合本节课的内容进行回答，回答过程具有逻辑，由感性上升至理性阶段。

水平三：综合运用历史、地理、政治的学科知识进行完整的归纳与阐述，条理清晰，具有逻辑。

（五）作业设计

学生根据提纲，在笔记本中梳理、总结"一战"的基本史实；撰写历史小论文，结合实际案例分析"中国方案"能为实现全球共同发展提供哪些裨益。

（六）教学反思

本课重在培养学生跨学科运用知识的能力及思政意识，在达到课标要求的基础上，引导学生利用多学科的方式综合性地解决历史问题。如何从更多角度融合思政，达到润物无声的育人效果，仍有待进一步的探索。

（七）教学资源推荐

（1）方连庆等《国际关系史》。

（2）（美）罗伯特·卡普兰《巴尔干两千年》。

（3）（苏）罗斯图诺夫《第一次世界大战史（1914—1918 年）》。

（4）（英）伊恩·克肖《地狱之行》。

《中国古代赋税制度的演变》教学设计

王　鑫

一、教学目标

（1）了解中国古代各朝代赋税制度的内容及特点。

（2）了解近代中国为收回关税主权做出的努力，以及新中国时期建设关税制度的举措。

（3）了解个人所得税制度建立的过程及其作用。

二、教学设计的思政融合点描述及设计说明

（1）通过对中国古代赋税制度演变历程的学习，使学生认识到生产力与生产关系的辩证关系。

（2）通过学习赋税制度的背景，使学生认识到赋税制度的变化与当时的社会历史条件息息相关，从而培养学生的时空观念。

（3）通过近代关税的发展历程，使学生认识到，奋发图强、振兴中华是每个青年学生的历史重任。

三、教学重点、难点

教学重点：了解中国古代赋税制度的演变；了解关税、个人所得税制度的产生及其在中国的实行。

教学难点：中国古代赋税制度演变的趋势与特点。

四、教学过程

（一）导入环节

教学内容：展示《"双十一购物节"销售额数据图》并进行提问。

教师活动：古今中外的国家都将税收视为国家财政收入的重要来源。那我国赋税制度的历史是怎样发展的呢？今天，我们就以税收为线索，来学习第十六课《中国古代赋税制度的演变》。

学生活动：观看幻灯片，分析税收与国家财政的关系。

融入思政教育的意图：通过导入，了解税收对于国家财政的重要作用。同时激发学生兴趣，为后续课程的开展做铺垫。

（二）教学活动过程

教师：首先我们先来学习中国古代赋税制度。在正式开始本节课之前，我们先要厘清一个概念，就是"赋役"是什么（展示"赋役"含义的材料）。

教师：接下来，我们就来学习具体朝代的赋役制度。秦汉时的赋役，大致包括三部分：田赋、人头税和徭役。我们来看两则材料，分析秦汉田赋有何区别及其产生原因。

（学生作答，教师进行点评）

教师：隋朝时实行的是租调役，而唐初虽然继承，但改为租庸调。那"租""庸""调"三者为何物呢？我们通过一段史料来了解一下。

（学生根据材料作答）

教师：很好，我们通过材料可以看出，"租"是交纳粮食，"调"是交纳布、帛等实物，"庸"则是代役钱。那么同学们，与之前的赋税制度相比，租庸调有什么新的变化吗？

学生：可以通过交钱来代替服徭役。

教师：我们可以归纳为两点：农民有更多的时间去进行劳作；政府的财政收入变多了。但是租庸调能一直持续下去吗？我们在高一时学过，唐朝中后期开始实行两税法。那两税法实行的背景是什么呢？它又包含哪些内容呢？

（学生根据材料作答）

教师：在唐朝中后期，土地兼并严重，百姓流离失所。均田制逐渐遭到破坏，租庸调失去基础，因此改革税制，实行两税法，按田亩征地税，按人丁、资产征户税，分夏秋两次征收。那么两税法与前面的赋税制度相比，又有哪些新的变化呢？我们通过材料分析一下。

（学生根据材料作答）

教师：我们通过材料可以归纳出两税法的两点变化：第一，逐步改变了自战国以来以人丁为主的赋税制度。第二，以货币为主要征税方式，在一定程度上有助于商品经济的发展。接下来我们来学习宋元时期的赋税制度。请同学们阅读教材第93页的第三自然段。

（学生阅读教材）

教师：宋承唐制，仍然征收两税，但附加税繁杂。徭役上，王安石变法推行募役法，百姓交钱免役，官府募人代役。到了元朝，北方征租庸调，南方行两税法。此外元朝还征收"科差"，按户征收丝和银两。接下来我们来学习明清时期的赋税制度，请同学们阅读教材相应内容。

（融入思政教育的意图：培养学生阅读史料的能力；引导学生形成论从史出、史论结合的意识）

教师：明朝初年征收的是夏税秋粮，但是张居正改革时实行了"一条鞭法"。那什么是"一条鞭法"呢？它与之前的赋役制度相比，有什么变化呢？我们来阅读一段材料。

（学生根据材料作答）

教师：很好，我们可以将变化概括为两点：第一，赋役合一；第二，赋税一概折银交纳。那么为什么会出现折银交纳这种变化呢？我们结合之前所学来分析一下。

学生：明朝商品经济发展。

教师：在清朝，赋税又出现了合并的情况。清朝的摊丁入亩，与之前的赋税制度相比，最大的变化就是"地丁合一"，存在了约2 000年的人头税被彻底废除。在我们学习过历朝的赋税制度后，请同学们从赋役的征收标准、交纳形式来分析中国古代赋役制度的演变趋势。

（学生作答，教师点评并总结）

教师：中国古代的赋税，主要是农民群体缴纳。2006年，我国全面取消了农业税。那这是否意味着农民不必缴纳税款了？

学生：不是，需要缴纳个人所得税。

教师：很好，接下来我们就来学习第二部分，我国个人所得税的起源与演变。

（学生阅读教材，并根据学案梳理我国个人所得税的发展）

教师：我们可以发现，1914年北洋政府制定所得税条例，这是个人所得税的起步。在1936年，国民政府公布所得税暂行条例，开始正式征收个人所得税。在新中国成立后，由于我国实行计划经济体制，因此没有征收个人所得税。1980年，颁布《中华人民共和国个人所得税法》，个人所得税制度正式确立。

教师：接下来，我们来学习另一种税收——关税。请同学们阅读教材第二子目的相关内容。现在我们所说的关税，主要指的是国境关税。历史上曾有一段时期，我们不能自主征收关税，大家知道是什么时候吗？

学生：近代/鸦片战争后。

教师：列强通过一系列条约，攫取了协定关税权，破坏了我们的关税自主权。在近代中国人民的反帝爱国运动中，收回关税自主权一直是一项重要的任务。民国政府曾多次和外国协商，并签订了条约。但是民国政府真的完全收回关税自主权了吗？

学生：没有。

教师：那我们什么时候完全收回关税自主权呢？

学生：新中国成立后。

教师：很好，新中国成立后，国家相继颁布条例，制定法律，逐步完善关税的基本制度。关税对我们的国民经济发展有着非常重要的作用。我们来看学案上的材料，根据所学及材料分析，我们应如何利用关税发展社会主义市场经济？

（学生小组讨论并作答）

（三）梳理总结

教师：以上就是我们今天学习的主要内容，分别是我国古代的赋税制度、近现代个人所得税及海关关税的发展。

融入思政教育的意图：通过中国古代至现代赋税制度的演变，使学生明晰本节课主干知识。

（四）课堂反馈评价

本节课主要以学生阅读史料和教材为主，学生能够积极反馈史料内容，利用内驱力让学生自主探寻中国赋税制度发展的脉络。

（五）作业设计

除了完成练习题外，以下两个作业学生可以任选其一。

（1）天津海关拥有悠久历史。《北京条约》规定，天津被辟为"三口通商"的口岸之一。天津海关现坐落于和平区营口道2号，感兴趣的同学们可前往天津海关，了解其发展历史，从海关史背后探寻近代天津史，在两周内撰写一份300～500字的调查报告。

（2）除了个人所得税，我国还存在房产税、车船税、印花税等种类。它们存在于不同行业。感兴趣的同学可选以下任一项作业：①搜集不同种类的税票，探寻该种税票反映的历史；②采访自己身边不同行业的亲友，了解各种税类之间的差异。同学们可以进行合作，两周后以小组形式进行课堂展示。

（六）教学反思

（1）对于教材内容的取舍不当。本课是将中国古代的赋税制度合在一起，且夹杂关税与个人所得税的发展历程，内容量大，所以在突出重难点的把握上还有不到位的地方。

（2）课上选取的材料应该更加多元化，可加一些视频素材进行完善。

（七）教学资源推荐

《中国古代赋税制度史》《中国古代财政史》。

《全民族浴血奋战与抗日战争的胜利》教学设计

兰　震

一、教学目标

（1）了解抗日战争的基本史实，认识到中国共产党人始终坚持抗日战争民族统一战线，成为全民族抗战的中流砥柱。

（2）了解中华全体儿女浴血奋战的史实，凸显中国抗日战争在世界反法西斯战争中的重要地位，激发民族责任感和自豪感。

（3）结合天津人民的抗战英勇事迹，感悟到天津人民的抗战是全民族抗战的重要组成部分，涵养家国情怀。

（4）挖掘身边的抗战故事，通过新媒体手段进行记录与宣传，增强历史解释的核心素养，传承伟大抗战精神。

二、教学设计的思政融合点描述及设计说明

融合点1：精选教学素材，树立政治认同。通过展示中国共产党人始终坚持抗日民族统一战线的史实和勇敢战斗在抗日战争最前线的事迹，认识到中国共产党是支撑起中华民族救亡图存的希望。

融合点2：拓展地方史内容，涵养家国情怀。增加天津地方史内容，以及广大天津军民开展的艰苦卓绝的抗日斗争史实，增强学生对家乡的热爱。

融合点3：开展走访调查，明确社会责任。寻找家乡的抗战历史，记录英雄事迹，传承伟大的抗战精神。

三、教学重点、难点

教学重点：认识到中国共产党是全民族抗战的中流砥柱。

教学难点：认识到抗日战争胜利的重要意义；挖掘身边的抗战故事。

四、教学过程

（一）导入环节

教学内容：平型关大捷是中国军队主动对日作战取得的第一次重大胜利，打

破了日军不可战胜的"神话"。

教师活动：展示第一一五师一部的照片，讲述平型关大捷的战斗故事，带领学生走近全民族浴血奋战中。

学生活动：观看照片，阅读教材导言部分，感受平型关大捷的重要意义。

融入思政教育的意图：平型关大捷是抗日战争国共合作的典范，认识到中国共产党坚定不移地推动全民族抗战。

（二）教学活动过程

1. 第一子目：敌后战场的抗战

教师活动：研读地图，引导学生认识八路军、新四军建立巩固的敌后抗日根据地，开展持久广泛的以游击战为主的战争，战略上配合了正面战场。

学生活动：结合地图阅读教材，认识到八路军、新四军采取地道战、地雷战等战法打击日军，认识到百团大战打破了日军的"囚笼"政策。

融入思政教育的意图：中国共产党高举抗日民族统一战线的旗帜，坚决维护、巩固、发展统一战线，维护了团结抗战大局。

2. 第二子目：中国为世界反法西斯战争的胜利作出了重要贡献

教师活动：带领学生阅读教材。展示飞虎队、法国医生贝熙叶的照片，讲述"自行车的驼峰航线"和戴安澜的故事。引导学生把中国抗日战争放到世界反法西斯战争的大局中进行思考，明确中国抗战对于世界反法西斯战争胜利的贡献。

学生活动：自主阅读教材。结合教师的讲授得出认识：中国抗日战争是世界反法西斯战争的重要组成部分，中国战场是世界反法西斯战争的东方主战场。

融入思政教育的意图：抗日战争胜利是中国人民同反法西斯同盟国以及各国人民并肩战斗的伟大胜利。

3. 第三子目：抗日战争的胜利

教师活动：展示天津的抗战故事，提供中国共产党在抗日战争中抗击日军侵华的数据，引导学生认识到中国共产党在抗日战争中发挥了中流砥柱的作用。

学生活动：通过聆听天津红色大药房、盘山根据地的抗战故事，阅读相关数据，认识到中国共产党领导的人民抗日武装逐步成为全国抗战的主力。

融入思政教育的意图：回顾中国近代史，认识到只有中国共产党才能救中国，坚持党的全面领导，是国家和民族兴旺发达的根本所在。

（三）梳理总结

教学内容：国民党正面战场和共产党敌后战场的战略配合，有效打击了日本侵略者。中国共产党在极端困难的条件下坚持抗战，起到了中流砥柱的作用。

教师活动：中国共产党自诞生以来就肩负着民族复兴的伟大使命，如果没有中国共产党领导，完成民族独立和解放的任务就可能拖得更久、付出的代价更大。

学生活动：最终认识到坚持党的全面领导，是国家和民族兴旺发达的根本所在，是全国各族人民幸福安康的根本所在。

融入思政教育的意图：中国共产党自成立之日起就把实现中华民族伟大复兴作为自己的历史使命。

（四）课堂反馈评价

教学内容：本课以中国共产党为抗日战争中的中流砥柱为重点，设置逻辑鲜明、情感丰富的教学内容，对培养学生的核心素养起到了重要作用。

教师活动：在本课中居于引领者的角色，为学生提供清晰的课堂发展线索，充分利用教材中的内容，融入动人的抗战故事，落实课堂教学的核心素养要求。

学生活动：作为本节课的主体，以教材为依托，提升了阅读能力；观察地图，结合党史，培养了时空观念和历史解释的素养。

（五）作业设计

以小组为单位挖掘身边的抗日故事，用视频、文字、图片等方式记录下来。

（六）教学反思

（1）素养先行，注重家国情怀、政治认同的激发与培养。本节课通过史料阅读分析、地图研读、故事体悟，从不同维度对学生进行了时空观念和历史解释的素养培育，有效培育了学生的家国情怀，激发了学生的民族自豪感。

（2）学以致用，促进学生对抗战精神的认同与传承。通过对杨靖宇、戴安澜、包森等抗战英雄事迹的讲授，加深了学生对伟大抗战精神的深刻理解。鼓励学生做好抗战精神的发扬者，培育红色革命精神的传承人。

（七）教学资源推荐

（1）中共中央党史研究室. 中国共产党历史：第一卷（下册）[M]. 北京：中共党史出版社，2011.

（2）中日韩三国共同历史编纂委员会. 超越国境的东亚近现代史[M]. 北京：社会科学文献出版社，2013.

《植被与自然环境的关系》教学设计

谢翠娜

一、教学目标

（1）借助中国植被类型分布图，了解各地区环境特点，提升区域认知素养。

（2）借助样本，分析自然环境对植被典型特征的影响，培养综合思维素养。

（3）借助案例，理解植被的作用及其对环境的影响，树立人地协调观。

（4）通过观察样本和本土植被，增强地理实践力。

二、教学设计的思政融合点描述及设计说明

地理课堂思政元素包括文化自信（中国自信、中国精神）、爱国主义（国家认同、国家情怀）、社会责任（人地协调观、可持续发展）、人文素养（人文情怀、审美情趣）、科学精神（理性思维、批判质疑）、创新实践（劳动意识、问题解决）等诸多方面。课程思政的培养不是刻意为之，而是潜移默化地渗透。本节课从我国的植被类型和分布入手，培养学生科学的资源观和国家情怀；探究不同气候下植被的适应性特征，培养学生的人地协调观和地理实践力；通过人类对植被的破坏及恢复的相关案例，探究植被对自然环境的影响，培养学生形成多元的理性思维、提高解决问题的意识、增强民族自豪感。

三、教学重点、难点

教学重点：世界主要植被类型；植被与自然环境的相互关系。

教学难点：植被与自然环境的相互关系。

四、教学过程

（一）导入环节

教学内容：呈现2016年《大气科学进展》第3期封面图，引导学生思考图中植被景观布局。

教师活动：你能否给这张地图取名字？该杂志为何选用植被景观图片？

学生活动：尝试为地图命名并思考大气、气候与植被之间的关系。

融入思政教育的意图：视觉冲击，感性认识我国多样的植被类型，热爱祖国壮美景观的自豪感油然而生。

（二）教学活动过程

1. 区分植物种群、植物群落和植被的概念

教师活动：展示植物种群和植物群落示意图，引发思考：二者有何不同？什么是植被？

学生活动：观察图片，比较差异，思考种群、群落和植被之间关系。

融入思政教育的意图：运用直观图片，增加感知、理解与记忆。

2. 中国主要植被类型

教师活动：课前采集柏树叶、银杏叶、枫叶等植物标本，课上展示中国主要植被类型的图片和标本，设计如下问题：依次指出我国从沿海到内陆，从热带到温带的植被类型；观察图片和标本，说出各类植被的典型特征；分析各植被的典型特征与其所处的自然环境有何关系。

学生活动：观察图片、标本；交流答案；完成学案；呈现展示。

融入思政教育的意图：了解我国不同植被类型的主要分布地区，培养学生的区域认知。结合植被特征和生活习性探究其适应的生存环境，理解气候对植被的影响规律，培养学生的科学探索精神，激发学生的生态保护意识和家国情怀。

3. 世界其他植被类型

教师活动：课前准备芦荟、仙人掌、冬青等小盆栽，课上组织学生观察并结合其原产地气候类型和特点，说明植物特征与地理环境的关系。

学生活动：小组合作，思考、交流、作答。

融入思政教育的意图：放眼世界，寻找其他地区植被对气候的适应性特征，培养学生科学探索的精神和国际视野。

4. 总结自然环境对植被的影响

教师活动：引导学生结合实例思考植被特征主要受哪种地理要素影响。

学生活动：思考并作答。植被特征主要受气候影响，太阳辐射导致热量的地区差异，使得由赤道向两极依次形成了热带、温带、寒带植被；距海远近导致水分的区域差异，使得从沿海到内陆依次形成了森林、草原、荒漠植被。

融入思政教育的意图：培养学生严谨、开放、多元化的科研态度。

5. 植被对自然环境的影响

教师活动：展示塞罕坝林场的图文和视频资料。设计如下问题：为什么要在塞罕坝建造林场？如今的塞罕坝为什么被称为"河的源头、云的故乡、花的世界、林的海洋"？

学生活动：结合材料，思考森林的作用以及人类对自然环境的影响。

融入思政教育的意图：人类活动对自然环境的影响具有两面性。过度利用，带来土地荒漠化；而适应自然规律，能创造荒原变林海的奇迹。塞罕坝的今天是国人生态文明建设的真实写照，培养青年一代打造绿水青山的使命感。

（三）梳理总结

教学内容：植被与自然环境的关系（相互影响）。

教师活动：植被为了适应环境进化出了各具特色的特征，同时植被也对气候、水文、土壤、地形等产生影响，改造了当地的自然环境。

学生活动：理解、思考、归纳。通过植被与自然环境之间的相关作用理解地理环境的整体性。

融入思政教育的意图：渗透人地协调观。

（四）课堂反馈评价

教学内容：设计课堂反馈评价表并组织学生进行评分。

教师活动：引导学生从教学方法、教学效果、课堂氛围、学生表现和教师表现等方面对本节课进行全方位评价。

学生活动：结合实际课堂情况对本节课进行评价。

融入思政教育的意图：从多个维度进行课堂评价，养成思考、探究、反思的习惯。

（五）作业设计

根据学情进行分层作业设计，全体学生需完成课后知识反馈练习，巩固基础；学有余力的学生通过实际考察和查阅资料探究天津典型地区（如水上公园、道路绿化带、滨海地区等）植物群落的组成及成因，撰写研究报告。

（六）教学反思

本课从一张杂志封面图入手，通过设问：它是谁？它在哪里？它为什么在那里？引导学生思考植被概念、中国植被分布状况以及植被对自然环境的适应和影响，环环相扣，丝丝渗透，这既是导入也是教学内容的展开。课堂教学采用实物（植物样本和盆栽）和多媒体（植被风景宣传片）相结合的形式，教学内容更加贴合自然，拉近学生和课本的距离，提高学生课堂参与度，课堂氛围积极活跃。但是学生对气候特征的已有知识掌握不好，应进行前期铺垫。

（七）教学资源推荐

（1）专项地图类，如《中国热量带及干湿区分布图》《中国气候类型图》《植被类型分布图》。

（2）植被风景类，如各类植被景观图、纪录片《植物王国》。

《自然地理环境整体性》教学设计

陈潇霖

一、教学目标

（1）读图说明自然地理环境的组成要素，培养学生的区域认知能力和综合思维能力。

（2）通过对天津湿地案例的分析，说明各要素之间相互依赖、相互制约的复杂关系，培养学生的综合思维和人地协调观。

（3）通过列举其他地区自然地理环境案例（如黄土高原水土流失、青藏高原隆起），分析自然地理环境整体性的表现，引导学生正确认识人与地的相互作用关系，培养学生的区域认知能力和人地协调观。

二、教学设计的思政融合点描述及设计说明

本课是对地理环境形成和发展规律的总结、归纳和融通，是对已有知识的综合和联系。本节注重对自然地理原理的讲述，注重利用联系的观点和整体性的观点认识自然地理环境，注重对学生综合思维能力和人地协调观的培养。

本节课标要求为"运用图表并结合实例，分析自然环境的整体性"。在学习过程中，通过天津湿地的案例设计多次探究活动，一方面，形成以学生为主体的课堂氛围，在讨论、研究、展示、补充的过程中，培养学生的综合思维、理性思维，变被动学习为主动探索，引导学生形成严谨乐学的科学精神。另一方面，通过对天津自然地理环境的探究，进一步体会人地协调观，体会个人在生态环境保护和建设中的重要作用，培养学生的生态文明意识和环境保护责任感，共同担负起"绿水青山就是金山银山"的时代使命，引领其未来职业选择。

三、教学重点、难点

教学重点：理解自然地理环境整体性的内涵及表现。

教学难点：理解自然地理环境的生产功能和平衡功能，理解自然地理环境要素间的物质交换和能量转化。

四、教学过程

（一）导入环节

教学内容：感受自然地理环境。

教师活动：天津素有"九河下梢""七十二沽"之称，坑塘洼淀众多，湿地是天津区域的重要资源。展示天津七里海、北大港等湿地景观图，播放《大美天津》纪录片，走进湿地，初步感知天津的自然地理环境。

学生活动：结合所给材料；直观感受天津的自然地理环境。

融入思政教育的意图：通过图像直观感知，吸引学生的注意力，激发学生的学习兴趣和求知欲，初步了解感受天津的自然地理环境特征，激发学生对美丽天津的自豪感和认同感。

（二）教学活动过程

1. 自然地理环境各组成要素

教师活动：展示天津湿地相关资料，设计问题如下：图片中表现出的自然地理环境要素有哪些？并说明各要素在自然地理环境中的重要作用。

学生活动：结合所给材料，回答问题。在分析的过程中，明确各自然地理要素在自然地理环境中不可替代的作用。

融入思政教育的意图：学生根据已学的知识分析材料中的自然地理要素，讨论各要素在自然地理环境中的重要作用。在此过程中，提升学生的综合思维和分析能力，以及科学精神。

2. 自然地理环境各要素的相互关系

教师活动：结合天津湿地图文资料，引导学生分析各自然地理要素的相互关系。设计问题如下：天津湿地多主要受哪些因素影响？天津湿地多，地表水丰富，会影响到哪些地理要素？湿地减少对天津自然地理环境有什么影响？

学生活动：小组合作，结合所给图文资料，回答问题。

融入思政教育的意图：结合对天津湿地相关材料的分析，培养学生的科学探究精神。通过分析各自然地理要素的关系，体会各要素是当地自然环境的综合反映，培养学生的人与自然和谐共生意识。

3. 自然地理环境整体性的表现

教师活动：再次挖掘图文材料，设计问题如下：湿地中不同要素表现出相似的特征，这说明什么？湿地减少引发了其他自然地理要素的变化，这说明什么？湿地生态系统拥有单独地理要素不具备的功能，这说明什么？

学生活动：回顾相关图文材料，根据问题概括自然地理环境整体性的表现。

融入思政教育的意图：通过对原有图文资料的深度挖掘，提高学生提取信息、处理信息的能力，培养学生的综合思维和区域认知素养。引导学生形成保护环境的生态价值观和责任感，为合理保护湿地资源贡献自己的力量。

（三）梳理总结

教学内容：自然地理环境整体性思维导图。

教师活动：针对学生给出的其他案例和思维导图进行点评与补充，带领学生对本节知识进行建构和总结。

学生活动：小组合作，列举其他实例，构建思维导图。

融入思政教育的意图：学生通过自己列举的案例（如黄土高原水土流失、青藏高原隆起），构建知识体系，完成自然地理环境整体性思维导图。在此过程中，渗透地理核心素养之一——人地协调观，进一步激发学生环保意识和投身祖国环境建设、保护生态环境的决心，共同担负起"绿水青山就是金山银山"的时代使命，肩负起时代重任，引领学生未来职业选择和规划。

（四）课堂反馈评价

教学内容：课堂反馈练习、组内评价打分。

教师活动：组织学生完成课堂练习和组内评价。

学生活动：反思本节学习效果，完成评价。

融入思政教育的意图：培养学生形成及时落实反馈的学习习惯。

（五）作业设计

针对本节课的内容设计两项作业，第一项为基础作业，每位学生均需完成。第二项为选择性作业，鼓励学生根据自身情况，利用课上所学进行野外调研，观察天津某区域的自然地理环境，查阅相关资料，撰写考察报告，进一步体会人地协调观，培养学生的地理实践力。

（六）教学反思

第一，要充分使用教学资源。视频、动画、图片、文字等都可以让课堂更加直观、特点更加鲜明，能很好地与学生感知、地理景观结合，从而提高教学质量。材料的选择可以与其他学科交叉，使各学科学习相互渗透、相互辅助，从而引导学生树立科学探究思维。

第二，可以借助乡土资源选择教学情境。由身边熟悉的情境、现象入手，更能引起学生共鸣，激发学生关注家乡、建设家乡的责任感和使命感。

第三，案例应注重联系时政热点。让学生在实际生活中感受和体验地理知识，突出所学知识的实用性、生活性，从而进一步提升学生的地理核心素养。通过对时政热点的分析，融入思政教育，润物无声，启迪思维。

（七）教学资源推荐

天津卫视纪录片《大美天津》。

《陆地水体及其关系》教学设计

路　萍

一、教学目标

（1）结合资料，说出陆地上的主要水体类型（区域认知）。

（2）绘制示意图，并解释各陆地水体之间的相互关系（综合思维）。

（3）明确水资源的特点，树立节水、爱水、惜水的意识，并落实到日常行为（人地协调）。

二、教学设计的思政融合点描述及设计说明

在《陆地水体及其关系》一课中，关注的对象是自然环境的组成要素——"水体"。本课通过选取学生比较熟悉的长江作为典型案例，通过"初识水体，明其类型"—"探寻江河，明其关系"—"绘制图表，释其关系"—"知其珍贵，护其安危"—"再探江河，解决问题"五个环环相扣的环节，明确水资源的特点，以及水资源与人类活动的关系，使学生自觉树立节水、爱水、惜水的意识。培养学生人地协调观和可持续发展理念，并在日常生活和学习中，落实"节水""惜水""爱水"的理念。

三、教学重点、难点

教学重点、难点：河流补给类型及陆地水体的相互关系。

解决措施：依据《普通高中地理课程标准（2017年版2020年修订）》，兼顾学生的认知水平，结合中图版、人教版、湘教版、鲁教版教材，对本节课内容重新进行建构。

为学生提供背景材料，包括不同地区的气候统计图、水文统计图等，最好选用学生学过的、比较熟悉的资料，通过对材料的分析，及时总结得出结论。通过选择恰当的案例，设置不同层次的问题，提升学生的综合思维水平。

四、教学过程

（一）导入环节

教学内容：初识水体，明其类型。

教师活动：《长江之歌》中的"你从雪山走来，春潮是你的丰采；你向东海奔去，惊涛是你的气概"引发我们的思考：长江之水何处来？长江之水何处去？

学生活动：观看教师给出的图片，并思考这是哪里。

融入思政教育的意图：将学习导入生活，让学生理解在诸多"水体"中为什么选择"河流"进行具体分析，帮助学生进入思考状态。

（二）教学活动过程

教学内容：探寻江河，明其关系；绘制图表，释其关系；知其珍贵，护其安危。

教师活动：

活动一：给出材料，请学生回答问题。

活动二：在明确了"长江水从哪里来""长江向何处去"后。请学生绘制示意图，并解释各类陆地水体之间的相互关系。

活动三：既然水能不断补给、更新、循环和再生。那么，水资源是否"取之不尽、用之不竭"呢？请学生谈谈看法。

学生活动：通过三个活动，理解各陆地水体之间的相互关系，并绘制示意图，突破本节课的重点和难点。针对"水资源是否'取之不尽、用之不竭'"展开谈论，培养人地协调观。

融入思政教育的意图：通过完成环环相扣的"阶梯问题"，学生明确水体之间存在"相互转化、相互补给"的关系，从动态循环的角度看水体，培养综合思维能力。

（三）梳理总结

教学内容：再探江河，解决问题；应用拓展，梳理总结。

教师活动：结合流域气候、地形、水文等资料，分析长江中下游洪涝频发的原因，并为长江中下游减轻洪涝灾害建言献策。

结合板书梳理本节课知识结构，通过"初识水体，明其类型"—"探寻江河，明其关系"—"绘制图表，释其关系"—"知其珍贵，护其安危"—"再探江河，解决问题"五个环环相扣的环节，突破教学重难点。

学生活动：再次梳理总结本节课的逻辑关系与知识体系。将所学知识，应用到解决实际问题当中。

融入思政教育的意图：明确水资源的特点、水资源与人类活动的关系。使学生自觉树立节水、爱水、惜水的意识，并在日常生活和学习中落实节水、惜水、爱水的理念。

（四）课堂反馈评价

教学内容：链接拓展，迁移应用。

教师活动：给出练习题。

学生活动：完成习题，并且能讲解习题的知识点及逻辑关系。

融入思政教育的意图：通过典型习题，使学生在做题的过程中巩固基础知识，起到举一反三的作用。

（五）作业设计

结合流域气候、地形等资料，分析长江中下游洪涝频发的原因；为长江中下游减轻洪涝灾害建言献策（必做）；观看纪录片《话说长江》（选做）；完成学案上《陆地水体的相互关系》习题。将所学知识应用到生活中，解决现实世界的实际问题，并进行反馈拓展。

（六）教学反思

在课堂中，没有充分引导学生思考问题的思维方式，下次将通过提问的方式激发学生的思维。本节课的问题设计大多是采用一些固定的设计好的问题，开放性的问题较少。为了激发学生的思维，以后会在课堂中提出一些开放性的问题，并鼓励学生积极参与讨论和思考。

（七）教学资源推荐

《水脉》是一部着眼于南水北调、中华水网的纪录片，对学生了解中国在水资源开发利用上的种种努力很有帮助。有关长江的纪录片也是非常值得一看的，有兴趣的学生还可以看看《话说长江》《再说长江》。

《太极功夫扇》第六段动作教学设计

宋宝玉

一、教学目标

（1）弘扬我国民族优秀传统文化；使学生能运用所学运动知识、技能和方法，增强其发现问题、分析问题和解决问题的能力，在教学体育展示活动中做出合理的评价。通过体能练习增强学生的心肺功能和肌肉的爆发力。

（2）学生能够积极主动地参与校内外的体育锻炼，善于交往合作，热爱生活，养成良好的生活方式，改善身心健康状况，提高生活和生存的能力。

（3）加强武德教育，培养学生自尊自强、主动克服困难，以及积极进取、挑战自我的精神。

二、教学设计的思政融合点描述及设计说明

本节课在继承和弘扬中华优秀传统文化的同时，力求挖掘思政育人的功能和资源。把课堂教学与思政教育有机融合起来，进而发挥课堂的思政育人作用，旨在培养德、智、体、美、劳全面发展的社会主义事业建设者和接班人。

三、教学重点、难点

教学重点：松腰沉髋，眼随手动。
教学难点：行圆化弧，形神兼备。

四、教学过程

（一）导入环节

教学内容：播放武术进入青奥会的新闻，在《精忠报国》的音乐背景下练习武术操。

教师活动：播放新闻，并带领学生练习武术操。

学生活动：观看新闻，与教师一起练习武术操。

融入思政教育的意图：武术首次进入青奥会是几代武术人努力的结果，作为一名中国人应引以为傲。

（二）教学活动过程

教学内容：太极功夫扇和体能练习。

（1）学习太极功夫扇第六段。

（2）体能练习 ×2 组。

（3）在音乐伴奏下进行放松操练习。

（4）观看《岳飞》视频。

（5）武风少年的评选。

（6）教师小结本节课情况、布置课后作业、师生道别。

教师活动：

①示范并讲解动作要点与难点。

②带领学生练习时，随着动作的变换，随时变换示范位置。

③提示学生小组学习时，可选择学习内容（二选一）。

④学生自由结合分组练习时，观察各组情况并随时指导，发现错误动作及时纠正（利用大屏），并提出建议（集体与分组交替进行）。

⑤观看学生展示并评价。

学生活动：

①认真观察教师示范，仔细听教师的要求，并积极主动练习武术基本功。

②自由组成四个小组，在各组长的带领下自选学习内容（二选一）。

③在音乐的伴奏下练习；练习期间，互相学习、互相纠错、互相鼓励。

④各小组展示学习成果，其他学生观摩并评价。

融入思政教育的意图：抱拳礼——传统武德古为今用；传承和弘扬中华优秀传统文化，汲取武术的思想精华和道德精髓；发扬奋斗精神、相容并蓄精神、爱国主义精神；引导学生克服困难、团结协作，解放思想、勇于创新，加强集体主义观念培养；引导学生加强团队意识，尽个人能力为团队做贡献。

（三）梳理总结

教学内容：以新闻和武术操作为导入，进行太极功夫扇的学习。

教师活动：

①展示武术技艺的魅力和精妙之处，激发学生学习的兴趣和动力。

②力求教学组织方法灵活多样、评价及时公平公正，评价以积极鼓励为主。

③观察课堂情况和学生表现，让学生实现学习目标。

④培养学生终身体育意识和能力。

学生活动：

①运用运动知识、技能和方法，增强发现问题、分析问题和解决问题的能力。

②在教学体育展示活动中做出合理的评价。

③通过体能练习增强心肺功能和肌肉的爆发力。

④能够积极主动地参与校内外体育锻炼，善于交往合作，热爱生活，养成良好的生活方式，改善身心健康状况，提高生活和生存的能力。

⑤加强武德教育，培养自尊自强、主动克服困难的品质，具有积极进取、挑战自我的精神。

融入思政教育的意图：讲好中华优秀传统文化故事，不断增强中华民族凝聚力和中华文化影响力，推动中华文化更好地走向世界；在全球化的时代背景下，保护和传承中华优秀传统文化已经成为一种重要的任务和责任。

（四）课堂反馈评价

教学内容：太极功夫扇以舞蹈的形式展现出太极拳的精髓，让人们更好地理解太极拳的内涵。

教师活动：注重激发学生的学习兴趣，引导学生自主学习、合作学习，使课堂成为师生、生生之间的知识、情感、思想、个性交流的场所。

学生活动：小组合作，学习积极性高。

融入思政教育的意图：爱国主义教育贯穿整个课堂。

（五）作业设计

（1）将课上的学习内容展示给家庭成员和邻里朋友。

（2）下一期主持"武术名家"的学生将内容发给教师进行审核。

（六）教学反思

（1）抓住教育的本质，以"立德树人"为主线，加强学生情感和人格的培养。把体育课堂教学与思政教育有机融合起来，进而发挥体育课堂的思政育人作用，旨在培养德、智、体、美、劳全面发展的社会主义事业建设者和接班人。

（2）抓住学科的本质，以"身体练习"为主要手段，增进学生身体健康和终身体育意识。在教学过程中，引导学生学会学习和反思。学生积极展示自我，大胆表现自我，并依据自身的实际情况和不断尝试，选择适合自己的学习内容和练习方式，体验成功和快乐。

针对青少年身体素质下滑的趋势，本节课增加了高强度低间歇 HIIT 的体能练习，增强学生体质和培养其终身体育的意识。

（3）整合多方资源，处理好学校、家庭和社区"三位一体"的关系，使学习效果最大化。这样有利于促进国人理解和感悟中华传统文化的精髓，增进国人的文化自信与爱国情怀，增强学生生存与生活的能力。

（七）教学资源推荐

学习强国 App、CCTV 频道、百度、太极功夫扇的相关音视频。

当代舞模块教学《灯火里的中国》教学设计

王 丽

一、教学目标

运动能力：通过当代舞《灯火里的中国》的学习，加强学生的音乐感，使学生能从美的角度去审视中国民族文化，提高其表现民族舞蹈艺术的能力和热情；复习《灯火里的中国》，使学生的舞蹈动作更加流畅、协调、有力度，舞蹈韵味更加浓厚，并使学生能够利用所给的队形、动作素材，合作完成3个或以上的队形编排；运用所学的运动知识、技能和方法，增强其发现问题、分析问题和解决问题的能力，在教学体育展示活动中做出合理的评价；通过专项能力练习增强学生的腿部柔韧素质和肌肉的爆发力。

健康行为：通过本节课的学习，学生能够积极主动地参与小组的创编学习，培养学生合作学习的能力，增进人际交往，提高社会适应能力，增强自信心，培养创新能力和积极向上的品质。

体育品德：通过本节课的学习，培养学生自尊自强、主动克服困难的品质，具有积极进取、挑战自我的精神和爱国主义情怀。

二、教学设计的思政融合点描述及设计说明

本节课着力于弘扬中华民族传统文化，激发学生的爱国主义情感，发掘体育课堂的学科特色，并将二者完美融合。

形体教材可以利用教学内容、音乐、教学形式等方面的优势，充分发挥思政育人功能，以培养全面发展的新时代中学生。

当代舞《灯火里的中国》模块教学共18个课时，本节课是《灯火里的中国》模块教学中的第13次课，属于运动技术改进与提高类型。经过前期学习，学生已经掌握《灯火里的中国》的基本动作，为了进一步提高学生的学习兴趣，引导学生自主合作进行当代舞的创编。让学生了解《灯火里的中国》的背景文化意义，使学生具有强烈的时代感和民族荣誉感。

三、教学重点、难点

教学重点：当代舞的创新编排方法。

教学难点：当代舞的韵味以及注入饱满的爱国主义情怀。

四、教学过程

（一）导入环节

教学内容：复习当代舞《灯火里的中国》，为后面做好铺垫。

教师活动：带领学生复习当代舞《灯火里的中国》。

学生活动：认真观察教师示范，积极主动练习。

融入思政教育的意图：复习当代舞《灯火里的中国》，为后面教学做好铺垫。以一曲爱国爱家情怀的歌舞拉开本节课的序幕。

（二）教学活动过程

教学内容：介绍当代舞的编排方法及要求；组织学生观看多媒体，并进行练习；学生以小组为单位，结合所学动作元素，进行当代舞创编；集体进行展示，专项能力练习；放松练习。

教师活动：小组练习时，每组配一台平板电脑以供随时查阅，及时纠正学生动作，引导学生进行自我分析与相互分析，并进行针对性总结；每个小组展示前都要介绍本组选材的红色背景和舞蹈意义；用鼓励性语言激励学生；带领学生放松。

学生活动：认真观察教师示范，积极主动练习；自由结组，进行创编；在音乐的伴奏下进行练习；练习期间互相学习、鼓励；各小组展示学习成果；集体在音乐的伴奏下完成练习内容；站成练习队形，跟着视频进行放松练习。

融入思政教育的意图：在教学过程中充分发挥学生的主体作用，积极培养学生的创新意识。

（三）梳理总结

教学内容：单纯的形体练习不利于学生身心健康发展。根据新课标理念，充分挖掘体育思政育人的功能和资源，从激发学生兴趣和提高其审美入手。

教师活动：创编过程中，及时纠正学生动作不合理的地方；在整个教学过程中充分发挥学生的主体作用；通过探究和合作等学习方式，发展学生个性，培养学生优良品质；引导学生进行红色舞蹈的学习和创编。

学生活动：学习积极性高，展示时参与度高、兴趣大；在课堂中处于主导位置；体育课上红色舞蹈和思政的结合能激发学生强烈的民族感和家国情怀；通过自己创编的舞蹈来表达对祖国的热爱和对美好生活的向往。

融入思政教育的意图：让学生了解《灯火里的中国》的背景文化意义，使其具有强烈的时代感和民族荣誉感。

（四）课堂反馈评价

教学内容：小组之间互评：学生进行自我评价与相互评价；家庭作业：通过课下收集资料和学习；考试的反馈：评价可分为体能、运动能力、运动认知、健康行为、体育品德等方面。

教师活动：组织和引导学生进行自我评价和互相评价；课上时间有限，一些课堂延伸出来的学习内容需要利用课下时间来完成，需要布置好课下作业；模块学分的评定主要根据所学模块的学业要求，采用定性评价与定量评价相结合的方式。

学生活动：初期曲目选择、影像资料收集、队形编排等；组内成员的磨合、探讨、融合统一等；课下分享心得体会；课后实践作业，把成品舞蹈传播下去，把爱国红色精神传播下去。

融入思政教育的意图：把体育课堂教学与思政教育有效协同起来，从而发挥体育课堂的思政育人作用。

（五）作业设计

把成品舞蹈传播下去，把爱国红色精神传播下去。可以把舞蹈教给家人和朋友等，然后把视频和照片上传到微信群里。

（六）教学反思

从激发学生兴趣和提高审美入手，以《灯火里的中国》作为教材内容，能大幅度调动高中女生对运动的渴望和对美的追求。整堂中学生学习积极性高，展示时参与度高、兴趣大、效果明显。但由于本人经验不足，对于形体舞蹈和当代舞教材、教法还有待进一步研究。

（七）教学资源推荐

《体育与健康》教材，舞蹈视频、图片和音频，以及教师和学生自己创作的教学材料和资源。

《乒乓球正手攻球技术》教学设计

刘晓洋

一、教学目标

通过乒乓球正手攻球的练习，激发学生对体育的学习兴趣，培养学生积极参加体育活动的态度和行为。

在乒乓球的学练中，渗透运动知识，使学生能够了解乒乓球正手攻球的训练方法，发展学生的力量、灵敏等身体素质。

通过讲解国乒精神，培养学生的自信心、自我评价能力以及勇于拼搏、积极进取的精神。同时将在体育运动中形成的良好品德迁移到学习和日常生活中。

二、教学设计的思政融合点描述及设计说明

本节课为乒乓球课，首先在教室里粘贴一些中国乒乓球运动员的海报，并配上一些积极向上的文字，给学生更好的直观感受，激励学生在困难中能够战胜自我。同时启发学生，思考体育锻炼对自身的益处，引导学生正确看待体育锻炼，为学生的终身体育打下基础。鼓励学生发扬体育精神，培养学生团结协作，胜不骄、败不馁等优良品质。根据目前中国乒乓球队在世界舞台上取得的优异成绩，引入中国第一位乒乓球世界冠军容国团，培养学生遇到困难迎难而上且敢于突破自己的优良品质。

三、教学重点、难点

教学重点：正确的引拍动作。

教学难点：主动击球，快速收臂，协调配合。

四、教学过程

（一）导入环节

教学内容：介绍中国乒乓球优秀运动员，从而给学生树立一个榜样，让学生学习运动员身上的优良品质。

教师活动：带领学生说出自己喜欢的乒乓球运动员以及他们身上的优点，并引导学生向他们学习。

学生活动：积极发言，体会每位同学的看法。

融入思政教育的意图：培养学生爱国主义情怀，以及民族自豪感。

（二）教学活动过程

1. 教学内容

开始部分：体委集合整队；师生问好；教师宣布教学内容和要求；安排见习生；讲解国乒精神。

准备部分：拉伸、乒乓球操。

基本部分：球性练习：抓球练习、学习正手攻球技术、分组练习；根据自身情况进行练习；基础巩固：发球机练习；稳步提升：正手接反手攻球；教学比赛：自行结组比赛；体能练习；跟随音乐拉伸身体各部位。

结束部分：集合整队、教师点评、宣布下课、回收器材。

2. 教师活动

开始部分：向学生简单讲解本节课所学内容；安排见习生并提出要求；讲解安全问题。

准备部分：跟随学生一起进行徒手操、球操练习，并提示每个动作的要领。

基本部分：带领学生进行练习，并提示练习中的手型以及握拍方式；讲解抓球练习的要点，并做示范，遇到相同错误统一进行指导讲解；组织学生分组，指导练习并纠错；观看学生练习，巡视并利用言语纠错；下达任务，学生根据自身情况进行练习；带领学生进行拉伸放松。

结束部分：集合，对本次课做总结，引导学生进行自我评价。

3. 学生活动

开始部分：听到哨声迅速集合，认真听教师宣布本节课所学内容；见习生向教师请假。

准备部分：跟随教师口令进行练习，跟随音乐节奏练习，动作有力、精神饱满并注意安全。

基本部分：听清教师所讲要求，争取在练习过程中做到球不离拍；认真学习动作要领，在练习过程中相互帮助，遇到问题及时向教师请教；观看教师动作示范，分组练习动作，要求动作干净利落，不拖泥带水；自主观看练习内容，有问题随时与教师沟通；认真听取教师要求，并对自身掌握情况做出准确判断；认真练习，同时注意练习时的间距；跟随音乐与教师口令进行放松练习，使肌肉得到放松。

结束部分：听到哨声快速集合，认真听教师点评。

融入思政教育的意图：课堂常规把学生的思绪拉到课堂中来，同时规范学生行为，为上好本节课做好准备。在颠球绕球台的练习中，学生之间需要相互沟通、相互帮助，才能够出色地完成练习，体现出学生的团队协作能力，以及团队协作的重要性。

（三）梳理总结

教学内容：本节课所学内容为乒乓球正手攻球技术，为了让学生能够更好地掌握此技术，加入了发球机练习、强化挥拍练习、抓球练习等，本节课过程清晰，学生都有了不同程度的进步。

教师活动：教师在课堂中的作用，主要体现在"导"上，导什么，如何导，要根据学生需要和学生情况来进行。教师作为体育教学中最活跃的因素，不仅可以教给学生专业知识，更重要的是还能够反馈学生信息，使学生在教师正确的引导下由"学会"转化为"会学"。

学生活动：教学的一切维度始终围绕着学生，教学的一切因素要作用于学生，教学的最终目的是学生的"学"，这是谁也无法替代的，为此在体育教学中要做到尊重学生，充分发挥学生的主体性。本节课，学生认真完成了练习内容与既定任务，并且掌握了多种练习方法，为今后的提高打下了坚实的基础。

（四）课堂反馈评价

教学内容：本节课结构严谨，条理清晰，学生掌握情况良好。利用多种教学方式，使学生能够体会锻炼的乐趣。

教师活动：引导学生学会自我评价、互评，并能够评价教师。根据学生课上掌握的情况进行作业的布置。模块学分的评定要采取过程性评价与结果性评价相结合的方式。

学生活动：根据教师与同学的点评，不断改进自己的不足，并根据教师所布置的课下任务去巩固练习。

（五）作业设计

找一名自己喜欢的中国乒乓球运动员，去观看一场他的比赛，并写一篇观后感（字数不限）；完成正手攻球的挥拍，每天 100 次。

（六）教学反思

认真上好体育课是我校教育教学中的一大特色，作为体育老师应时刻严格要求自己。青少年学生处于各种机能发育的重要时期，我们要采取一些适合该年龄段的练习内容。在新课标的背景下，本节课始终贯彻"健康第一"的指导思想，采用多种练习方法，并且采取电子设备的教学。在教学中应不断采用鼓励的话语，比如"你只差一点点了""你很了不起""没事，我们下次还有机会"等，这样既可以鼓励学生，也能在学生受到打击或是情绪不好时起到安抚作用。

（七）教学资源推荐

《体育与健康》教材，有关教育教学的论文，《教育学》《教育心理学》书籍，一些乒乓球优秀运动员的动作讲解与示范视频等。

《梦想游园会》教学设计

王婧妍

一、教学目标

（1）探寻梦想，探索克服困难实现梦想的方法。

（2）将个人梦与家国梦联系在一起，树立理想信念，为个人发展和国家繁荣不懈奋斗。

二、教学设计的思政融合点描述及设计说明

《全面加强和改进新时代学生心理健康工作专项行动计划（2023—2025年）》中提出要"将学生心理健康教育贯穿德育思政工作全过程，融入教育教学、管理服务和学生成长各环节""坚定理想信念，厚植爱国情怀，引导学生扣好人生第一粒扣子"。

本节课通过视频材料、教学活动等方式进行思政融合。课程以袁隆平的事迹导入，用榜样力量唤起学生对梦想的思考；教学中借助趣味活动引导学生发现个人梦想，感受逐梦的艰辛与不易，找寻克服困难的方法，坚定理想，不懈奋斗。"壮志凌云"环节更是选取二十大报告中涉及的6个国家发展愿景，引导学生探索个人梦想与国家发展之间的联系，提升学生对祖国建设的参与感与使命感，鼓励学生积极奋斗，为祖国建设、民族复兴贡献自身力量。

三、教学重点、难点

教学重点：探寻个人梦想，思考逐梦中的困难，掌握方法实现梦想。

教学难点：将个人梦与家国梦相联系，坚定理想信念。

四、教学过程

（一）导入环节

教学内容：观看视频，启发学生思考梦想。

教师活动：

（1）播放视频《袁隆平的追梦人生》。

（2）提问：袁隆平爷爷的两个梦想是什么？对你有何启发？

（3）小结：袁老有两个梦想，"禾下乘凉"梦与"杂交水稻覆盖全球"梦，它们既是袁老对个人生活的期盼，也是对世界的关切与祝愿。每个人都有许多梦想，它可能很宏大，致力于改善社会、造福世界，也可能很微小，关注自身发展与自我感受。

学生活动：观看视频；思考并回答问题。

融入思政教育的意图：借助榜样事迹，启发学生从个人与社会、"小我"与"大我"两个角度思考个人梦想。

（二）教学过程

1. 繁星点点

教师活动：

（1）发放活动记录纸。

（2）讲解规则：活动记录纸上印有 12 个空白星星；请在星星中分别写下 12 个想要实现的梦想；分享梦想。

（3）小结：我们的梦想有的是学业梦、职业梦，有的是家庭梦、生活梦，有的是人生梦、家国梦。梦想的罗列能帮助自身明晰想要实现的目标，指引着未来奋斗的方向。

学生活动：思考自身梦想，将其写在活动记录纸的相应位置；分享自己的梦想。

融入思政教育的意图：引导学生关注梦想的不同层面，注重"小我"，关注"大我"，为后续活动打下基础。

2. 飞梭逐梦

教师活动：

（1）给每人发放 1 颗弹力球。

（2）讲解规则：将活动记录纸平铺在桌面边缘，身体端坐在椅子上；每人拥有 15 次投掷机会，每次从距离桌子边缘 15 cm 处弹出弹力球；弹力球落入星星区域，视为摘取下该星星，画"√"将其标记出来。

（3）提问：

①最终投中了多少颗星星？投掷时，遇到了哪些困难？

②将投掷体验与现实逐梦相联系，在追逐梦想时会遇到哪些挑战？怎样克服？

（4）小结：实现梦想的道路上可能遇到各种各样的挑战，需要我们坚定方向，制订计划；付出努力，提升技能；怀揣信念，不懈奋斗。

学生活动：依据规则投掷 15 次弹力球，标注投中的星星；思考并回答问题。

融入思政教育的意图：引导学生树立坚持不懈、努力奋斗的信念。

3. 壮志凌云

教师活动：

（1）介绍6颗与家国梦相关的星星：

红——传承中华历史，发扬中华文化（文化强国）。

蓝——掌握知识文化，养成终身学习习惯（教育强国）。

紫——提升创新意识，推动科技发展（科技强国）。

橙——开展体育锻炼，加强体育运动（体育强国）。

绿——树立环保意识，保护自然环境（绿色发展）。

粉——关注身边美好，提升生活幸福（人民生活幸福美好）。

（2）讲解规则：全班分为8个组；小组讨论自身梦想能够与哪些家国梦关联到一起，用对应颜色勾勒轮廓；小组代表分享本组讨论结果，阐述关联理由。

（3）小结：个人理想与国家发展的宏伟蓝图间存在着密切联系，成就"大我"的背后离不开每一个"小我"的努力和奋斗。我们的梦想汇聚到一起，能够助力中华民族伟大复兴，推动中国梦的实现。

学生活动：组内讨论个人梦与家国梦的关联，用彩笔标记轮廓；小组代表分享本组讨论结果。

融入思政教育的意图：引导学生思考个人梦与家国梦之间的联系，将"小我"融入"大我"，提升学生家国情怀与责任意识，坚定理想信念。

（三）梳理总结

教学内容：引导学生联系生活实际，为实现梦想努力奋斗。

教师活动：

（1）提问：本节课对未来的学习和成长有怎样的启发？

（2）总结：今天我们探寻了梦想；感受了逐梦的辛苦与不易；找寻了克服困难、努力实现梦想的关键要点；发现了个人梦与家国梦之间的联系，坚定自身信念，为个人梦想与祖国建设不懈奋斗。

学生活动：总结并分享课程思考与收获。

融入思政教育的意图：引导学生不忘初心，坚定理想，不负青春，勇敢追梦。

（四）课堂反馈评价

教学内容：收集全班活动记录纸，制作梦想墙。

教师活动：

（1）给每班发放一张海报纸。

（2）组织学生在海报纸上张贴本班活动记录纸，装饰空白部分，制作班级梦想墙。

（3）在年级组织梦想墙展示活动。

学生活动：提交活动记录纸，共同制作班级梦想墙。

融入思政教育的意图：将学生的梦想展示出来，供大家欣赏浏览，启发仍然迷茫的学生寻找心中的梦想。

（五）作业设计

因课上时间有限，仅选取了6个国家发展愿景进行介绍，课后请学生继续查阅相关资料，进一步了解我国未来的建设蓝图，找一找自己还有哪些梦想能够与其关联到一起，在今后的学习和生活中为之不懈奋斗。

（六）教学反思

本节课围绕"梦想"设计活动，引导学生关注个人梦和家国梦，克服困难，勇敢追梦。导入环节以袁隆平的事迹唤起学生关于梦想的思考；教学过程，引导学生写下并分享自己的梦想，逐步打开思路，畅想未来；带领学生感受"追逐梦想"过程中的挑战与困难，积极找寻克服困难的关键要点，助力梦想实现；壮志凌云环节，更是将个人逐梦与国家发展相融，提升学生的自身责任感与使命感，为祖国的建设贡献自身力量。学生的反思和发言能够展现其对理想的坚定，对未来的憧憬，能够将个人发展与国家建设紧密相连，立志为实现梦想而不懈奋斗。

（七）教学资源推荐

（1）天津市普通中小学地方课程教材七年级《心理健康》上册。

（2）视频材料：《袁隆平的追梦人生》。

《开启创造力的大门——创造性思维训练》教学设计

张翠翠

一、教学目标

（1）感受创造力作用，树立创新意识。

（2）发掘创新潜能，提升创造性思维水平，并与学科学习联系起来，提升学习能力。

二、教学设计的思政融合点描述及设计说明

党的二十大报告中明确提出要"培育创新文化，弘扬科学家精神，涵养优良学风，营造创新氛围"。《中小学心理健康教育指导纲要（2012 年修订）》强调高中生要"培养创新精神和创新能力"，因此在高中心理课堂上注重创新意识的树立和能力培养，既有利于提升学生学习能力，也充分体现了国家对创新型人才的培养和对科技创新的大力推动。

巧用教学材料融合课堂思政。《蚂蚁运输队》视频让学生意识到创造力在生产生活中发挥的作用，唤起创新意识；主体活动的三项创造性思维训练，有助于提升学生的创造性思维水平；尤其是"创造性思维训练：创意福字图"选择的《城市百福图》视频，充分展现了传统文化——"福"字图，并将其与祖国的座座城市相连，渗透浓浓的家国情怀；推动学生从"福"字主题出发进行创新设计，在弘扬传统文化的同时充分发掘创新潜能，提升创造力水平。

三、教学重点、难点

教学重点：唤起创新意识，通过创造性思维训练，提升创造性思维能力。

教学难点：将创造性思维与学科学习联系起来，提升学习能力。

四、教学过程

（一）导入环节

教学内容：观看视频并分享。

教师活动：播放视频《蚂蚁运输队》；请学生思考并回答：小蚂蚁们是如何

提高工作效率的？对你有什么启发？

小结：小蚂蚁打破了原有的工作模式，找到解决问题的新途径，提高了工作效率，这恰是创造力的体现。创造力的发挥有助于打造新产品，探索新方法，给生产生活带来改进与发展。今天我们就一起开启创造力大门，步入创造性思考之旅吧！

学生活动：观看视频并分享感悟。

融入思政教育的意图：通过观看视频，了解创造力在生产生活中发挥的作用，唤起学生的创新意识。

（二）教学活动过程

1. 创造性思维训练：头脑风暴——一支铅笔的自白

教师活动：请学生打开思路，尽可能多地回答："如果我是一支铅笔，能够做什么呢？"请学生发言分享，不要重复已有答案。

小结：联系生活、打开思路，从多方向、多角度思考，可以让思维变得更敏捷流畅。

学生活动：开动脑筋，尽可能多地说出铅笔的用途。

2. 创造性思维训练：巧解千千结

教师活动：

（1）发放道具，每个学生领取一根绳子，绳子两端分别有两个圆圈。

（2）讲解规则：

①将绳子套在手上，两人一组，并将绳子交错在一起。

②限时5分钟，尝试在不弄断绳子且不使人受伤的情况下，让这两根绳子自然分开。

③结束尝试后，请找到方法的学生做展示。

（3）展示解决问题的方法。

小结：学生在训练中最初尝试的是一些常用方法，但当行不通时，就需打破固有思维局限，勇于寻找解决问题的新途径。

学生活动：领取道具，各自套好绳圈，两人一组，尝试解开绳结；成功完成的学生做展示。

3. 创造性思维训练：创意福字图

教师活动：

（1）播放视频《城市百福图》。

（2）给每个学生发放一张白纸和若干彩笔。

（3）讲解规则：

①任选"福"字主题，运用各种符号，设计并绘画出一个独特、有创意的

"福"字，以传递愿望或祝福。

②分享作品，说说作品的独特之处和表达主旨。

小结：学生的作品别出心裁、独特新颖，或饱含家国之情，或关联兴趣爱好，日常生活中素材和知识的积累都是好创意的基础；乐于想象和创造，积极实践，将脑海中的新想法变为现实，这让生活变得更加丰富多彩。

学生活动：观看视频并回答问题；运用彩笔和白纸等，设计并绘画出一个"福"字，传递愿望或祝福；分享创意作品。

融入思政教育的意图：《城市百福图》视频既充满创意，又传播了传统文化，同时与祖国的美丽山河相联结，饱含家国之情。引导学生在创作和分享中，发掘创新潜能，并表达对传统文化、美丽家乡、幸福生活等的热爱，达成对创新能力和积极心理品质的培养。

（三）梳理总结

教学内容：分享总结。

教师活动：透过《蚂蚁运输队》视频感受到发挥创造力有助于提高工作效率，并分别展开铅笔用途的头脑风暴，探寻解开绳结的巧妙办法，创造各具特色的"福"字主题。

请思考并回答：你觉得如何做能够提升自身的创造性思维水平呢？你觉得创造性思维水平的提升对学科学习有哪些益处呢？

小结：总结分享内容，深刻课程主题：善于联系生活，多角度、多方向展开思考；打破固有思维，积极探寻解决问题新途径；注意日常积累，充分发挥想象、乐于创造。

学生活动：总结并分享课程思考与收获。

融入思政教育的意图：引导学生充分认识到创造性思维水平提升的益处，涵养创新精神；讨论和总结提升创造性思维水平的方式，提高创新能力。

（四）课堂反馈评价

教学内容：以班级为单位，汇聚全班的"福"字作品，选择优秀作品集中展示。

教师活动：以班级为单位收集"福"字作品；师生共同评选优秀作品，在班级或年级中展示。

学生活动：以班级为单位上交"福"字作品；与教师一起评选出优秀作品进行展示。

融入思政教育的意图：选择不同类别、创意丰富、传达家国之情和生活美好意涵的优秀作品进行班级或年级展示，进一步传播创新精神和家国之爱。

（五）作业设计

有一个装满水的杯子，如何在不倾斜或打破的情况下，设法取出杯中全部的水呢？

请联系所学，想想如何解决上述问题，办法越多越好。请以学习小组为单位，讨论并汇集解决方法，并在班上分享。

（六）教学反思

本节课主题明确，目标清晰，结构完整。热身活动的有趣视频唤起学生思考、引入主题；主体活动分为三个创造性思维训练，头脑风暴激励学生打开思路，多角度、多方向思考问题；"巧解千千结"，引发学生积极思考、踊跃尝试，体验打破固有思维、寻找解决问题的新途径；"创意福字图"，激发学生想象、享受创造，画作各有不同，体现了创造性思维的独创性，也描绘了传统文化、家国之情、美好生活等图景，传递着积极向上、热爱生活的态度；在总结分享阶段，学生能够把创造性思维与学科学习相连，在培养创新意识基础上，推动创造性思维的迁移运用，提升创造力水平，达成教学目标。

（七）教学资源推荐

（1）董奇《儿童创造力发展心理》。

（2）俞国良《创造力心理学》。

（3）百度视频：《蚂蚁运输队》。

（4）腾讯视频：《城市百福图》。

《个人信息安全行为规范和信息社会道德准则》教学设计

张玉东

一、教学目标

通过典型案例分析，学生能够规范地获取、甄别和传播信息，在日常生活中具有自主判断信息的真伪和优劣的意识（信息意识）。

在学习本节课后，学生能够自觉维护清朗的网络空间，文明、规范地在网上交流，自觉遵守网络文明礼仪、道德准则及国家法律法规，传播正能量；维护个人和他人隐私，保护个人和他人的知识产权，树立维护信息安全的社会责任（信息社会的责任）。

学生能够利用数字化工具进行信息的获取、分析（数字化学习与创新）。

二、教学设计的思政融合点描述及设计说明

本节课的思政融合点主要体现在提高学生能力，引导学生形成积极价值观、养成良好习惯等方面。

思维导图等工具的使用体现学生的数字化学习与创新能力，网络热度背后的运作机制强调学生的信息甄别、分析能力；费县大集上的烟火气来源于劳动人民勤劳、朴实的品质，对新媒体与乡村文化传承的思考等都为学生提供积极的价值引领；信息社会责任要求学生能够规范个人行为和网上行为，自觉维护清朗的网络空间，养成文明上网的习惯。

三、教学重点、难点

教学重点：掌握基本的个人信息安全行为规范，文明、规范地在网上交流，自觉遵守网络文明礼仪、道德准则及国家法律法规；学会在生活中自觉维护个人和他人隐私，自觉保护个人和他人的知识产权。

教学难点：大数据的低价值密度属性给日常带来诸多困扰，通过本节课的学习，能够学会对海量信息进行筛选、甄别，维护网络空间的清朗。

四、教学过程

（一）导入环节

教学内容：播放山东费县大集热闹景象的视频，介绍乡村大集在农村生活中的内涵。

教师活动：向学生展示费县大集热度"源头"故事。

学生活动：认真聆听，感受中国乡村新风貌，并制作"费县大集网红"主题思维导图。

融入思政教育的意图：传统集市承载了非常丰富的民俗文化内涵，它是乡村文化的根。集市既是一种交易场所，也是乡村生活中一个重要内容。通过向学生介绍费县大集，使学生了解中国农村的风土人情，感受中国农村新风貌。学生能在故事背后，在一幅幅画面中体会到劳动人民勤劳、朴实的品格，体味幸福生活是加油干出来的，体味个人对家庭社会应该承担的责任。

（二）教学活动过程

教学内容：探究网红推手背后的 KPI 考核。

教师活动：带领学生探究"热搜"背后的运作过程；引导学生体会到网络的"两面性"，并告诉学生要利用好这把双刃剑。

学生活动：检索相关信息，根据已梳理的思维导图内容思考费县大集如何获得高热度、高流量、高关注度，小组讨论教师给出的问题，归纳整理。

融入思政教育的意图：通过案例分析，学生能够认识到要对网络中的事件做出理性思考；学会保护个人和他人隐私，以及维护信息安全；能够认识到网络热度背后的"推手"，学会理性看待上网行为；自觉文明上网，理性评论、转发，做到文明、规范交流，养成文明上网的好习惯。

（三）梳理总结

教学内容：互联网媒体报道的大集良莠不齐，和当地人真实的日常起居有诸多不符之处，当地居民个人通过网络回应个别主播的不实视频。

教师活动：组织学生总结费县大集上的负面清单。

学生活动：小组讨论，整理并回答问题。

融入思政教育的意图：学生在归纳中意识到规范上网的重要性，提高信息鉴别能力，不做不良信息的传播推手，自觉抵制不良信息，自觉文明上网。

（四）课堂反馈评价

教学内容：费县当地政府重视大集的高质量可持续发展，组织协调相关职能部门做好大集功能区建设，合理规划，整治卫生，监管商品价格；建设清朗的网络环境，依法打击网络犯罪，依法处置不良网络作品，依法追究相关自媒体作者的责任。

教师活动：向学生展示初步整治后的费县大集，引导学生总结本节课的内容。

学生活动：观看，思考，小组讨论，归纳总结。

融入思政教育的意图：学生能够认识到，清朗的网络环境需要我们每个人积极维护。在日常生活中，应该规范个人信息安全行为，遵守信息社会道德准则，进一步深化信息社会责任，养成良好的上网习惯。

（五）作业设计

（1）国家互联网信息办公室提出网友应遵守的"七条底线"，查询相关内容，自觉遵守规定。

（2）搜集自媒体关于淄博烧烤的相关报道，分析淄博烧烤高热度的运作机制，鉴别有无不良信息，并提出改进方法。

（六）教学反思

本节课通过项目式教学，围绕着信息社会责任这一主题，通过费县大集热点话题展开，学生在教师引导下，认识到流量经济对费县大集的影响，深刻体会网络新媒体这把双刃剑对个人、公众利益带来的影响，知识密度大，逻辑性强。

课程内容偏科普性质，学生活动较为单一，涉及信息社会责任的内容较多，由于时间关系，部分内容没有深挖，只列举了比较有代表性的内容。今后可以选择更多的典型案例进行分析，激发学生兴趣，提高学生的学习主动性和学习效率，使学生对本节课主题的体会更加深刻。

通过本节课的学习，学生能够体会到新媒体时代必须寻求一种平衡，使传统文化与现代传播方式协调并存。唯有如此，乡村集市这一重要文化遗产才有可能得到保护，临沂民众乃至更多的人才有可能持续地享受到这一多姿多彩的文化活动。希望乡村集市既能够保留传统特色，又能够在新时期焕发出新的生机与活力。也希望通过本节课的学习，学生能够从自身做起，做到理性、文明地上网。

（七）教学资源推荐

（1）素材包：山东费县大集热闹景象的视频；费县网红文字资料。

（2）数字化工具：思维导图工具 Xmind，Chrome 等浏览器。

《探秘中国水利工程》教学设计

王卫国

一、教学目标

(1) 在自主探究的过程中了解中华民族自古以来在水利工程建设方面的辉煌成就，感受、弄通、学懂中国劳动人民的伟大智慧和创新精神，以增强学生的民族自信和国家认同感，激发学生学习科学技术的热情，建立投身中华民族伟大复兴事业的情怀。

(2) 通过学习新中国成立后，党带领人民自力更生、艰苦创业，为解决民生问题而修建的水利工程典型案例，使学生感受中国共产党全心全意为人民服务的精神内涵，树立责任担当意识，形成主动服务他人、服务社会的情怀。

二、教学设计的思政融合点描述及设计说明

以都江堰、红旗渠等中国古今著名的水利工程为学习载体，感受中国古代先进的科学技术成就，体验蕴含在中华民族骨子里的勤劳勇敢、艰苦奋斗、开拓创新的精神，增强学生的民族认同感、自豪感，坚定文化自信。

通过了解在党的领导下建设的伟大工程，感受伟大革命精神厚重的内涵，激发学生的爱党、爱国、爱人民的情怀，传承好红色基因，为中华民族伟大复兴提供精神动力。

三、教学重点、难点

（1）系统认知中国从古至今水利工程建设的发展脉络，总结每一项水利工程的科学原理、技术应用，提炼其中所蕴含的人文精神。

（2）能在教师提供的学习素材中感悟到民族文化自信，初步体悟个人成长与社会进步、国家发展和人类命运共同体的关系，强化对中国共产党的认识和感情，培养中国特色社会主义共同理想和国际视野。

四、教学过程

（一）准备阶段

准备内容：采用"反转课堂"的方式，上课前为学生提供都江堰、郑国渠、灵渠、京杭大运河、坎儿井、红旗渠、三峡工程、南水北调工程的网络资源，以学习任务的方式进行观看。

教师活动：①布置学习任务。②指导学生从水利工程的背景和意义、功能作用、科学技术、人文精神四个方面进行探索研究。③指导学生根据自己研究的兴趣点分组并确定小组成员的分工。④要求每组完成一篇研究报告，制作 PPT 分享学习成果。

学生活动：①明确学习任务。②组成学习小组。③讨论组内分工。④制订研究计划。⑤分配研究任务。⑥形成研究成果。⑦分享展示研究成果。

融入思政教育的意图：培养积极价值观：通过将思政教育元素融入教学设计中，可以引导学生形成积极向上、爱国爱民、尊重法治等社会主义核心价值观。提升社会责任感：通过引入社会热点问题及案例，让学生在学习专业知识的同时，了解并关注社会问题，激发他们的社会责任感。

（二）导入环节

教学内容：采用连环提问进行趣味导入：历史上著名的郑国渠是哪个国家修建的？（秦国）秦国修建的渠为什么叫作郑国渠？（主持修建的人叫作郑国）郑国是哪个国家的人？（韩国人）

教师活动：提出问题并解答，通过趣味问题导入激发学生学习兴趣。

学生活动：思考并回答问题。感受探究中国水利工程的乐趣，体会在研究和学习过程中关注细节的重要意义。

融入思政教育的意图：增强学习兴趣：通过将思政教育元素融入教学，可以用更贴近生活的方式来呈现知识，从而增强学生学习兴趣。加强思想政治教育：这是最直接的目的，通过教学设计将思想政治教育的内容和目标与学科内容相结合，加强学生对思想政治教育的学习和理解。

（三）教学活动过程

1. 水利工程相关的历史背景和意义

教师活动：组织水利工程背景和意义的研究小组分享学习成果。

总结提升：历史上的水利工程都是为了解决当时水灾严重、水资源分配不均衡给人民带来灾难的问题，各国政府为了百姓能安居乐业、经济稳定发展、减少战乱、稳定政权而举全国之力修建。水利工程在水资源管理、水灾害防控、能源开发与利用、促进区域经济发展等方面发挥了重要的作用。

学生活动：分享都江堰、灵渠、郑国渠、京杭大运河、坎儿井、红旗渠、三峡工程、南水北调工程的历史背景和意义。

融入思政教育的意图：塑造批判性思维：帮助学生以批判性的眼光看待问题，这种思维方式对于任何学科的学习都是非常有益的。增强道德意识：可以增强学生的道德意识，使学生更好地理解和遵守社会道德规范。

2. 水利工程相关的功能作用

教师活动：组织水利工程功能作用的研究小组分享学习成果。

总结提升：水利工程在防洪、灌溉、军事、运输等方面发挥着重要的作用，现代三峡工程迎合了时代的发展成了清洁低碳的"绿色引擎"，累计发电近1.4万亿千瓦时，相当于节约标准煤4亿多吨，减少二氧化碳排放11亿多吨。使学生了解可持续发展的重要性，形成可持续发展理念，注重经济、社会和环境三方面的平衡发展。

学生活动：分享都江堰、灵渠、郑国渠、京杭大运河、坎儿井、红旗渠、三峡工程、南水北调工程的功能作用。

融入思政教育的意图：鼓励学生思考、探索和挑战传统观念，这有助于激发他们的创新精神，推动学科知识的创新和发展。

3. 水利工程相关的科学技术

教师活动：组织水利工程科学技术的研究小组分享学习成果。以都江堰为例精讲四六分水、二八排沙的原理和技术方法。对于学生学习不全面的地方进行补充讲解。

总结提升：从古代开始，中国在科学技术方面就取得了卓越成果，新时代的青少年要不断学习和探索，发挥创新、创造精神，为实现中华民族伟大复兴而不懈努力。

学生活动：分享都江堰、灵渠、郑国渠、京杭大运河、坎儿井、红旗渠、三峡工程、南水北调工程的科学技术。

融入思政教育的意图：合理设计的思政教育可以作为一个有力的工具来提高教学质量，帮助学生更好地理解和掌握所学知识。

4. 水利工程相关的人文精神

教师活动：组织水利工程人文精神的研究小组分享学习成果。

学生活动：分享都江堰、灵渠、郑国渠、京杭大运河、坎儿井、红旗渠、三峡工程、南水北调工程的人文精神。

融入思政教育的意图：帮助学生形成正确的价值观和人生观，提高学生的社会责任感和道德意识，有助于实现学生的全面发展，培养学生的人文素养和社会责任感，提高学生的综合素质。

（四）课堂反馈评价

给学生提供建设性的反馈，而不是只指出学生的错误和不足。要帮助学生理解他们的问题，并给出建议加以改进。强调学生的优点和强项，以增强他们的自信心和积极性。同时，也要鼓励他们尝试新事物并面对挑战。

（五）作业设计

布置相应的动手实践类作业，通过制作模型使学生更加熟悉科学原理和技术应用，以微视频、海报、手抄报等形式进行学习内容的分享和爱党、爱国情怀的表达。

（六）教学反思

教师作为学生成长的引路人，不仅应教授专业知识，更应培养学生的价值观和社会责任感。因此，思政教学的目标，不仅是让学生掌握课程内容，更要引导他们在学习过程中形成正确的价值观和社会责任感。为了更好地实现思政教学目标，我根据课程内容和学生的实际情况，对思政教学内容进行了优化。例如，增加了具有时代感和现实意义的案例，使教学内容更加生动、真实，从而帮助学生更好地理解和接受思政教育。

（七）教学资源推荐

（1）都江堰水利工程原理讲解：https://baijiahao.baidu.com/s?id=177153254929 6791614&wfr=spider&for=pc.

（2）《解码科技史》中国古代水利工程——灵渠背后的谜团：https://www. bilibili.com/video/BV1wu41147UV/.

（3）经典传奇：中国奇迹——中国"天河"红旗渠：https://haokan.baidu. com/v?pd=wisenatural&vid=13938078301732713865.

（4）三峡大坝：https://baike.baidu.com/item/%E4%B8%89%E5%B3%A1%E5% A4%A7%E5%9D%9D/496331?fr=aladdin.

（5）问水大西北：https://haokan.baidu.com/v?vid=7911112043617905707&collec tion_id=10672096396164323517&.

（6）谈中国古代三大水利工程：https://www.doc88.com/p–109264614162.html.

《丝绸之路上的里昂》教学设计

赵　媛

一、教学目标

根据《普通高中法语课程标准（2017 年版 2020 年修订）》中对课程目标的设定，本课要完成以下教学目标。

语言能力目标：通过学习"职业"主题的词汇，掌握职业名词的阴阳性变化规律；能够介绍人物的姓名、出生日期、出生地、国籍、职业和简单的工作内容等。

思维品质目标：通过引导学生找出名词阴阳性变化规律，使其进一步理解法语中描述有生命体的名词会根据其性别区分阳性和阴性；培养学生严谨的思维方式。

文化意识目标：通过本单元学习，学生将了解法国城市里昂作为丝绸之路上的重要城市，在中法两国贸易和文化交往中的重要作用；通过常书鸿先生青年时期在里昂中法大学留学的经历，认识到中国近代众多领域的著名人士都曾经留学法国，并为中华民族复兴和发展做出了杰出的贡献，进而使学生落实立德树人的根本任务，提升学生的民族自豪感和文化认同感。

学习能力目标：通过课前作业培养学生自主学习的意识；通过课堂引导学生发现、总结规律，掌握法语学习的策略，激发学生主动探究的兴趣；通过小组课后研学作业，培养学生的信息检索、归纳总结能力以及与他人交流合作、共同完成研究任务的能力。

二、教学设计的思政融合点描述及设计说明

2013 年，习近平总书记提出建设"丝绸之路经济带"和"21 世纪海上丝绸之路"重大倡议。作为古代丝绸之路上的重要国家，中法两国始终致力于推动中法人文交流，增进两国人民的互相了解，共建"一带一路"，以实际行动构建人类命运共同体。

里昂这座古老的城市曾经在古代丝绸之路上起到了东西方经济、文化交流的

桥梁作用。本课程将以里昂作为古代欧洲丝绸之都和我国 20 世纪初"留法勤工俭学运动"的目的地为出发点，通过中央电视台《远方的家》节目视频，带领学生了解郑大章、常书鸿、潘玉良、李治华、戴望舒等为新中国科学、文化事业作出突出贡献的仁人志士曾经在里昂中法大学求学的经历，进而落实法语学科立德树人的根本任务，增强学生的民族自豪感和文化自信。

三、教学重点、难点

教学重点：职业名词的阴阳性转换。

教学难点：本课程使用的视频为中文，配有中英文字幕，虽方便学生完成自学任务，但是在与法语词汇对应方面还需教师在课上给出明确的指导。在小组作业阶段，因为学生处于法语初学阶段，知识积累较少，法语水平与母语水平存在巨大差距，因此引导学生如何将复杂的中文信息转换成最基本的法语表达是教学难点。

四、教学过程

（一）导入环节

教学内容：里昂与古代丝绸之路的历史渊源，丝织业的发展，历史上的著名人士。

教师活动：要求学生课前观看视频，思考问题，课上请学生做简单的归纳总结。点评学生的总结并引出教学内容。

学生活动：通过课下自主学习，提前了解里昂与古代丝绸之路的历史渊源、丝织业的发展和历史上的著名人士，为课堂学习做好知识准备。根据自学完成的学案，用中文介绍里昂丝织业的发展和壁画上出现的人物。

融入思政教育的意图：通过里昂与中国的历史渊源，引导学生关注中法两国的交往历史。

（二）教学活动过程

教学内容：

词汇：丝绸、丝绸之路、一带一路、织布机、物理学家、数学家、发明家、作家、飞行员、厨师、化学家、画家、翻译家、诗人。

语法：职业名词的阴阳性转换规则。

教师活动：

词汇部分：让学生先读问题，带着问题看视频。请学生回答问题并订正答案。拓宽学生对潘玉良、戴望舒、常书鸿、郑大章、李治华五位名人所从事的工作的了解，通过 PPT 介绍他们的职业、重要著作及贡献。

依次提问 1 ~ 4 题，并通过 PPT 给出法语词汇"丝绸 la soie、丝绸之路 la Route de la soie、一带一路 la Ceinture et la Route、织布机 métier à tisser"。请学生回答第 5 题，并通过 PPT 订正答案，解释职业词汇"物理学家 physicien、数学家 mathématicien、发明家 inventeur、作家 écrivain、飞行员 pilote、厨师 cuisinier"。

语法部分：通过引导学生观察同一职业的名词的不同形式，发现法语中的职业名词会与人的性别对应。表格中给出不同职业的阳性或者阴性形式，让学生观察规律，举一反三，推导出同一构词法的名词的转换规律。

学生活动：

词汇部分：读题，看视频，与同桌讨论答案，用法语回答问题，根据教师讲解完善答案，做笔记。

语法部分：观察职业名词的构成，通过表格中同类名词的已知形式推断出新词汇的未知形式，最终填写转换规律表格。

融入思政教育的意图：教学内容以丝绸之路为出发点，在里昂与中国的交往和曾经在里昂中法大学求学的众多知名人士的故事中融入表达职业的词汇以及名词阴阳性转换规则，引导学生在学习法语的同时能够关注法语所承载的文化和历史。

（三）梳理总结

教学内容：词汇和语法规则。

教师活动：通过提问的方式带领学生回顾本单元词汇、语法及文化内容。

学生活动：回答问题，如有疑问向教师提出。

融入思政教育的意图：通过爱国人士的奋斗历史，坚定文化自信，激发学生向榜样学习的动力。用文化传播使者的身份在新时代推动"一带一路"的建设和发展。

（四）课堂反馈评价

教学内容：课堂练习，词汇及语法的运用。

教师活动：通过练习检测学生的掌握情况。

学生活动：根据上下文推断人物的职业，再根据性别填写相应的形式。

融入思政教育的意图：课堂练习题目的设计选择了我国相关领域的代表人物，例如：物理学家钱三强、何泽慧，画家徐悲鸿、何香凝，作家杨绛，诗人舒婷、徐志摩，数学家华罗庚。在训练学生语言能力的同时有意识地融入中国元素，进一步落实法语学科核心素养。

（五）作业设计

作业内容：从本课中出现的 10 位人物：潘玉良、戴望舒、常书鸿、郑大章、李治华、杨绛、钱三强、何泽慧、华罗庚、舒婷中选取一位，用法语对其进行介绍（姓名、国籍、出生日期、出生地、职业及工作）。

作业形式：课下完成，课上讲解，录制视频讲解。

作业流程：学生为教师批改过的文字部分配图，做成 PPT，在课上做现场讲解。教师反馈需要修改的部分，学生将讲解内容录制成视频，发给法国笔友。法语教师可与对方中文教师针对此话题开展教学活动，邀请法国学生介绍一位中国名人。

作业模式：小组分工合作。

学生通过课下搜索信息，将会更加全面地了解这些人物的学习、工作历程，学习他们艰苦奋斗的宝贵品质。通过给法国笔友介绍中国人物，让法国学生了解中国近现代在历史，科学、文化、艺术等方面的发展情况，讲好中国故事，传播中国声音。

（六）教学反思

本课程共两课时，通过里昂作为丝绸之都与中国的历史关系，引出 1921—1946 年在里昂中法大学求学的五位中国著名人士的故事，根据他们后来从事的职业总结出有关职业的法语名词。通过对比分析同一职业名词在对应不同性别时的不同形式，总结出法语名词阴阳性转换的规律。

课后小组合作研学内容为课堂知识的运用和延伸。学生课上对里昂与丝绸之路的关系以及五位著名人士的了解并不全面，所以教师要引导学生在课下进行研究性学习。

学生通过自学了解里昂与中国的历史渊源，学会如何用法语简单介绍里昂；通过课堂学习，了解到潘玉良、戴望舒、常书鸿、郑大章、李治华等爱国志士曾经远赴法国，在里昂中法大学勤学苦读，为新中国的建设和发展贡献了毕生力量，并能够使用法语简单介绍人物的个人信息；通过与法国笔友的交流，高质量共建"一带一路"教育合作。

（七）教学资源推荐

CCTV 节目官网相关视频。

《中国传统节日——春节》教学设计

陈 晨

一、教学目标

知识目标：学生能够掌握基本的春节相关词汇以及春节习俗、春节活动、春节美食的表达。

能力目标：口语表达方面，学生能够较为熟练地介绍中国春节相关习俗、活动、美食。

情感目标：加强学生爱国主义情怀培养，培养学生文化认同感，树立文化自信。

二、教学设计的思政融合点描述及设计说明

在落实立德树人根本任务、推动理想信念教育常态化和制度化、推进大中小学思想政治教育一体化建设的时代背景下，高中外语和所有学科一样，实施课程思政是完全必要的。

在外语教学中，作为教师，我们要注意引导学生形成正确的人生观、价值观和世界观，将中国元素和传统文化有机融合，实现外语学科育人价值。法语学科在教授语言的同时，还要注意培养学生的国际视野和跨文化沟通意识。跨文化沟通，既要了解和学习外国文化，也要重视本国文化的学习，才能够实现真正的沟通。我认为在外语课堂中加入中国元素非常重要，让学生能够利用所学的语言介绍本国的文化生活，可以增强学生对中国文化的认同感和民族自信心，实现真正的跨文化交流，既学习对方国家的文化，也弘扬本国的优秀传统文化。

语言和思想、文化密切相关，外语教学过程其实也是思想文化理念的传递过程，因此文化融入思政内容有其天然的优势。作为外语教师，要注意在课堂各个环节把握教学内容，既能够了解和学习不同的文化，又可以辩证的眼光去看待中西方文化差异，求同存异。

在外语学习的过程中，我们不仅要注重了解和学习外国文化习俗，也要注重引导学生运用外语。对于法语学科来说就是用法语讲述中国社会、政治、经济、文化等话题内容；鼓励学生进行跨文化对比和思考，加强对中外文化差异的认

识，培养跨文化交际意识和能力。中国的传统节日——春节，对于我们中国人来说有着重要的意义，在本堂课上我们将用法语介绍和学习春节相关词汇，让学生能够用法语介绍我们的传统节日。注重在潜移默化中坚定学生的理想信念，培养学生对中国文化的认同感，树立文化自信。

三、教学重点、难点

教学重点：了解和学习春节相关词汇。

教学难点：结合所学词汇介绍中国春节，结合所学内容介绍自己如何过春节。

四、教学过程

（一）导入活动

教学内容：提问：法国重要的传统节日有哪些？中国的传统节日有哪些？让学生介绍春节。通过一个视频让学生了解中国春节起源。

教师活动：准备春节起源的视频、相关词汇。

学生活动：回答问题。

融入思政教育的意图：在复习和了解法国文化的同时，加强学生对中国文化的了解，使学生做到既可以用法语介绍法国文化，也可以用法语介绍和弘扬中国传统文化，加强文化自信心和自豪感。

（二）教学活动过程

教学活动：让学生分组讨论，尝试介绍春节前的准备工作。提问：法国人在圣诞节吃什么？我们的春节有哪些传统美食？听力练习，通过一段法语视频，了解饺子的制作过程，学习相关词汇和表达。提问：春节都有哪些习俗？要怎样用法语表达？

教师活动：给出相关法语词汇，介绍中国春节的传统美食，准备包饺子的法语版本视频。

学生活动：以分组讨论的形式，利用所给词汇，介绍春节的相关准备工作，每个小组派一位代表展示本小组成果。回答相关问题。针对视频内容提出相关问题。利用所学词汇介绍中国春节，并介绍自己在家中如何过春节，并做展示。

融入思政教育的意图：通过学生的介绍，了解学生对春节的了解，锻炼学生的口语表达能力和团队合作能力。民以食为天，通过这部分，可以让学生在学习相关词汇的基础上，了解两国的饮食文化差异。

（三）梳理总结

教学内容：总结本堂课的内容，回顾相关词汇。通过提问的方式复习本堂课的内容。

教师活动：在课前准备相关词汇和辅助材料。

学生活动：在课程中学习春节相关词汇和习俗的表达。

融入思政教育的意图：通过春节相关词汇的学习，让学生能够完整地介绍中国春节，从起源、美食到春节活动，全方位了解中国传统节日的法语表达，能够让学生更好地介绍自己的传统节日，建立文化自信。

（四）课堂反馈评价

教学内容：内容充实丰富，多媒体设备的加入使课堂更加形象生动。

教师活动：在课堂上充分和学生互动，课堂氛围良好。

学生活动：积极参与，锻炼口语表达能力。

融入思政教育的意图：通过本课程的学习，学生学会了中国春节的相关词汇的表达方式，结合本课程学习的词汇句型可以介绍中国春节，能够利用所学的法语介绍自己民族的文化，增强了文化自信心和民族自豪感，也让学生切实感受到语言的作用。

（五）作业设计

向法国笔友介绍自己家的春节准备工作，春节期间的活动、美食等，可以文字图片的形式呈现，也可以制作成视频。

（六）教学反思

本课程旨在让学生了解中国传统节日的法语表达，让学生能够利用所学知识介绍中国传统文化，弘扬中国传统文化。借助视频将文化元素融入教学。教学活动以教师为主导，以学生为主体，做到知行合一、学用一体。引导学生多开口，让语言真正服务于交流，贴近生活，激发学生兴趣，活跃课堂气氛。教学多以小组讨论的方式进行，激发学生的学习自主性，发挥学生的主观能动性。让学生感受到学习外语不仅仅是学习外国文化，更重要的是能够利用所学外语介绍中国文化、弘扬中国文化。

（七）教学资源推荐

CGTN 法语频道，CRI 法语在线。

第三编

作业设计

《〈红星照耀中国〉整本书阅读》作业设计

王 晶

一、设计依据

以新课标为指引：《义务教育语文课程标准（2022 年版）》在课程理念上首次强调了"构建语文学习任务群，注重课程的阶段性与发展性"，对整本书阅读活动提出了具体的要求，如"可以通过开展多样的读书活动，丰富、拓展学生的名著阅读，积累阅读经验、丰富精神世界"，并且将"整本书学习任务群"作为拓展型学习任务群提出。从新课标的表述中我们可以看出学习任务群应该是在真实情境下，确定与语文学科核心素养相关的人文主题，综合考虑教材内容和学生情况，设计不同类型的学习任务，在教学策略上突出其整合的特点以及重视学习任务的内部建构和联系，引导学生在完成任务、解决问题的过程中提升语文基本素养。因此以整本书阅读学习任务群的形式指导学生阅读部编本教材推荐的名著篇目，促进学生深入阅读名著，积累整本书阅读的经验尤为必要。

以教材为抓手：《红星照耀中国》是部编本八年级上册语文课本中推荐的名著阅读篇目。这部纪实文学作品记录了作者深入延安考察所得的第一手资料，作者深入分析了"红色中国"产生和发展的原因，并且预言"红色中国"最后一定会获得胜利。因此该作品的核心价值在于其纪实性与伟大的预见性。该作品 30 余万字的内容涉及史实比较多，完全由学生自主阅读不利于学生阅读兴趣的培养，这就需要教师针对纪实文学的特点引导学生阅读序言和目录，激发学生的阅读欲望。

以学情为基础：八年级学生的中国历史课恰好学到"新民主主义革命"及"中华民族的抗日战争"这两章，学生对作品相关时代背景有一定了解，但学生生活在和平时代，普遍对这一历史时期缺乏感性认识。

基于以上三方面内容，备课组从阅读心理、阅读兴趣、阅读目的、阅读内容、阅读习惯、阅读效果以及阅读环境等维度精心设计了针对本年级学生的调查问卷，综合调查结果如下：一是学生主要根据阅读兴趣选择阅读内容以及确定阅读次数，对纪实类作品缺乏深度的探究以及思考；二是学生对书中的领袖人物和红军将领的革命之路以及人物领袖时时刻刻散发的中国共产党的信仰和精神更感兴趣。

《红星照耀中国》一书中所涉及的史实距今已有近 90 年，这一历史鸿沟使得学生在阅读过程中存在碎片化的倾向，因此教师在进行阅读指导时需要设置阅读情境以消除阅读障碍，帮助学生边阅读边梳理事实的前因后果、发展线索以及作者对事实的立场与观点，引导学生在阅读纪实类作品时学会从历史的角度分析文本内容，促进学生对作品的深度探究。

二、整体设计意图

目标性：以提升学生语文核心素养为总体目标，依据《义务教育语文课程标准（2022 年版）》的学习任务群课程理念，以双减政策中的减负增效的方针为指引，围绕阅读目标、阅读方法、阅读专题确立整本书阅读的作业目标，设计适合学生学情的初中语文整本书阅读作业。

整合性：融合跨学科和课程思政元素，重视核心任务、序列人物、情境任务以及分层任务的内部建构和联系，突出整本书阅读"整合"的作业设计特点，着眼于进阶性与衔接性，促进学生整本书阅读能力的螺旋式上升。

系统性：横向上构建"一书一主题，一章一引导，一项一分层"的作业设计框架，纵向上将阅读与鉴赏、表达与交流、梳理与探究整合成一体，以主题核心任务为主导，章节序列任务为引导，设置情境任务，拓展分层任务等任务群系统规划的作业设计，一方面促进学生自主阅读的有效性，另一方面保证了整本书阅读的效果。

情境性：一方面在主题核心任务之下设计分层任务，学生根据兴趣自主选择学习任务，促进阅读质量的提升；另一方面坚持以学生自主阅读为主，导读课和小组合作为辅的形式，设置阅读情境。

根据以上设计原则，确立了如下作业设计路径：在导读课的设计上，备课组着眼于引领学生通过阅读序言和目录对作品有一个大致的了解，教师要向学生介绍纪实文学作品的特点以及阅读方法，注意区别作品中的真实事件以及作者的观点评价，进而引导学生制订切实可行的阅读计划，以保证"主题核心阅读任务"的主线始终贯穿于阅读过程，为后续探究作品核心价值"纪实文学"和"作者的预见性"铺设基础。为保证学生在阅读过程中按照计划完成对应的阅读主题任务，在第二周至第五周的自主阅读计划中辅以章节序列学习任务单的形式，引导学生边阅读边梳理边思考。一方面促进学生自主阅读的有效性；另一方面保证了整本书阅读的效果，促进学生深入理解该纪实文学作品的伟大预见性：中国共产党及其领导的红色革命犹如一颗闪亮的红星，不仅照耀着中国的西北，而且必将照耀着全中国。

三、分层作业

1. 基础性作业

（1）内容：结合第二章内容，简要概括周恩来给斯诺留下什么样的印象。

（2）题型：简答题。

（3）题量：10分钟。

（4）设计意图：针对问卷调查，发现学生对书中的领袖人物的革命之路以及人物领袖体现的中国共产党的信仰和精神更感兴趣，因此设计了结合语段阅读深入体会领袖人物精神风采的内容。作业中以指向性明确的阅读任务帮助学生领会领袖人物的风采作为教材确定的主题探讨内容之一，因此这项作业在课堂指导下完成，提高了学生阅读的有效性。

2. 拓展性作业

（1）内容：以小组合作的方式梳理领袖人物走上革命道路的历程［提示：①从周恩来、毛泽东、彭德怀、朱德等人中选择其中一名，速读相关章节梳理人物主要经历；②圈点勾画出让你感动的故事和细节（如性格特点、生活条件等），并摘录作者评论人物的关键词；③从撰写人物传记、录制视频、设计手抄报等形式中任选其一以小组合作的方式展示］。

（2）题型：综合实践类。

（3）题量：小组合作（30分钟）。

（4）设计意图：根据学生感兴趣的历史人物选择书中的具体语段，引导学生通过速读的方法梳理人物经历，通过批注和摘录的方法聚焦关键语句，深入感受领袖人物的精神风貌。一方面通过设计基于学情、指向明确的阅读任务极大提高了学生阅读的效率；另一方面基于学生基础与能力，为激发学生阅读欲望，笔者设计了以小组合作的方式梳理领袖人物如何走上革命历程的专题学习任务，学生通过同伴互助的学习形式感受领袖风采，同时通过撰写人物传记、录制视频、设计手抄报等形式评说人物与历史，给予学生更多选择空间进行成果展示，达到"教是为了不教"的教学效果。

四、作业实施效果

兴趣是最好的老师。针对问卷调查发现学生对书中的领袖人物和红军将领的革命之路以及领袖人物时时刻刻散发的中国共产党人的信仰和精神更感兴趣，因此我们的作业设计以促进学生发展为目标，聚焦于学生主题阅读与专题鉴赏、表达与交流、梳理与探究等整本书阅读能力的提升，突出差异性与多元化，为后续探究作品核心价值"纪实文学"和"作者的预见性"铺设基础。"纸上得来终觉浅，绝知此事要躬行"，获取知识非要真切的体验不可。因此我们结合阅读内容，联系现实生活中的实际问题，布置实践性作业，提出了明确的阅读要求：通过速读梳理人物主要经历；批注人物细节描写；摘录作者评论人物的关键词。在阅读过程中注意方法的指导，提高学生的阅读积极性和阅读质量，利用课余时间提供影视资料，兼顾到学生能力与基础的差异。采取同伴互助的小组合作形式，引导学生发挥各自所长在合作与实践中体验领袖人物与红军将领的革命之路。从"主题核心任务"到"章节序列任务"，再到阅读过程中作业的设计以及导读课上学生阅读成果的展示，一方面消除了学生阅读过程中的障碍，另一方面通过环环相扣的任务链设置阅读情境，加深学生对史实的理解，感受家国情怀，树立远大的人生目标，发挥红色经典的时代意义。

五、反思与评价

通过主题核心任务、章节序列任务、设置情境任务、拓展分层任务的作业设计引导学生在阅读中关注整体与局部、局部与局部之间的关联，边梳理边思考，一方面促进学生自主阅读的有效性，另一方面保证了整本书阅读的效果。以学生自主阅读为主，导读课和小组合作为辅的形式促进阅读计划的有效实施，引导学生交流读书心得，分享阅读经验。

在作业评价方面，采取个人自评、组内学生互评、小组互评等多样化的方式，多角度关注学生发展的效果；个人方面的阅读计划实施、具体阅读方法运用、章节序列任务单完成以等级量化的形式呈现，小组合作方面的阅读与鉴赏、表达与交流、梳理与探究等以文字评价的方式呈现，多元化的评价维度为"梳理重要历史人物，感受领袖人物精神风貌"主题核心阅读任务铺设阅读思考的基础，最终实现立德树人的育人功能与学生核心素养的提升。

"Family Matters" 作业设计

张 梦

一、设计依据

伴随着新课程改革的推进，教育面临着更多更全面的要求。作业作为完整教学过程不可缺少的一环，承担着检验教学效果、提供教学反馈等多重作用，也应积极革新，满足新时代教育要求。教师应当意识到作业的作用，立足于课程思政背景，着眼于学生核心素养的培育，优化作业设计。英语是高中阶段重要基础学科之一，英语作业是高中英语教学重要的一环，其作为课堂教学空间的延伸，是渗透课程思政理念、培育学生学科核心素养的重要环节。但一直以来，高中英语作业设计受到传统理念的影响，以单调的题海战术为主，难以激发学生学习的主观能动性，阻碍了课程思政和学科核心素养的推进。高中英语教师应当克服传统高中英语作业设计的不足，主动优化作业设计，提升作业效果，使作业成为培育英语核心素养的得力助手。

新课改下，高中英语教学不仅应当着重提升学生的语言综合运用能力，更应关注学生英语核心素养的培养。高中英语学科核心素养综合语言能力、文化意识、思维品质、学习能力，覆盖面广泛，英语作业也应积极拓展其范围。

二、整体设计意图

（一）创设多样情境，发展语言能力

作为一门语言学科，学生语言能力的发展是高中英语教学的核心关注点之一。新课程标准中，对语言能力给出了在特定社会情境中，运用听、说、读、写等多种方式理解、传达意义的要求。传统高中英语作业中，语言能力集中于知识点的重复记忆，学生被动跟随，难以形成真正的学习、使用语言的意识。在作业设计中，高中英语教师应当在学生现有语言能力的基础上，结合教学要求，为其创设多样的作业情境，激发学生兴趣的同时使其自主运用所学语言知识，理解语篇意义，并主动传递信息，实现其语言能力的发展。

（二）创新作业形式，锻炼思维品质

思维品质即为思维的逻辑性、批判性、创新性等。新课改下，高中英语教学不应仅进行基础知识的传授，更应当积极向学生呈现多样的语言现象，并通过教师的引导使学生从中发现、提炼、归纳问题，树立个性化的认知。在英语作业中，教师必须通过形式的创新，引导学生自主了解、思考英语知识，锻炼其思维品质。

（三）拓展作业内容，开展文化思政

英语作为一门语言学科，有着工具性和人文性的双重特点，是进行文化意识培育的良好平台。出色的文化意识不仅能够使学生形成适应全球化背景的跨文化认知观念、态度，更能够使学生理解认同优秀的文化内容，实现了学生民族自信心的强化，在课程思政方面同样意义重大。在作业设计中，高中英语教师应当积极拓展作业内容，开展文化思政，使学生感知中外文化的差异，形成正确的价值观。

三、分层作业

学习外研版高中英语必修第一册 Family Matters 时，围绕家庭成员展开了主题语境，教师应当进行拓展，创设由浅至深的多个情境。

（一）基础性作业

以阅读作业为切入点，使学生在完整的英语文本中锻炼自身思维品质。将读和写结合。针对本单元给出的戏剧，设置以下作业：

（1）自主阅读文本，并利用生词表和词典等资源，了解涉及的新词汇的意义，以及在语境中的用法。

（2）着重于本单元涉及的五个时态，以课文话题"家庭成员变迁"为情境，运用不同时态的形式，以课文戏剧为内容，写一篇 100 词左右的课文总结。

（二）拓展性作业

以基础性作业为起点，提升读和写的能力，运用发散性思维，以小组结合的方式，设置以下作业：

（1）总结戏剧的内容，并围绕文本主题，结合自己生活仿写一篇关于自己与家人化解冲突的短文。鼓励学生分别运用所学的五个时态去描述，学生自由分组，开展小组分享，彼此改正文章中出现的语法错误。

（2）为学生提供与教材文本主题相近的阅读文本，引导学生在小组中开展群文阅读，并在小组内比较不同文本的主题、体裁、使用时态等。

（3）在小组分享的同时，归纳出和家人相处的最好方式以及出现分歧的解决方法，以小组为单位在全班进行分享和讨论，回应了课程思政的目标。

四、作业实施效果

（一）作业设计质量

本次作业设计紧密结合课程内容和教学目标，旨在提升学生的英语阅读与写作能力。作业设计多样化，分层作业既巩固了基础知识，也拓展了学生的思维，科学合理，难度适中，充分反映了学生掌握知识的情况。

（二）学生完成情况

学生的作业完成度较高，能按时提交作业，并认真完成任务。小组合作作业极大地提高了学生的学习兴趣和积极性。学生能顺利完成基础阅读作业，并能通过反思的方式复习所学知识，拓展阅读作业使学生更好地发散思维，提高阅读能力。有些学生对于拓展写作作业有拖延的现象，但在教师的提醒下也能完成。作业中虽然出现了少量语法的错误，但在教师的指导下也能很好地改正，且态度认真。学生表示学习之后更能理解教材表达的与家人的情感以及能够学到如何更好地与家人沟通，很好地落实了课程思政目标。

五、反思与评价

在课程思政、学科核心素养背景下，高中英语教学面临着更多要求，作业设计的优化不仅是对这些要求的回应，更是提升高中英语学科价值的必然之路，值得高中英语教师重视。在优化作业设计时，高中英语教师应当充分把握新课程改革的内涵，深入挖掘教材内容，精准确定学生学情，进而丰富作业模式、内容，将课程思政与学科核心素养巧妙融入其中，不断提升学生的学习体验，从而培养学生的英语核心素养，落实立德树人根本任务，回应新课改要求。

《二氧化碳和一氧化碳》作业设计

李 玲

一、设计依据

1. 教学目标

（1）了解二氧化碳主要的物理性质、化学性质、用途、对生活和环境的影响。

（2）知道自然界的碳循环、自然界中二氧化碳的产生和消耗的途径。

（3）节能低碳、节约资源、保护环境。

（4）了解一氧化碳的性质、对人体健康的危害和对大气的污染。

2. 教材分析

（1）本课题主要介绍了二氧化碳和一氧化碳的性质，关于二氧化碳的性质，书上利用实验进行了探究，注意实验的观察和结果分析，二氧化碳与水、石灰水的反应是本课题的教学难点。关于一氧化碳，教材主要介绍了它的可燃性、毒性和还原性。

（2）本课题注意紧密联系学生的生活实际，例如干冰制冷剂的原理，日常生活中怎样做才算是"低碳"，发生煤气泄漏该怎么办等。

（3）本课题融入了课程思政，注意培养学生关注社会和人类生存环境。教材结合二氧化碳，介绍了什么是温室效应，全球变暖可能带来的危害，防止温室效应进一步增强应采取的措施等。本课题还设置了"调查与研究"，要求学生通过收集有关资料，进一步增强对温室效应的认识。

3. 学情分析

在前面，学生学习过氧气、水等物质的性质，形成了一定的学习方法，关于二氧化碳的知识，学生基本可以通过预习掌握，当然对于有些知识的认识，学生存在一定的误区。二氧化碳与日常生活联系非常紧密，学生在前期的学习中就有所接触，但对二氧化碳的性质和用途未必有科学的认识。

二、整体设计意图

（1）形成化学观念，本节课主要是一氧化碳、二氧化碳性质与用途的教学。

要让学生形成物质性质决定用途，用途反应性质的化学观念。在一定条件下通过化学反应可以实现物质转化的化学观念。

（2）培养科学思维，本单元主要学习碳及其化合物的知识，通过思维导图对本单元知识进行总结，学习解决化学问题中所运用的比较、分类、分析、综合、归纳等科学方法。

（3）锻炼科学探究与实践能力，通过设计化学实验探究题目，进行小组实验，培养学生与他人分工协作、沟通交流、解决问题的能力。

（4）建立科学态度和责任。通过撰写关于低碳生活的手抄报或小论文，认识周围的环境，形成节约资源、保护环境的习惯，树立生态文明的理念。

（5）在学习物质性质决定用途，物质在一定条件下可以相互转化的过程中，学着用化学来创造美好生活，为社会主义现代化建设贡献我们的化学力量。

三、分层作业

下列关于二氧化碳的用途只利用了其物理性质的是（　　　　）。

A. 二氧化碳用作灭火剂　　　　B. 干冰能用于人工降雨

C. 二氧化碳用来生产汽水　　　　D. 二氧化碳参加光合作用提高农作物产量

基础巩固类，考查物质的性质和用途的关系，培养物质性质决定物质用途，物质用途反映物质性质的化学观念。体现化学课程思政，利用物质性质，制造出对人类有用的物品，让化学服务于人们的美好生活。

请写出符合右图转化的化学方程式：在一定条件下通过化学反应可以实现物质转化。

① _____

② _____

③ _____

④ _____

⑤ _____

⑥ _____

⑦ _____

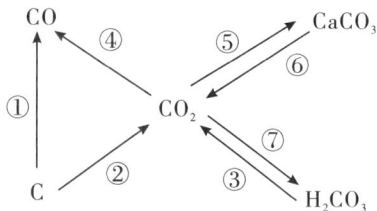

基础巩固类，本项作业涉及碳、一氧化碳、二氧化碳、碳酸、碳酸钙之间的相互转化关系，要求学生熟练掌握每种物质的化学性质，旨在培养学生形成在一定条件下通过化学反应可以实现物质转化的化学观念。

课程思政：利用化学创造属于我们的美好世界。

用右图实验验证二氧化碳的性质。在去盖塑料瓶上打 3 个孔，用一根细铁丝串起 2 张用紫色石蕊溶液浸泡过的纸条（两纸条一干一湿），放入塑料瓶中，通入 CO_2。请回答：

（1）低蜡烛先熄灭，说明 CO_2 密度比空气大、本身＿＿＿＿＿＿＿＿＿，也不支持燃烧。

（2）能证明 CO_2 能与水反应的现象为＿＿＿＿＿，反应的方程式为＿＿＿＿＿＿＿＿＿＿＿。

实验结束后，取出滤纸条，用热吹风机烘干，观察到湿滤纸条复原，原因是＿＿＿＿＿＿＿＿＿＿＿。

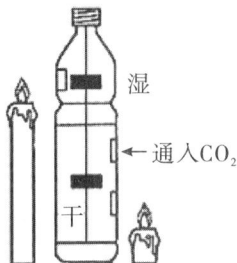

综合提高类，本项作业考查的是二氧化碳的性质实验，是对教材实验的创新改进。在课堂上我们进行了分组实验，通过本题中具体的化学实验探究活动，学习控制变量和对比实验的实验设计方法。

课程思政：培养学生的团队合作能力，以及通过讨论得出结论的能力。

以思维导图的形式完成知识总结和梳理。

跨学科实践作业、弹性作业，对知识进行梳理总结，是一项难度较大的作业，既锻炼了学生的化学思维、分类的思想，也锻炼了学生的电脑使用能力，在设计图时注重了美感。

课程思政：美育育人。

家庭小实验自制无壳蛋：取一个小玻璃杯，放入洗净的鸡蛋，然后加入一些食醋，仔细观察有什么现象发生。查阅资料，分析为什么会出现这样的现象，将你的实验过程和结果以视频或拍照的形式记录下来。

实践类作业、弹性作业，本实验改编自教材中的课外实验，实验性作业旨在培养学生持久的学习兴趣和高阶思维能力，感受化学源于生活，也可以增强学生的动手能力。

课程思政：做实验过程中，根据具体情况，要不断调整醋的种类和用量，包括容器的选择等，在一次次的尝试中，才会有完美的结果。

结合所学知识，通过网络资源搜集资料，温室效应增强会带来什么样的危害？什么是碳达峰、碳中和？低碳生活我们应该怎么做？撰写小论文或制作手抄报。

跨学科实践类作业、弹性作业，本项作业既丰富了课堂知识，又体现了学科核心素养。不仅培养学生跨学科实践能力，还培养学生的科学精神与社会责任，体会化学学科价值，树立低碳理念，自觉爱护环境，符合思政育人理念。

四、作业实施效果

（1）培养了学生的化学观念，形成了科学思维，增强了科学探究能力，养成节约资源、保护环境的习惯，树立生态文明的理念。

（2）起到了思政教育的目的。利用物质性质决定用途的知识，通过物质之间的转化，可以用双手制造出人们需要的物质，创造我们的美好生活，为社会主义现代化建设贡献我们的力量。学生上交了精美的思维导图和手抄报，学生美术鉴赏能力得以提高。在制作低碳生活手抄报的过程中，学生更加意识到目前的环境问题，认识到改善地球环境、守护我们共同的家园，人人有责。

五、反思与评价

（1）作业的时间控制问题，前3项作业可以10分钟完成，但后面的手抄报、思维导图需要比较长的时间，怎么样把作业设计得更简单易行，或者把作业时间拉长，还没有把握好。

（2）在兼顾学科知识的同时，在作业设计中渗透思政育人还要加强。

《秦统一中国》作业设计

任佳为

一、设计依据

1. 课标

了解秦朝统一，知道统一多民族封建国家建立和早期发展的过程。

2. 教材

本节课是初中历史学习中的重要篇章，它详细讲述了秦国如何结束战国时期分裂割据的局面，建立起我国历史上第一个统一的多民族封建国家。本节课内容丰富，涵盖了政治、经济、文化等多个方面，对于理解秦朝的历史地位和影响具有重要意义。

3. 学情

本节课涉及历史概念较多，如"皇帝制""郡县制""君主专制""中央集权""度量衡"等；抽象的意义叙述较多，如"郡县制的意义""秦巩固统一的措施及其意义"等。学生在学习本节课时，可能对这段历史中具体的人物或者时间更感兴趣，容易偏离学习的重难点，对具体历史知识、制度层次和文化层次的认知较为薄弱，因此培养学生从宏观角度看待历史事件是本节课较大的挑战。所以，需要通过作业设计来辅助学生掌握基本知识，进一步理解这些概念和意义。

二、整体设计意图

作业设计为基础性作业和拓展性作业。基础性作业包含两个方面，即扶弱和强中。扶弱：弥补学生课堂教学中没有掌握的知识点。强中：学生通过作业，再次强化和巩固知识点。拓展性作业的主要目的在于培优，为学生个性化发展提供平台，体现出教学目标与作业目标的互补性。

以本节课为例，在本节课的作业中，基础性作业以填空题和根据主题归纳表格的形式出现，面向全体学生，要求落实基础的知识点，进一步强化重要知识点。在拓展性作业中，教师可以通过设计"选购作业"，适应每位学生独特的学习需求，使学生发挥自己的主动权和优势，获得不同的学习内容和学习进度。

三、分层作业

（一）基础性作业

1. 公元前_____年，秦国完成统一大业，建立秦朝，定都_____，建立起我国历史上第一个统一的、多民族的国家。

2. 中央：国家的最高统治者称为_____。皇帝之下，设有中央政治机构，由_____、_____、_____统领，分别掌管行政、军事和监察事务，最后的决断权由_____掌控。

3. 地方：建立由中央直接管辖的_____制。

4. 秦朝的疆域：东至_____，西到_____，北至_____一带，南达_____，是当时世界上的大国之一。

5. 以"秦巩固统一的措施及其意义"为主题，制作一份归纳表格，进一步强化重要知识点。

（二）拓展性作业

1. 梦回大秦，采访秦始皇

作业内容：秦始皇嬴政（前259—前210年）统一六国，创设"皇帝"称号，设置中央政权机构，管理国家大事；地方上废除分封制，代以郡县制；同时书同文，车同轨，统一货币、度量衡。对外北击匈奴，南征百越，修筑万里长城；修筑灵渠，沟通湘江和漓江。假如你是一名记者，有机会穿越时空，回到秦朝采访秦始皇，展开合理的想象，设计问题，并猜想秦始皇会如何作答。

思政设计意图：通过创设"梦回大秦"情境，学生像记者一样，设计问题采访秦始皇，并想象秦始皇的作答。这既有助于学生巩固本课所学知识，也有利于学生将历史场景还原，以设置采访问题为基础，深入其中去感悟时代背景，进一步了解秦朝建立的中央集权制度，了解巩固统一的措施及其对巩固国家统一的作用。探讨秦统一的历史意义，培养学生分析问题的能力，做到具体问题具体分析。

2. 绘制思维导图

作业内容：秦国用了十年时间灭了东方六国，完成了统一大业，建立秦朝。为了加强对全国的统治，秦朝创立了中央集权制度。为了巩固统一，秦朝采取了一系列巩固统一的措施。请你以"秦统一中国"为主题，绘制一幅思维导图。

思政设计意图：引导学生认识到国家统一是民族发展进步的基石，增强学生的国家观念和民族自豪感。理解国家统一和中央集权制度的重要性，培养他们的历史素养和爱国情怀。

3. 再现文物

作业内容：秦为巩固统一采取了很多措施，这些措施在实行的过程中，离不开具体的工具，如教材中秦朝的"铜权""铜量""圆形方孔半两钱""商鞅铜方量"等。请你利用橡皮泥、黏土等材料，对其进行"复原再现"。

思政设计意图：由于七年级上册所涉及的古代历史距今年代较远，与学生有距离感。再现文物型作业是指导学生搜集文物资料，利用橡皮泥、黏土等对其进行"复原再现"，有助于化抽象为具体。同时，在这项任务中，学生找寻感兴趣的历史文物，亲自动手操作，使学生意识到这些工具在秦朝统一大业中的重要作用，进而认识到统一对于国家发展的重要性。这有助于培养学生的历史责任感和使命感，使他们更加珍惜国家统一和民族团结的宝贵成果。

4. 编制小剧本

作业内容：请同学们思考，如果货币、文字、度量衡不统一，可能会带来哪些不便，可能出现什么问题？针对此问题，秦朝采取了什么措施，有何作用，对后世产生了什么影响呢？请你想象并设计一个生活情景，编写剧本，体现上述问题，字数不限。

思政设计意图：历史小剧本深受学生喜爱。其剧本是依据一定史实进行加工创造的，将其引用到作业设计中能够激发学生学习兴趣，同时，学生在编写剧本过程中，既能使学生夯实基础知识，用心感悟历史细节，又能够培养学生的历史解释素养。通过展现货币、文字、度量衡不统一给生活带来的混乱和不便，使学生深刻体会到国家统一的重要性和必要性。这有助于培养学生的国家统一观念，增强他们的民族认同感和归属感。

5. 设计幽默漫画

作业内容：秦统一中国，中国历史迎来了第一个大一统时期。这一时期在中华文明的发展历程中占有非常重要的地位。请自选《秦统一中国》一课中感兴趣的部分，并以它为主题创作一幅或多幅漫画，表达自己的见解。

思政设计意图：通过漫画创作，学生能够充分发挥想象力和创造力，将历史知识转化为生动的视觉形象，进而加深对秦朝统一中国这一历史事件的理解。在这一过程中，学生不仅能够更加直观地感受秦朝统一所带来的国家富强和民族融合，还能够从中领悟到中华民族多元一体的发展脉络。

6. 历史小感悟

作业内容：思考皇帝既然能总揽大权，那么当皇帝好不好？请你查找中国历史上有没有与自己年龄相仿的皇帝，他们的命运如何？写一篇历史小感悟。

思政设计意图：通过了解历史上皇帝的命运，学生可以更加深刻地认识到国家统一、民族团结的重要性。皇帝作为国家的最高统治者，其命运往往与国家兴衰紧密相连。学生可以从历史中汲取经验教训，增强对国家的认同感和归属感，涵养家国情怀。

四、作业实施效果

通过完成适合的作业，使学生自主学习、巩固历史知识，涵育核心素养，提升教学效果。

（一）强制性与自觉性有效结合

在基础性作业中，作答填空题时，学生需要仔细斟酌每个词汇和句子的准确性，以确保答案的完整性和正确性。在根据主题归纳知识的表格中，涵盖了秦朝的政治制度、经济措施、文化统一等方面，要求学生准确填写相关内容，从而巩固了他们对这一历史时期的基本认知。

在拓展性作业中，笔者没有要求字数，但有的学生完成得非常认真，在文字中感受到了学生是认真思考过的，这样知识学得更为牢固，也为应对中考历史的灵活性试题奠定良好基础。在"编制小剧本"作业中，学生设计情境，在自问自答的过程中，自觉应用了书本中的知识点，了解到度量衡不统一会给人们的生产生活造成种种不便，学生自觉地进一步思考统一度量衡的意义。这样，学生的学习由"被动接受"转变为"主动应用"，知识点掌握得更为牢固了。

（二）积极性与创造性合理搭配

在本次作业布置后，笔者问学生，是做练习册作业好，还是个性化作业好？很多学生反映，还是练习册作业好。笔者问为什么？学生说，不用动脑筋。实际上，让学生动脑筋就是留作业的目的，只有真正思考过，知识点才能印在脑海里，才能满足培养历史学科核心素养的前提条件。

例如，在"历史小感悟"作业中，一部分学生没有说当皇帝好，而是换了一个角度，比如通过对康熙皇帝生平的了解，学习他勤奋刻苦的精神，学习他如何处理棘手的问题。学生写道，"不要想着放弃，而是努力战胜困难，解决问题就是修炼的过程，在解决了许多问题之后，就会变成一个有能力和勇气、有责任和担当的人"，"历史上基本没有完美的皇帝，但有怀着一颗诚恳的心努力去追求完美的皇帝，如果每一个普通人都能追求完美，我们这个世界必将会拥有美好的明天"。

（三）趣味性和有效性有机统一

根据教学内容的不同，可设计多种形式的作业，如问答题、填空题等，还可以根据学生学习情况，打破常规作业形式，设计辩论型作业、论文型作业等，激发学生学习兴趣。

例如，在"历史小感悟"作业中，部分学生能辩证地看待"皇帝"一职，认为"世界万物都有对立面"，经过学生调查统计，中国历史上共有494位皇帝，年纪小的不满百日，年纪大的至"耄耋之年"，但其中死于非命的就有百余人。

得出结论：皇帝在享有权力与财富的同时，也是个"高危职业"。又如，在"梦回大秦，采访秦始皇"作业中，学生问秦始皇为何舍弃周朝的分封制，而创设郡县制？在回答中，学生能说出分封制不利于中央集权。在"焚书坑儒"中，更有学生分析得更深一层，答出"曾经的六国贵族打着儒家的旗号妄想恢复周制，搞复辟，与秦始皇唱反调"，体现了知识点的运用。

五、反思与评价

历史知识相对较多，这一特点决定了其需要通过作业反复强化落实，但传统的历史作业存在乏味、枯燥的问题。教师可提供一系列丰富多彩的作业类型，让学生自主选择，有助于增强学生对历史作业的兴趣。当然，分层作业的设计要围绕课标中的要求，以落实基础知识、锻炼历史思维能力为主，不能为了追求趣味性而天马行空，脱离课标和教材。

总之，掌握基本知识是培育核心素养的基础，多种类型的拓展性作业可以帮助学生挖掘知识点深层次的价值与意义，使学生带着愉悦的情感体验完成作业，有助于激发学生学习动机，使学生在轻松的状态下学习历史知识，并推动高效历史课堂构建，将学生个性化发展落到实处。

后　记

本书是天津市新华中学所有教师共同参与实践的成果提炼。从学校的顶层设计到制度保障，从课程建设到课堂实施，从作业设计到效果评价，各位教师从不同角度、不同视角、不同层面深入探索思政育人实践路径，探寻思政育人的有效实施策略。结合自身的实践经验，各位教师将宝贵的实践成果升华为典型案例设计或教育教学论文，精益求精，数易其稿，始终用高标准要求自己，在此对每位教师的辛勤付出表示深深的谢意。

各学科组遵照人才培养方案与课程标准要求，树立思政意识，积极落实思政育人责任，设计课程思政教育线路图，制定实施标准和方案，挖掘课程思政元素，通过跨学科教研、集体备课、教学设计、课堂教学、课后研讨等形式，提升专业教师课程思政能力与水平，将课程思政理念融入人才培养全过程，为课程思政作出了巨大的贡献。胡泊作为主编对本书进行了整体规划与设计，刘茜、刘淑娟、王敬文、朱小凌、刘熙君、刘砚田、谷雪艳、刘文、贾雪乔、胡萍、冯春雨、张晓娟、宋宝玉、王卫国、梁音、张翠翠、程璋、赵媛作为学科组长对学科教师的论文、教学设计、作业设计进行了指导，学校科研室齐艳梅完成了前言、后记的修改工作，教务处、级部、各学科组为本书的撰写提供了丰富的资料，教师代表提供论文、教学设计、作业设计（均在文中标注作者），赵子钦参与了多次审核与排版工作，在此一并致谢。

本书基于新时代育人的需求，结合教师教学实践和典型案例，选择各学科成果的创新视角，采用多元的呈现方式，探究思政课程和课程思政的有效落实路径，为教育理论的丰富和发展提供了宝贵的经验与建议。但思政课程和课程思政的实践逻辑涉及各个主体、不同层面、多个领域的系统性工程，需要从学校、专业、教师、课程、课堂等层面纵深落实、横向推进，创新课程思政协同合作机制，同时需要进一步完善学科育人的评价机制，提升教师立德树人、铸魂育人的能力。为此我们也会继续努力，望广大一线教师提出宝贵的意见和建议。

编　者

2024 年 4 月